HUMANITIES AND SOCIETY

自由意志、能动性与生命的意义

Derk Pereboom

[美国] 德克·佩里布姆 著 张可 译

译林出版社

图书在版编目（CIP）数据

自由意志、能动性与生命的意义 /（美）德克·佩里布姆(Derk Pereboom)著；张可译. —南京：译林出版社，2024.9
（人文与社会译丛 / 刘东主编）
书名原文：Free Will, Agency, and Meaning in Life
ISBN 978-7-5753-0159-6

Ⅰ.①自… Ⅱ.①德… ②张… Ⅲ.①伦理学－研究 Ⅳ.①B82

中国国家版本馆 CIP 数据核字（2024）第 090220 号

著作权合同登记号 图字：10-2023-15 号

自由意志、能动性与生命的意义 ［美国］德克·佩里布姆 / 著 张 可 / 译

责任编辑 王瑞琪
装帧设计 胡 苨
校 对 戴小娥
责任印制 董 虎

原文出版 Oxford University Press, 2014
出版发行 译林出版社
地 址 南京市湖南路 1 号 A 楼
邮 箱 yilin@yilin.com
网 址 www.yilin.com
市场热线 025-86633278
排 版 南京展望文化发展有限公司
印 刷 江苏凤凰通达印刷有限公司
开 本 880 毫米 ×1240 毫米 1/32
印 张 9.875
插 页 2
版 次 2024 年 9 月第 1 版
印 次 2024 年 9 月第 1 次印刷
书 号 ISBN 978-7-5753-0159-6
定 价 69.00 元

主编的话

刘　东

总算不负几年来的苦心——该为这套书写篇短序了。

此项翻译工程的缘起，先要追溯到自己内心的某些变化。虽说越来越惯于乡间的生活，每天只打一两通电话，但这种离群索居并不意味着我已修炼到了出家遁世的地步。毋宁说，坚守沉默少语的状态，倒是为了咬定问题不放，而且在当下的世道中，若还有哪路学说能引我出神，就不能只是玄妙得叫人着魔，还要有助于思入所属的社群。如此嘈嘈切切鼓荡难平的心气，或不免受了世事的恶刺激，不过也恰是这道底线，帮我部分摆脱了中西“精神分裂症”——至少我可以倚仗着中国文化的本根，去参验外缘的社会学说了，既然儒学作为一种本真的心向，正是要从对现世生活的终极肯定出发，把人间问题当成全部灵感的源头。

不宁惟是，这种从人文思入社会的诉求，还同国际学界的发展不期相合。擅长把捉非确定性问题的哲学，看来有点走出自我囿闭的低潮，而这又跟它把焦点对准了社会不无关系。现行通则的加速崩解和相互证伪，使得就算今后仍有普适的基准可言，也要有待于更加透辟的思力，正是在文明的此一根基处，批判的事业又有了用武之地。由此就决定了，尽管同在关注世俗的事务与规则，但跟既定框架内的策论不同，真正体现出人文关怀的社会学说，决不会是医头医脚式的小修小补，而必须以激进亢奋的姿态，去怀疑、颠覆和重估全部的价值预设。有意思的是，也许再没有哪个时代，会有这么多书生想要焕发制度智慧，这既凸显了文明的深层危机，又表达了超越的不竭潜力。

于是自然就想到翻译——把这些制度智慧引进汉语世界来。需要说明的是，尽管此类翻译向称严肃的学业，无论编者、译者还是读者，都会因其理论色彩和语言风格而备尝艰涩，但该工程却绝非寻常意义上的“纯学术”。此中辩谈的话题和学理，将会贴近我们的伦常日用，渗入我们的表象世界，改铸我们的公民文化，根本不容任何学院人垄断。同样，尽管这些选题大多分量厚重，且多为国外学府指定的必读书，也不必将其标榜为“新经典”。此类方生方成的思想实验，仍要应付尖刻的批判围攻，保持着知识创化时的紧张度，尚没有资格被当成享受保护的“老残遗产”。所以说白了：除非来此对话者早已功力尽失，这里就只有激活思想的马刺。

主持此类工程之烦难，足以让任何聪明人望而却步，大约也惟有愚钝如我者，才会在十年苦熬之余再作冯妇。然则晨钟暮鼓黄卷青灯中，毕竟尚有历代的高僧暗中相伴，他们和我声应气求，不甘心被宿命贬低为人类的亚种，遂把移译工作当成了日常功课，要以艰难的咀嚼咬穿文化的篱笆。师法着这些先烈，当初酝酿这套丛书时，我曾在哈佛费正清中心放胆讲道：“在作者、编者和读者间初步形成的这种‘良性循环’景象，作为整个社会多元分化进程的缩影，偏巧正跟我们的国运连在一起，如果我们至少眼下尚无理由否认，今后中国历史的主要变因之一，仍然在于大陆知识阶层的一念之中，那么我们就总还有权想象，在孔老夫子的故乡，中华民族其实就靠这么写着读着，而默默修持着自己的心念，而默默挑战着自身的极限！”惟愿认同此道者日众，则华夏一族虽历经劫难，终不致因我辈而沦为文化小国。

一九九九年六月于京郊溪翁庄

目　录

致　谢

对这一项目的研究，是借了2012年春季学期在意大利罗马度过的康奈尔大学公休假之便。我对2011年春季学期我在康奈尔大学的研究生讨论课的参与者表示感谢，在这门研讨课上，我展示了这本书中所包含的内容。我还想感谢我在佛蒙特大学和康奈尔大学开展的其他关于自由意志的课程中的参与者。在康奈尔大学的两门课是在康奈尔法学院开办的，并与进化生物学教授Will Provine和心理学教授David Levitsky合作授课。于布达佩斯的中欧大学开展的两门关于自由意志的富有成果的研讨课，是与Mark Balaguer、Michael McKenna、Dana Nelkin、Timothy O'Connor、Thomas Pink、Paul Russell、Andras Szigeti合作授课的。在所有这些研讨课中，与教员和学生们的讨论是精彩并具有启发性的。

我想要为在以下这些学校、会见、会议中获得的对于书中章节的评论和讨论表示感谢。第一章：亚利桑那大学和阿尔伯塔大学；第二章：美国哲学年会太平洋分部，圣地亚哥；第三章：爱达荷大学——内陆西北地区哲学会议，和巴黎索邦大学；第四章：中欧大学，布达佩斯；第五章：佛罗里达州立大学和第二届网上哲学会议；第六章：亚利桑那大学和田纳西大学；第七章：罗马第三大学和芝加哥大学法学院；第八章：

加利福尼亚大学圣地亚哥分校；瑞士弗里堡大学；田纳西大学。

另外还要感谢以下这些学校中的听众：耶鲁大学、加利福尼亚大学河滨分校、纽约州立大学布洛克波特分校、布兰代斯大学、纽约市州立大学研究生院、马萨诸塞大学阿默斯特分校、旧金山大学、明尼苏达大学莫里斯分校、科尔比学院、加利福尼亚大学圣地亚哥分校、加尔文学院、惠顿学院、科罗拉多大学博尔德分校、达特茅斯学院、华盛顿州立大学、佛蒙特大学、阿拉巴马大学、佛罗里达州立大学、康奈尔大学、西点军校、乔治敦大学、迈阿密大学、罗格斯大学、索尔兹伯里大学、圣母学院、纽约大学、罗切斯特大学、西安大略大学、卡尔加里大学；维多利亚大学，新西兰惠灵顿；坎特伯雷大学，新西兰基督城；澳大利亚国立
vi 大学，堪培拉；莫那什大学，澳大利亚墨尔本；墨尔本大学；瓦伦西亚大学，西班牙；伊拉斯谟大学，荷兰鹿特丹；罗马第三大学，意大利；帕多瓦大学，意大利。

就珍贵的讨论我个人要感谢Robert Allen、Carla Bagnoli、Helen Beebee、Karen Bennett、Robert Bishop、Gunnar Björnsson、Mick Capraru, David Christensen、Randolph Clarke、Justin Coates、Mario DeCaro、Oisin Deery、John Fischer、Ish Haji、Ian Hensley、James Hobbs、Sofia Jeppsson、Robert Kane、Erin Kelly、Hilary Kornblith、Arthur Kuflik、David Levitsky、Brian Leiter、Don Loeb、Stephen Mahaffey、Patrick Mayer、Kelly McCormick、Carlos Moya、Will Provine、Sam Reis-Dennis、Philip Robichaud、Adina Roskies、Paul Russell、Walter Sinnott-Armstrong、Sydney Shoemaker、Sean Stapleton、Jordan Thomson、Jonathan Vance、Manuel Vargas、David Widerker、Ru Ye。

我尤其要感谢Gunnar Björnsson、Austin Duggan、Louis deRosset、Carl Ginet、Michael McKenna、Shaun Nichols、Carolina Sartorio、David Palmer、Al Mele、Seth Shabo、Patrick Todd对一章或多章内容的评论和这些年以来关于自由意志和道德责任的讨论。我还要特别感谢Dana

Nelkin和Chris Franklin读完我的全部手稿并提供了精彩评论和持续的讨论。同样感谢牛津大学出版社的匿名审稿人的出色评论。

第一章包含了“Frankfurt Examples, Derivative Responsibility, and the Timing Objection,” *Philosophical Issues* 22 (2012), pp. 298—315一文的大部分内容,并包含了数条实质性的修改和补充。

第五章是对我的文章“A Compatibilist Account of the Epistemic Conditions on Rational Deliberation,” *Journal of Ethics* 12 (2008), pp. 287—307的修改版。

第六章是对“Free Will Skepticism, Blame, and Obligation,” in Neal Tognazzini and D. Justin Coates, eds., *Blame: Its Nature and Norms*, New York: Oxford University Press, 2013, pp. 189—206一文实质性的改写版。

第七章是基于“Free Will Skepticism and Criminal Punishment,” in Thomas Nadelhoffer, ed., *The Future of Punishment*, New York: Oxford University Press, 2013, pp. 49—78一文。 vii

引　言

哲学史上关于自由意志的讨论中，一个主要的关切点是：道德责任所要求的自由意志是否与超出行动者控制的因素影响下行动的因果决定论相容。如果因果相关的因素在行动者之为行动者以前出现或起作用，并因此超出她的控制，这些因素结合种种同样超出她控制的、关于自然法则的事实，通过一个始于先在的因果因素，终于该行动的因果过程，保证了这个行动的出现，那么我们就说，这样一个行动是由因果决定的。如果一个行动的出现是由一个始于上帝永恒的意志，并终于该行动的因果过程所保证出现的，那么我们也称它是由超出行动者控制的因素所因果决定的。自休谟（1739/1978）以来，以下这种感觉，即我们行动的因果历史威胁着道德责任所要求的自由意志，显著地延伸到因果历史是否与我们行动中的非决定性相容这一个想法上。我在这本书中支持的立场是，这种自由意志与超出行动者控制的因果决定论是不相容的，并且，它与休谟所说的行动中的那种非决定性也是不相容的。因此，我们不大可能具有道德责任所要求的自由意志。[①] 1

---

① 我的观点是，就哲学史上对自由意志的讨论中的第一个问题来说，更为合适的表述是将这个问题表达为一个冲突，它出现在一个行动受自由意志所驱动，和（转下页）

认识到人们对“自由意志”一词与“道德责任”一词的使用有所不同，是很重要的。同样重要的是，道德责任所要求的那种自由意志或控制，在各种不同的意义上，与超出行动者控制的因素影响下行动的因果决定论，是没有争议地相容的。为了避免仅仅是语义上的分歧(Chalmers 2011)，搞清楚这些术语都是在哪些意义上使用，这一点十分关键(参较D’Angelo 1968：88)。我理解的“行动”不仅表示有意识的身体动作，它还表示纯粹的精神活动，例如，意识的形成和决定。我理解的“自由意志”指的是核心意义上的道德责任所要求的那种最强意义上的控制力(Mele 2006)。这种意义上的道德责任，也就是与自由意志的讨论相关的道德责任，通过“基本应得”(basic desert)这一概念被区分出来(Feinberg 1970；Pereboom 2001，2007a；Strawson 1994；Fischer 2007：82；Clarke 2005；Scanlon 2013)。在“基本应得”的意义上，行动者为一个行为负有道德责任，意味着这个行为要通过以下这种方式属于她：如果她理解这个行为在道德上是错误的，那么她就应受责备；如果她理解这个行为在道德上是模范的，那么她就应得称赞。在这

(接上页)一个行动由超出行动者控制的因素因果地决定之间(Sartorio手稿；参较Pereboom 2001)。对这个问题更为常见的表述，即一个行动受自由意志所驱动，和因果决定论为真这两件事之间的冲突。约瑟夫·坎贝尔(2007，2008，2010)对这个更为常见的表述提出了挑战。坎贝尔针对“结果论证”(Ginet 1966，1990；van Inwagen 1975，1983)进行反驳。他主张，因果论证建立在一个随机的预设之上，即行动者有一个先于她而存在的遥远的过往，所以，结果论证不能表明一个自由的行动与决定论本身是不相容的。阿丽莎·芬奇(Finch 2013)反对坎贝尔的观点，并通过“跨时间性论题”为结果论证辩护。这个论题表明，行动者在某一时间做一个自由的行动所要求的是，行动者在后来的某一时间里做出那个行动是早在先前的某一时间里就取决于这个行动者的。芬奇的论证策略是指出，关于这个世界的法则和状态在先前的某一时间里是不取决于行动者的。如果因果决定论是对的，这种“不取决于”的性质会转移到在之后某一时间发生的行动。卡罗丽娜·萨托里奥(Sartorio 2014)回应坎贝尔道，不相容论的主要担忧不是自由意志与因果决定论的不相容，而是自由意志与行动由超出行动者控制的影响因素所因果决定之间，我认为她的这个观点是正确的。

里讨论的“应得”之所以是一种基本的概念，指的是一个行动者仅由于做了那个行动，并鉴于她理解这个行动的道德性质，就应当受到责备或得到称赞——而不是由于例如后果论或契约论的考虑。这种界定为以下这种情况留出了空间：即使一个行动者不应受责备或应得称赞，她依旧为她的行动负有道德责任，例如，假定她做的行动是一个在道德上中性的行动。认为行动者在这种意义上负有道德责任的信念，至少通常都伴有像道德愤慨和义愤这样的反应性态度，因此与P. F. 斯特劳森（1962）所引入讨论的那种道德责任概念紧密相连。但是，还有一些其他意义上的道德责任：它们不在关于自由意志的讨论中，并且能够避免自由意志怀疑论的挑战。其中一些概念的合法性代表了我的立场的一个重要特征。

一些哲学家自称是相容论者，因为他们主张，某种非“基本应得”概念上的道德责任与决定论相兼容，通常来说，他们认为这种概念的道德责任对于道德生活而言是充分的（Jackson 1998；Dennett 2003：225；参较Vargas 2007）。但是如果“相容论”被如此定义，以至于这种立场也包括在内，那么基本上讨论中的所有人都是相容论者。弗兰克·杰克逊说：“至少在我看来，相容论的论证表现的不是大众理解的自由行动与决定论相容，而是一种与大众理解的概念足够接近，以至于可以视为其自然衍生物的东西，它能够在理论上发挥大众赋予自由行动概念的作用，即裁决道德责任和惩罚的问题，以及裁决如何管理我们对周遭人行动的态度的问题——是这样一种东西与决定论相容。”（1998：44—45）丹尼特具体指出，他的相容论的自由意志概念能够“发挥所有传统意义上自由意志概念被要求发挥的有价值的作用”（2003：225）。
斯蒂芬·莫里斯（2009：69）恰当地对丹尼特提出抱怨，认为他“所定义 2
的‘自由意志’和‘道德责任’概念消除了他所维护的‘相容论’立场与硬核决定论立场之间的实质性区别，而哲学家们通常认为后者是与相容论具有显著区别的”。这样的看法也可以适用于杰克逊的观点，取决于相关的细节。作为某种弥补手段，相容论/不相容论这一对术语应当反映讨论中的种种分歧，因此，我们最好用“相容论”这个术语去指定这样一种观点，即一个行动者在基本应得意义上的道德责任所要求的自由意志，与她的行动由超出她控制的因素所因果决定这一事实相容。偏离以上这种描述会使得这个术语在界定讨论中核心的对立立场时失去价值，从而引起仅仅是语义上的分歧。

斯宾诺莎（1677/1985）主张，由于整个宇宙本质的一些普遍事实，我们人类缺乏以上意义上的道德责任所要求的那种自由意志。我认为他的这个观点是对的。更具体地说，他论证道，正是因为决定论是真的，我们才缺少这种自由意志；由于持有这种观点，他是一个硬核决定论者。与此相反，我对决定论是否为真持不可知论的态度。像斯宾诺莎一样，我主张如果决定论是真的，或者，更准确地说，如果我们的行动是由超出我们控制的因素所因果决定的，那么我们不负有道德责任。但是，如果我们行动的因果历史是非决定论的，并且，我们行动的原因仅仅是事态或事件——这可以说是休谟所认为的关于行动的非决定性的概念，那么我们同样缺少道德责任。这是因为，这样的非决定论的因果历史也排除了道德责任所要求的行动中的控制，不过是以另外一种方式。然而，有一个可能的情况是，如果我们是不被决定的“行动者原因”（agent cause）——也就是说，如果我们作为某种实体有能力不被因果决定地导致某些决定——那么，我们也许会有这种自由意志。但是，尽管我们是不被决定的行动者原因这一点作为一种融贯的可能性尚未被排除，鉴于我们现有的最好的物理理论，这种可能性并不是那么可信。所以，我并不主张，我们不可能拥有道德责任所要求的那种自由意志。与此相反，就这一点是否可能，我不采取任何立场。然而，鉴于我们当下最好的物理理论，唯一一个支持我们可能拥有这种自由意志的理论是不可信的，所以，我们很有可能不拥有这种自由意志。因此最好接受以下的建议，即我们应当在理论上和实践上严肃地看待这一前景：我们没有基本应得意义上的道德责任所要求的那种自由意志。

我将从以上讨论导出的那种关于自由意志的怀疑论称作“硬核不
相容论”(Pereboom 2001)。将它命名为“硬核决定论”是不准确的，因 3
为我不致力于为决定论辩护，所以需要一个新的术语。①但是，由于我所主张的怀疑论观点中的很多特征，那些主张硬核决定论的怀疑论者，或者那些像盖伦·斯特劳森(1986,1994)一样的自由意志不可能论者，也同样支持。因此，我将主要用更笼统的术语“自由意志怀疑论”来指涉这种立场。②

我还同样反对将有没有“替代可能性”视为解释基本应得意义上的道德责任之关键的那种不相容论，相反，我接受的这种不相容论为一个行动的因果历史，以及促使行动产生的实际的因果顺序赋予了更为重要的作用(Fischer 1987, 1994, 2007; Fischer and Ravizza 1998; Sartorio 2011)。我主张，行动者对一个行动负有包含基本应得意义的道德责任，将主要由这个行动所具有的因果历史来解释，行动者以某种特殊的方式在这个因果历史中成为她自己的行动的根源。因此，我的观点是一种**根源**(source)不相容论，而不是**自由空间**(leeway)不相容论。行动者因果自由意志论(agent-casual libertarianism)通常被看作是一种不相容论立场，它认为，行动者以一种讨论中道德责任所要求的意义作为其行动的根源。因此，这种立场的支持者通常是根源不相容

① “硬核决定论”这一术语来源于威廉·詹姆斯(James 1884)。

② 主张自由意志怀疑论的哲学家包括巴鲁·斯宾诺莎(Spinoza 1677/1985)、保罗·德·霍尔巴赫(Holbach 1770)、约瑟夫·普里斯特利(Priestley 1788/1965)、约翰·霍斯珀斯(Hospers 1950, 1958)、保罗·爱德华兹(Edwards 1958)、盖伦·斯特劳森(Strawson 1986)、布鲁斯·沃勒(Waller 1990, 2011)、德克·佩里布姆(Pereboom 1995, 2001, 2007)、丹尼尔·韦格纳(Wegner 2002)、肖恩·尼科尔斯(Nichols 2007)、斯蒂芬·莫里斯(Morris 2009)、尼尔·列维(Levy 2011)、托马斯·纳德尔霍弗尔(Nadelhoffer 2011)、塔姆勒·萨默斯(Sommers 2012)、格雷格·卡鲁索(Caruso 2012)和本杰明·维豪尔(Vilhauer 2012)。

论者。但是，一个人可以是一个根源不相容论者，同时严肃地怀疑我们是否拥有讨论中那种道德责任所要求的自由意志，这正是我所主张的立场。

与此同时，我还为一种乐观的观点做辩护，这种观点表明，将我们的生活视作是缺少自由意志的，并不会摧毁我们对能动性、道德，以及生命意义的理解，相反，在某些方面，将生活视作是缺少自由意志的，反而是有益的。尤其，这种观点同理性思虑和实践上可行的道德概念与道德责任概念，同一套处理犯罪行为的可行的体系，以及一种可靠的生命意义感，是完全相容的。

在这本书里，我将以《没有自由意志的生活》(*Living without Free Will*, 2001)中的观点为基础，提出一个修改、扩展后的版本。针对我在那本书中主张的自由意志怀疑论，人们提出了不同的反对观点，我的立场也因此得到进一步发展。这本新书中的前四章将以对此立场的更新的论证为主，同时结合我对引起这些修正的反驳之回应。后四章包含
4 了对此立场之实践要素的修正的、更为具体的表述。后四章中有两章在早前那一本书中没有相对应的部分，它们提出了一种关于理性思虑的论述，与行动者的行动是由因果决定的这一信念相一致；以及一套关于道德责任的前瞻性理论，与自由意志怀疑论相适应。

这本书更具体的计划是这样的。第一章致力于通过我在《没有自由意志的生活》中提出的法兰克福类型的例子来论证根源论的观点。这一类型的例子经大卫·亨特(2000, 2005)和我(2000, 2001)在回应自由空间观点的两难困境辩护时得到发展，该辩护是罗伯特·凯恩(1985)、大卫·维德克(1995)和卡尔·吉内特(1996)提出的。针对以上这些哲学家们提出的反驳，我为我的那个版本的例子进行辩护。此外，我主张这个例子还能有效地回应另一种反驳，这种反驳最先由吉内特提出，进而在克里斯托弗·富兰克林和大卫·帕尔默那里得到发展，它主要关注的是：在什么样的精确时间点上，我们说一个行动者是负有

道德责任的。

第二章与第三章着眼于几个主要的自由意志论立场，以及我认为它们全部都不足够可信的理由。依照该理论，我们拥有通过自由意志去行动的能力，并且，一个行动是受自由意志驱使而产生的，与它是由超出行动者控制的因素所决定的不相容。从这点出发，种种自由意志论观点各有不同。我在第二章中发展了我对事件因果自由意志论的反驳，即"消失的行动者"反驳。根据我的这一反驳，该论点不能容纳以下要求，即在一个非决定论的情境中，行动者或某些关于行动者的事实能够确定我们讨论中的"决定"能否出现；也正是由于这个原因，这个论点缺乏基本应得意义上的道德责任所要求的那种行动中的控制。在《没有自由意志的生活》中，我用这个论证来反驳罗伯特·凯恩（1996）的观点，但是在本书中，我主要着眼于用它反对马克·巴拉格（2009）那一版本的论点。在一次解读中，巴拉格在一处关键的地方提出了一个关于基本能动性的非因果论的概念，针对这一点，我发展了对非因果性的自由意志论的一些观点的反驳。

第三章着眼于行动者因果自由意志论这一观点。我在上一本书中的立场是，我们缺少好的理由将行动者因果自由意志论视为不融贯的，不过，虽然它可能是融贯的，但它与我们的主导的物理学理论不相协调，而这是我们拒绝它的最佳理由。我针对数个反对观点为这后一主张辩护，但我针对行动者因果自由意志论的融贯性所持有的立场，还是产生了些许变化。我现在主张，在整合理由解释方面的困难，以及几位批评家对我们关于行动者因果控制的观念提出的问题，一起可算作对这一立场的融贯性的反驳，虽然这些顾虑并不足以决定性地奠定这一立场的不融贯性。 5

第四章展示了我为反对相容论所提出的"多例操纵论证"的修改版本，这是我观点中最频繁地受到批判的一个部分。这样一种操纵论证的核心观点是，即使行动者满足了相容论所明确的所有关于道德责任的因果性条件，如果某一行动由一个能够追溯到超出行动者控制的影响因素的决定论过程产生，那么这对基本应得意义上的道德责任提出的挑战，与来自其他行动者的决定论意义上的操纵对此的挑战，就仍是同等的。我在多例操纵论证中提出了多个操纵的例子，其中，第一个例子包含着与相容论所提出的种种条件相一致的最极端的操纵。接下来的几个例子渐次趋近一个终极的例子，相容论者可能会认为这个例子是寻常且现实的，其中，行动是以一种自然的方式被因果决定的。一个对相容论的挑战是，它需要指出每相邻的两个例子间存在一种相关的、原则性的差别，并且这个差别能够体现出为什么行动者在后一个例子中可能是负有道德责任的，但是在前一个例子中不负有道德责任。在这一章中，我对这个论证进行了修改，针对此论证如何能够回应各种反驳，我给出了进一步的拓展。除此以外，我还容纳了其他几位作者针对如何使此论证更有力的意见。

在《没有自由意志的生活》中，我提到了我认为理性思虑与坚持一个决定论版本的怀疑论观点是相容的。而现在，在第五章里，我详细地给出了对这一主张的辩护。我主张的立场是托米斯·卡皮坦（1986）发展出的观点的一个版本，它包含了认识论的开放性和思虑的有效性这两个条件。我的这个立场同样还和黛娜·奈尔金（2004b，2011b）关于理性思虑的相容论有很多共同之处，尽管我的立场在细节上与以上两个立场皆有差异。这将是在这几章中我首次主张，我们关于世界和行动的最佳理论与对我们而言重要的东西是相容的，不管这些理论是决定论的还是非决定论的，尽管它们与基本应得意义上的道德责任所要求的自由意志存在摩擦冲突。

在上一本书中，我主张有某些意义上的道德责任不是自由意志怀疑论批评的对象，我在第六章中以“责备”这一概念为重心，详细地发展了这一观念。碰到明显不道德的行为时，我们要求行动者去批判性地评价他的行为说明了他的哪些意图和品格特质；我们要求他做出道歉；或者要求他进行改造；我们将这一系列的要求视作是正当的。由于那些被错误对待或者被错误的行动威胁到的人有权利保护自己不受到不道德行为及其种种结果之害，参与到这样的互动中来是合理的。与做错事的人进行和解对我们来说可能利益攸关，要求他以这种方式担责是实现这一目标的一个步骤。同样，我们还对他的道德养成感兴 6
趣，而上面所描述出的互动可以自然地作为其道德养成过程中的一个阶段。历史上自由意志讨论的主要脉络并不认为决定论对这种意义上的道德责任具有挑战，自由意志怀疑论者能够接受我们在这种意义上是负有道德责任的。

第七章讨论我在《没有自由意志的生活》中发展出的关于刑事司法的观点，但是新的焦点在法学家们关于自由意志怀疑论会对这个领域有何影响的顾虑上。我主张，受到这个怀疑论观点威胁的并不是让犯罪者承担责任的整个实践，而是以基本应得概念为依据的对刑事处罚的证明。根据基于报应原则的处罚理由，对一个罪犯的处罚是应当的，他正是因为故意犯了严重罪过才应得处罚。这样的观点最直接地唤起了基本应得意义上的道德责任以及它所要求的自由意志。但是存在一种预防危险犯罪的理由，它既不会被自由意志怀疑论所削弱，也不会被其他道德考量所削弱。这套理论建立在自卫以及为他人进行防卫的权利之上，它还建立在对待危险的犯罪者与对待携带危险疾病的患者之间的类比之上。那些感染危险疾病的人并不为他们所构成的危险在这一意义（或任何意义上）负有责任，但是我们通常同意，在某些时候还是应当隔离他们。这样看来，即使一个危险的罪犯不在基本应得的意义上为他犯下的罪行负有道德责任，但是，像隔离某种严重传播性疾病的（本身没有责任的）携带者一样，我们出于预防的考虑拘留那些罪犯是合理的。而危险性小些的犯罪带来的威胁，通常只能证明有理由采取比预防性拘留更轻微些的剥夺能力方式，因为自卫以及为他人防卫的权利仅能支持防护所必需的最小限度的伤害。在这之后我将主张，以上得出的观点要求对改过自新与犯人幸福的某种程度的关切，这将很大地改变当前关于处罚的实践。因为，公平建议我们要追求治愈被我们隔离的病人，同样地，公平也会建议我们试图拯救那些被我们拘留或剥夺能力的罪犯。

第八章关注对于怀疑论观点与生命意义的相容性所提出的两个顾虑。第一，人际关系对我们有关意义的观念至关重要，但是P. F. 斯特劳森（1962）主张，怀疑论的观点会威胁要用一种针对他人的客观态度取代我们普通的反应性态度，而这会瓦解我们的人际关系。我主张，这确实会危及某些反应性的态度，因为其中一些例如道德愤慨、义愤，以及某种愧疚感，通常和一个错误的预设交织在一起，那就是，该反应性态
7 度的对象是在基本应得的意义上负有道德责任的。但是，人们可以在放弃那些态度的同时保留非反应性的态度，例如道德上的失望、悲伤和后悔，这些态度在人际关系中有着类似的有益作用。我们最明确想要保留的态度，例如感恩和爱，要么不会以这种方式受到威胁，要么存在一些能够免于错误预设的类似物或方面。我针对一些重要的反驳为这种立场进行辩护。第二个顾虑是，怀疑论的立场与那种因个人规划成功而产生的意义感不相容。我主张，那种意义感并不要求我们如以上讨论中的道德责任所要求的那样自由地行动，这主要是因为，有一种意
8 义重大的个人成就不包含基本应得这一概念。

第一章

为根源论观点辩护

近几十年里，与早前关于自由意志的讨论相对比，我们现在通常会主张行动者对一个行动的道德责任并不通过她有替代可能性来解释，例如，通过她能够不去做她实际已经做出的行动来解释。与之相对，我们通过行动者以某种特定的方式作为其行动的实际根源，来解释道德责任。因此，相较于自由空间的立场，有人可能对于道德责任所要求的那种自由意志采取一种根源论的立场。一个根源论者可能是一个相容论者(Fischer 1994; Fischer and Ravizza 1998; McKenna 2005; Sartorio 2011, 2013, 手稿)，也可能是一个不相容论者(Stump 1990, 1996; Zagzebski 1991, 2000; Hunt 2000, 2005; Shabo 2010a)。假设道德责任在当前讨论的语境下包含了基本应得的含义，那么我支持根源不相容论(Pereboom 1995, 2001)[①]。在这一章中，我为根源论观点提出我的论证。第四章的目标是为不相容论论证。

---

① 就我所支持的前瞻性意义上的道德责任而言，我认为可责备性要求具有做出别样行动的一般能力，我会在第六章为这个观点论证。凯文·廷佩(Timpe 2012)就不同版本的根源不相容论提供了精细的最新综述；参较佩里布姆(2001：1—52)。

根源论观点和法兰克福例子

当代的根源论观点通常是由法兰克福的例子所促动的（Frankfurt 1969）。在这一类的例子中，行动者考虑做某个行动，但是脑神经科学家担心她将不会成功做出这个行动。因此，如果她显出将不会或可能不会做那个行动的迹象，那么脑神经科学家就会介入。但是事情的实际发展是，脑神经科学家维持了闲置的状态，因为行动者自己做出了这个行动。这里的想法是，即使这个行动者本不能避免做她做出的行动，
9 直觉上说来，她仍旧是对这个行动负有道德责任的。

下面是约翰·菲舍的例子之一：琼斯只有在做决定之前脸红了，他才会决定杀害史密斯。[①]但是如果他没能在某个特定的时间里脸红，就会触发布莱克介入，这将导致琼斯做出杀害史密斯的决定。假设琼斯在没有外部介入的情况下决定杀害史密斯，即使他本不能不做这个决定，我们可能还是会在直觉上认为，他为他的决定负有道德责任。

经常有人指出以下这一点，即在一个恰当建构出来的法兰克福例子中，行动者可能还是保存了不去做讨论中的行动的一般能力或者权力。（McKenna 1997；Vihvelin 2004；Fara 2008；Nelkin 2011b：66—76；但也见Pereboom 2001：27—28和Nelkin 2011b：68—70）[②]但是，由于这个介入的设置，行动者能否在相关的时间里成功地实践这一能力将不取决于他，根源论者与自由空间论者争论的焦点是：道德责任是否要求行动者实践这种能力（Clarke 2009）。如果当琼斯决定杀害史密斯时，他能否成功行使不去如此决定的一般能力不取决于他，那么合理

① 我把做决定也算作行动。（见序言）

② 尤塞恩·博尔特拥有在十秒之内跑一百米的一般能力，虽然在跑道潮湿的时候，能否成功地行使这一能力不取决于他。

的理解是，同样不取决于他的是他可以避免他实际所引发的责备。

要注意的是，在以这种更加精确的方式表述出来的设定里，琼斯确实是拥有一个替代可能性的：他本来能够不脸红。但是菲舍主张，这样一种“闪烁的自由”（flicker of freedom）对于法兰克福例子的反对者来说，是没有用处的，因为这种闪烁的自由不够**强健**，从而不足以解释行动者的道德责任。我们可能会说，对于解释行动者对一个行动负有道德责任来说，一个强健的替代选择才是在本质上相关的。关于“本质上”（per se）这一修饰词，我想要表明的是，一个替代可能性就是**作为**替代可能性，而不是仅仅因为它指示了某些在解释上相关的其他因素，例如，指示了因果决定论的缺乏，才与解释行动者的道德责任相关的。因此，在菲舍的观点中，以及更加宽泛地来看，在根源论观点中，法兰克福例子并没有展现出道德责任不要求替代可能性。相反，这些观点表明的是，道德责任不需要强健的替代可能性（Fischer 1994：131—159）。

关于强健性的一个标准

我们应当如何更加准确地界定强健呢？主张通过替代可能性来解释道德责任基础的主要直觉是，如果一个行动者对于其行动而言是可责备的，她就必须本来能够做些什么来使得她本可以不受责备（Pereboom 2001：1）。大卫·维德克的**W辩护**恰当地表达了这个直觉。 10
对于一个打破了承诺，但是又不能不如此做的行动者，他写道：

> 由于你，[哈里·]法兰克福，想要使他为自己打破承诺的决定而受责备，那么你告诉我，**在你的观点里，他本应当做的是什么呢？**现在，你不能主张他本不应当决定打破承诺，因为这不是他的控制力范围内的事。因此，我看不出你如何能使得琼斯对于他打破承诺的决定是可责备的。（Widerker 2000：191）

在卡洛斯·莫亚的表述中，如果行动者对于自己的一个行动是可责备的，那么他必须拥有一个**豁免**可能性，对于这一可能性进行利用会使得他免于责备（Moya 2006：67；参较Otsuka 1998）。我早前所采纳的（2000，2001）一种更概括性地表达这个想法的方式是，如果一个替代可能性是强健的，那么它必须满足这一点：行动者如果利用了它，就能够免除他实际要为自己的行动负有的特定责任。

强健性还包含了一个认识论上的要素。假设乔不决定去非法逃税的唯一方法是自愿地喝一口咖啡（这也是他实际上做出了的选择），这是因为咖啡在他不知情的情况下被下了毒，只要喝一口咖啡他就会暴毙；或者，另一个假设的版本是，咖啡中含有能够使得他遵守税法的药物（Pereboom 2000，2001）——莫亚（2006：64）建构了一个这样的例子。在这个情境中，乔本来能够通过一个自愿的行动而避免做出逃税的选择，而这本可以使得他免于实际所引发出的责备。但是，从直觉上来看，他是否会自愿地喝一口咖啡，与解释他为什么要为他的行动受到责备，或者他是否要为此行动受到责备，是不相关的。这里的缺失要素是，乔对于喝一口咖啡能使他无可责备这件事，是完全不知情的。这促发了强健性条件的认识论要素：如果乔因为他在这个情境中拥有一个替代可能性而可责备，那么他必须在某种意义上理解有这个可能性，或者理解这个可能性如何对于他来说是可获得的。

下面是我早前对于一个替代可能性如何是强健的发表的提议——
11 一个实质性的必要条件（Pereboom 2000，2001：26）：

> 强健性（A）：若要行动者对她的行动A拥有一个强健的替代选择，也就是，一个对于解释她为A负有道德责任而言在本质上相关的替代选择，她就必须理解，她本可以自愿地做某件事，并因而本可以免于她为做A而实际上负有的道德责任。

有人可能会提议，对于“本可以免于她为做A而实际上负有的道德责任”这一点，我们可以将其替换为更为简洁的“她本可以避免做A”。但是假设一个行动者本来能够做一件稍微与A有所不同的事，而她知道这会使她负有与她做A而实际要负有的同一种类、同等程度的责任。那么，这样一种替代选择并不能合理地被看作是强健的。

下面是一些对这个阐述的疑虑：

(a)乔纳森·万斯提出了下述反驳。在咖啡的例子里，相信喝一口咖啡**可能**使得他免于责备，这样一个非当下存在的，甚或是当下存在的信念，对于强健性来说是足够的吗？[①]答案似乎是否定的。这是因为，如果我们问乔，他可能也会同意，这种关联的概率不是零——例如，他可能承认，这个概率至少是0.000 001，如果他上过认识论或概率论的课，他可能会给出类似这样的回答。但是，从直觉上看来，这对于产生强健性来说是不充分的。那么，强健性是否应当要求，乔明白喝一口咖啡会有1.0的概率使得他免于责备呢？这个要求明显又太强了，因为直觉上看来，只要他明白这之间的关联具有例如0.95的概率，似乎就足够满足强健性的要求了。[②]正如我们可能会预期到的，这个概率的下限很难或不可能确定下来。

(b)黛娜·奈尔金提出了下面这个挑战。[③]在来自马克·吐温的一个熟悉的例子中，哈克·芬真诚地表达出，允许奴隶吉姆自由离开在道德上是错误的，但是哈克仍旧允许吉姆离开，而不是把他归还给他的主

① 源自谈话。于2007年10月份在旧金山大学，主题为“责任、能动性和人格”的会议上，凯文·廷佩(Timpe)在“溯源有多么棘手”(“How Troublesome is Tracing”，即将发表)这篇文章中，为这样一个条件辩护；参较吉内特(2000)。

② 乔纳森·万斯在2007年9月份的谈话中表明了这一想法，廷佩(即将发表)为这个想法辩护。

③ 源自通信；也见佩里布姆(2009b)。

人。假设哈克抱持固定的道德心理，实际将吉姆归还给了他的主人，而这才是事实上在道德上错误的。哈克拥有一个能解释其可责备性的强健的替代可能性吗——例如，他允许吉姆自由离开？我的想法是，他可能还是有这样的替代选择的，尽管他并不是明确地理解放走吉姆才是道德上正确的事，并且也不明确地理解放走吉姆可能会免除他实际所引发的责备。这是因为，正如奈尔金指出的，我们假定的是，哈克对于放走吉姆在道德上的正当性，与归还吉姆给他的主人在道德上的不正当性，至少还是有某些认知上的感受力的。因此，她认为，强健性（A）过强了，而我相信她的看法是对的。奈尔金认为，我们需要的不是“理解”，而仅仅是某种低程度的认知上的感受力。我提议，我们要求的是
12 哈克一定程度感知到他本可能做出别样的行动这一事实，并且感知到如果他做出了别样的行动，他会或可能会免于责备这一事实。

（c）行动者以非自愿的方式进入昏迷状态，而没有决定逃税，不能算作是一个强健的替代选择。因此，应当明确说明的是，不做或避免做一个行动要是自愿的（Hobbs 2012）。不做或避免做一个行动在这个意义上是行动者的行为，并且因此说明了，把“能够做别样行为”作为替代可能性的要求，是恰当的。①

（d）如奈尔金（2011b）所强调的，一个排除了实际责任的替代选择的要求，对于不道德的和可责备的行动来说，比对于道德上模范的和可称赞的行为来说，要更清楚和更符合直觉。

假定在任何一个情境中，只要选择对于行动者来说是完全可获得的道德上的最佳选项，就可以使得她免于责备，下面是另一个关于强健

① 关于积极地做别样行为，与仅仅不做一个人实际的行为，强调这二者之间的区分的近期讨论，包括斯图尔德（Steward 2009）、阿尔瓦雷斯（Alvarez 2009）和沙博（Shabo 2012a），参较佩里布姆（2001：27）。

性条件的提议（再一次重申，这是一个具有实质意义的必要条件，而不是一个充分条件），它包含了上述的所有那些顾虑：

> 强健性（B）：若要行动者对她的不道德行动A有一个强健的替代选择，也就是说，一个对于解释她做A是可责备的而言，在本质上相关的替代选择，情况必须是：
>
> （i）她本能够自愿地行动或不行动，并且她因此会免于责任，以及
>
> （ii）对于至少一个这种豁免性的行动或不行动而言，她对她能够这样自愿地行动或不行动具有认知上的感受力，并且对于如果她自愿地这样行动或不行动，她会或可能会是免于责任的这一事实，也具有认知上的感受力。[①]

我们现在可以将不管是相容论的还是不相容论的自由空间的观点描述为断言：若要说行动者因一个行动而是可责备的，她必须有一个强健的替代可能性，也就是说，一个满足强健性（B）的可能性。与之相对，根源论的观点不承认这一点。自由空间不相容论者主张，除此以外，因果决定论排除道德责任的另一个理由是，它将替代可能性也一并 13
排除了，但是最重要的是，它排除了强健的替代可能性。这种立场将会突出展示在接下来的讨论中。

---

① 如哈克·芬在奈尔金的例子中可能会是的那样，满足（ii）似乎与行动者还拥有某种程度的信念相容，也就是说，他相信如果他所做的是在事实上正确的行动，那么在某种程度上他是可责备的。在这个分析中，哈克可能有不一致的信念，而这不是不合理的。如果最终无法相信哈克对于他可能会免于责备这一事实有认知感受力，那么（ii）可能要用一个更弱的说明替换，例如：就至少一个这样的豁免性行动或不行动而言，她对于她将不会促发她因那一行动而实际促发的可责备性，具有认知上的感受力。感谢黛娜·奈尔金和赛斯·沙博就这一话题的讨论。

规避两难论证

对早期的那些法兰克福例子的最重要的反驳，最先是由罗伯特·凯恩提出的，而后经维德克和卡尔·吉内特得到了系统性的发展（Kane 1985：51，1996：142—144，191—192；Widerker 1995：247—261；Ginet 1996）。这个凯恩/维德克/吉内特式的反驳在大体上的形式是这样的：对于任何一个法兰克福例子来说，如果在导致这个行动的实际顺序中，因果决定论被预设为是成立的，那么自由意志论者将不会有，并且也不能被期待会有行动者负有道德责任的直觉。而另一方面，如果在这个导致行动的实际顺序中，自由意志论的非决定论（libertarian indeterminism）被预设为是成立的，那么，这个例子将不再能帮助实现法兰克福辩护者的目标，因为任何这样的例子都会陷入一个两难困境。在法兰克福的例子中，实际的情境包含了一个在先的迹象，它表明介入是不需要的。如果在这样的一个例子中，在先的迹象因果决定了这个行动，或者如果它与某些能够因果决定这一行动的因素相关联，那么介入者（或者其手段）的预测能力就能够得到解释。然而，如果是这样的话，自由意志论者就不会有，也不能够被期待会有认为行动者负有道德责任的直觉。[①]但是，如果这个在先的迹象与行动之间的关系不是以这样的方式被因果决定的，那么可能的情况是，尽管在先的迹象出现了，行动者还是本可能做与其实际所做的不同的事。无论是从哪个角度出发，一个关于道德责任的替代可能性条件，都会不受影响地出现。

我提过一个能够规避这个反驳的法兰克福例子（Pereboom 2000，

① 也就是说，除非行动者自由地导致了这个在先迹象的出现，或者能够自由地防止它的出现。那样，行动者对于行动的责任会合理地从这个在先的自由行动或不行动中衍生出来。菲舍例子中的脸红并未设定以这种方式受行动者控制。

2001：18—19，2003，2009b，2012a）[1]。它具有以下这些鲜明的特征：（在
介入者的装置不在场的情况下）对介入的提示是行动者利用任何强健
的替代可能性的必要条件，然而，对介入的提示本身不是一个强健的替
代可能性，而在任何一个特定的时间里，对介入的提示的缺乏在任何意 14
义上都不能因果地决定行动者实际做出的行动。下面是我的例子：

逃税2：乔正在考虑为了他买房所支付的注册费申请减税。他知道申请这样的减税是非法的，但是他很可能不会被发现；如果被发现了，他可以有说服力地以不知情作为借口。假设他有很强但并不总是压倒一切的欲望去增进他的自我利益，而不管这么做对他人的代价是什么，甚至也不管这么做会涉及非法活动。除此以外，在这个情境中，唯一使得他可能不去选择逃税的条件是出于道德理由，并且他对这些道德理由是有所知的。例如，他不能够毫无理由地或者仅仅是由于一时兴起而不去做这个逃税的选择。另外，在这个情境中，如果他不去选择逃税，那么在原因上必然的是，他对道德理由有某种程度的关切。乔可以自愿地保持这种程度的关切。然而，拥有这种程度的关切对于他不去选择逃税来说，在原因上不是充分的。如果他拥有这种程度的关切，通过实践他（自由意志论意义上）的自由意志，他能够要么选择逃税，要么不这样选择（介入者的装置并不在场）。然而，为了保证他将会选择逃税，一位脑神经科学家在乔不知情的情况下，在他的脑中植入了一个装置，如果这个装置探测到必要程度的关切，它会用电子的方法

[1] 试图规避凯恩/维德克/吉内特式的反驳而构建的法兰克福例子包括埃莉诺·斯顿普（Stump 1990, 1996）；艾尔弗雷德·米勒和大卫·罗伯（Mele and Robb 1998）；大卫·亨特（Hunt 2000, 2005）；迈克尔·麦坎纳（McKenna 2003）；大卫·维德克（Widerker 2006）；约翰-马丁·菲舍（Fischer 2010）。我在佩里布姆（2001：10—18）中批判性地讨论了许多这类尝试。

> 激发适当的神经中枢，并不可避免地造成乔做出逃税的选择。正如实际上发生的，乔对于他的道德理由并没有达到这个程度的关切，他自己选择了逃税，而那个装置保持闲置的状态。[Pereboom 2000，2001，2003，2009b；大卫·亨特也提出了这样一个策略（Hunt 2000），并随后发展出了一个相似的例子（2005）；赛斯·沙博（Shabo 2010a）对这个策略提出了有价值的改进。]

在这个情境中，从直觉上来说，乔选择逃税是可责备的，尽管事实上他没有一个强健的替代选择。

在这些例子的早前版本中，例如菲舍的脸红例子，也包含了一个做别样行为所需的必要条件，例如，脸红从来没有出现过。因此，**逃税（2）**的显著特征不仅仅是有一个做别样行为所需的必要条件，而是，它包含的这个必要条件还有个特点，即**在任何一个特定的时间里，这个必要条件的缺失将不会因果决定行动者做出那个行动**。这一点允许了这样一个情况，即在任何一个特定的时间里，行动者都不被因果决定要做那个行动，它帮助满足了自由意志论对道德责任的关键条件。在**逃税（2）**中，乔不决定逃税的必要条件，也就是，他对道德理由有必要程度的关切，是一种正确的必要条件，这是由于，在任何一个特定的时间里，它的缺失都不会因果决定乔做出逃税的决定。因为，在任何一个特定的时间里，如果必要程度的关切是缺失的，乔仍旧可以使得这种关切在之后的时间里出现，因此他不是被在早些时候里这种关切的缺失而因果决定去决定逃税的（尽管如果这里存在一个最后期限，我们将需要考虑如果他等到那时才做决定，将会发生什么，我们很快会讨论这个话题）。

这个例子的确包含了行动者能有替代可能性——也就是，乔获得更高程度的对道德理由的关切。在这里，有人可能会反驳说，鉴于介入者的装置是在场的，通过自愿地达到某个更高程度的关切，乔本可以自愿地做一些事从而避免他所实际引发的责备。如果他自愿地达到了必要程度的关切，那么介入就会发生，他于是就不会由于决定逃税而受责备。但是，这个替代可能性不是强健的。对于通过自愿地达到必要程度的关切，他就不会（或可能不会）被责备这一事实，乔甚至都不具有最低的认知感受力。而且，他没有任何理由相信这一点。确实，如果他自愿地达到了那种关切，介入就会发生，而他就不会被责备。但是，乔没有任何对于这一点的概念，也没有任何证据知道介入本可能发生，从而使得他本可能不被责备。事实上，他相信获得这种程度的关切与他自由地决定逃税是相容的（如果介入的装置不在场，这一点就是正确的），并且他没有理由去怀疑事情不是这样。我们甚至可以明确说，他相信如果他确实达到了这种程度的关切，他仍很有可能会决定逃税。然而，直觉上来说，乔实际上做出了那个决定是可责备的。

卡洛斯·莫亚反对道，在这情境中，乔的可责备性应当由下面这一个原则所决定：

> 如果，一个行动者不能做A（而她不知情），假设她做了，她会履行她的责任而免受责备（并且她知道会是这样），那么，为了避免被责备，她应当做那个合理地处在她控制力范围内的次好的行动来履行责任，其中“次好的行动”总的来说可以描述为试图或尝试去做A。（Moya 2011：15）

法兰克福辩护者能够同意，乔因为没有对道德理由更加关切而可受责备，并且对于这一点，他确实有一个强健的、豁免意义的替代可能性。但是直觉上说来，乔还为了决定逃税而可受责备，而对于这一点，至少在初步看来，他没有一个强健的替代选择。我们之所以认为，对于道德理由更加关切变成了对决定逃税来说的一个强健的替代选择，这背后的原因是什么呢？我同意认为：这是对于他来说的次好行动。但是它本身对于决定逃税的不是豁免性的，因为，如果没有那个装置在

16 场，即使他确实变得更加关切了，他还是可以决定逃税，并且，我们或许还会猜测，他本可能如此决定。并且，他完全不知道，由于这个装置，变得更加关切会阻止他决定逃税，并因此使得他对这个决定免受责备。确实，无法获得对一个行动的强健的替代选择，行动者就不能为做了这个行动而受责备，在这样一个预设下，我们可以自然地主张，如果通常意义上说来的强健替代选择不可获得，行动者若是做了她所能做的最好的事，就会免受责备。但是这个预设是法兰克福辩护者所挑战内容的一部分。莫亚说：

> 在正常情况下，如果没有潜藏的装置，豁免性替代选择的标准本会提升到决定不逃税并且实际不逃税；仅仅是关切道德理由本来是不足够的；但是由于乔本不能那样决定或那样行动，这些标准就降低到了他为履行道德责任而能做的次好行动，这个次好的行动因此变成了一个豁免性的替代选择。（Moya 2011：17）

莫亚主张对通常情况的标准做出改变的一个语境特征是，在通常情况下本会构成的豁免性替代选择，在他的例子中是不可获得的。然而，这个主张本身是强健的替代可能性要求所激发出来的，而这正是我们所要讨论的话题。莫亚对于改变通常标准的提议，如果可以不依赖于强健的替代可能性要求而得到合理证明，那么也许它能够动摇法兰克福辩护者。但是他所提出的证明，虽然并非不合理，却不是独立于这个要求的，因此他的提议不是一个在论证上令人满意的回应。（Moya 2011：13—15）

斯图尔特·格茨主张，大体上来说，在一个法兰克福例子中，相关的替代可能性的缺失仅能由这一点来解释：行动者在实际顺序中被超出他控制的因素所因果决定；对于**逃税2**来说也是这样（Goetz 2005，2008：101—106）。毕竟，乔决定逃税是由例子中设定的元素所蕴含出来的。而这是超出乔的控制的。然而，对于一个事件是依照自然法则由先决条件所决定的，存在两种不同的理解方式：(a)事件的发生是由描述先决条件和自然法则的命题所蕴含的，然而并**不是**说：这一事件是由始于先决的因果因素、终于行动的实际因果过程所保证的；(b)事件的发生由描述先决条件和自然法则的命题所蕴含，并且它**是**由始于先决的因果因素、终于行动发生的实际因果过程所保证的。一个描述了恰当构建出的法兰克福例子中设置的条件的命题，蕴含了那个行动将会发生，因此，行动-事件将会被先决条件与自然法则所决定。但是当 17
保证行动发生的仅仅是反事实性的介入时，行动就不是在(b)的意义上被决定的，而只在(a)的意义上被决定。在**逃税2**中，那个行动被保证发生，因此先决条件在(a)的意义上决定了行动，但是没有因果决定它，从而不是在(b)的意义上决定了这个行动。导致乔逃税决定的实际的因果过程，与这个行动在自由意志论的理论中是自由的，两者相容，并且我明确说明，在这个例子中，乔的决定在这个意义上确实是自由的。因此，这个决定并不是由始于这个例子的最初的设定条件、终于这个行动发生的实际因果过程所保证的。相反，这个决定是部分由于例子中最初设定，并且在实际顺序中保持闲置的条件所保证的，因此不包含一个实际的因果过程。①

仅仅是衍生责任？

比夫决定要喝醉，并且理解当他醉酒时，他将不再能够避免粗鲁对

① 约瑟夫·坎贝尔(Campbell 2006)实际上指出，那些主张非道德责任能够在(a)的意义上由决定性推出的根源论不相容者，不能同时诉诸法兰克福例子来排除自由空间的立场，因为在那些例子中，设定的种种特征在(a)的意义上决定了那个行动。依照我的根源论不相容论，非道德责任是在(b)的意义上从决定性中所推出的，而不是在(a)的意义上。

待他的同伴们，然后他真的喝醉了，并侵犯了其中一个同伴。在这个例子中，比夫在决定要喝醉时满足了道德责任的典型的一般条件，但是在他已经喝醉并且粗鲁待人的时候，他并不满足那些条件。如果他要为他的粗鲁行动负有道德责任，那么他仅仅是在衍生的意义上如此——特别是，由他对于决定喝醉所负有的非衍生道德责任，以及由预见当自己喝醉时很有可能会粗鲁待人这点衍生出来。(Ginet 2000)

维德克(Widerker 2006)提出了一个对**逃税**论证的挑战，他将非衍生和衍生责任的区分应用到这个例子中去，主张非衍生的道德责任受制于替代可能性原则(PAP)。维德克主张，在**逃税**中，乔在缺少相关的替代选择的情况下，仅仅是在衍生的意义上为他逃税的决定而可受责备：

> 佩里布姆的例子的[一个]问题是，在这个例子中，行动者做的决定是**在衍生的意义上**可受责备，因为他没有以他合理能有的最佳行动(或者没有做出合理的努力)去避免做这个决定。他本应当对道德理由有更多的关切——这是他本能够做的事。如果情况
> 18 是那样，他将不会为了决定逃税而可受责备，因为在那之后，他会被脑神经科学家强迫如此决定。如果这是正确的，那么佩里布姆的例子就是一个关于衍生罪责的例子，并因此与PAP不相关，PAP仅关切直接的或非衍生的罪责。(Widerker 2006：173；Ginet 1996中预见了这一反驳。)

首先，在某种意义上，这又是一个对于法兰克福例子在论证上不令人满意的回应，因为它明确地援引了自由空间的立场来支持自己关于乔的责任状况的结论。这个想法看上去是，乔仅仅由于没有决定对道德理由更加关切而负有非衍生的道德责任，这是因为，乔仅仅就这个决定有一个强健的替代可能性，因此，任何他对于决定逃税要负有的道德

责任都必定从这个不更加关切道德理由的决定中衍生出来。有人可能会因此将下述的替代可能性策略应用到任何一个这类例子中去：仅当一个与如此行动或不行动相关的强健的替代可能性在那个时刻对行动者来说是可获得的，她才在这个特定的时间里为行动或不行动负有非衍生的道德责任，而任何其他的道德责任都是从这一非衍生的道德责任中衍生出来的。但是在**逃税2**的例子中，我们的顾虑是，如果这个策略被应用进来，这个例子的效力将不再会是显著的。更概括地说，这个策略会错失一个可能的反例的效力，因此很难抓住一个严肃的反驳。

然而，这个替代可能性的策略也许还是能捕捉到某些正确的东西。但是为了明察它是否能够做到这一点，我们必须评估将这一策略施加给乔的情况可能包含的缺陷。人们可能起初认为这样做不会存在任何缺陷，因为人们关于行动者是否负有道德责任的直觉中，并不包含对非衍生或衍生的道德责任的区分。因此，直觉上说来，可能乔对于决定逃税是负有道德责任的，但是可能不符合直觉的是，他在非衍生的意义上，而不是衍生的意义上负有道德责任。然而，这个关于衍生责任的范例是由上文援引的醉酒的例子提供出来的。在这个例子中，尽管有些关于非衍生道德责任的无争议的一般条件，在比夫醉酒时不能满足，这些条件都在他决定要喝醉的时候满足了。但是，比夫的情况与乔的情况相比有很重要的差异。比夫有意地将自己置于这样一个状况下，即有些关于非衍生道德责任的无争议的一般条件不能在相关的后续时刻满足。然而，乔的情况不是这样的。人们可能会认为，如果行动者不能对道德理由有充分的关切，那么一个这类无争议的条件就不能满足。但是当在任何既定时间里，乔都不充分地关切道德理由时，他理解自己可能会在之后的时间里变得能够充分地关切道德理由。因此，乔的情况在关键的方面，与衍生责任的范例相区别。这表明，维德克的反驳所 19
提出的把替代可能性策略应用于乔是不恰当的。(Pereboom 2009b)

维德克(于谈话中)还建议，如果必要条件被改变，乔的行动不再是一个道德上可赞赏的自愿行动，那么**逃税**2将不会受制于其对衍生责任的顾虑。他提到了将想象自己严苛的父亲的脸作为这样一个必要条件。然而，这可以有值得称赞的道德意义或是没有。奈尔金（于谈话中）建议可以将乔想象自己受惩罚，例如进监狱，作为必要条件。这个条件明显缺少可称赞的道德意义。与这个建议相一致，我们可以假设一个让乔不去决定逃税的必要条件：他去生动地想象他将会为了决定逃税而受到至少是相当严重的惩罚。按照这种方式修改这个例子将会回应维德克的反驳，因为我们现在不那么可能去认为，由于乔没能进行如此想象，他对于自己逃税的决定仅仅是在衍生的意义上负有道德责任。在呈现一个包含这一变化的例子之前，我要先介绍下一个反驳（关于以这种方式修改过的逃税例子，见Pereboom 2009b）。与此同时，我不认为这个修改是必要的，并且人们可能还会反对这种修改，例如莫亚，他就主张，如果做出了这种修改，乔就不是在充分地回应道德理由了（Moya 2011：19—20）。我相信莫亚对于修改过的这类例子的顾虑可以通过一些正确的设定来预先排除，但是不管怎样，这是一个值得留心的顾虑。

罗伯特·凯恩的多元自愿控制回应

凯恩对**逃税**的回应关键地包含了这样的主张，即控制者“并不会让乔在A与B之间做一个不明的选择”，其中，A是逃税的选择，B是不逃税的选择。凯恩以此得出结论说，乔将不会（非衍生地）为选择逃税负有道德责任。他的论证是这样的：如果激发介入的迹象没有出现的话，也就是乔没有达到对道德理由的必要程度的关切，由于选择B的必要条件并不在场，他因此选择了A；那么，乔的决定“将不会是一个‘确定意志’（will-setting）的自我形成的行动……因为他将只有理由去‘确定意志’选A，而不会关注有任何好的理由去确定意志选B”。如果他确实达到了必要程度的关切，控制者将会介入并迫使他选择A，“一旦控制者出现在这个情况中，乔将不会有机会**以任何方式**做出一个真正的自我形成的行动”（2007：170—172）。 20

因此，凯恩认为乔并不在非衍生意义上负有道德责任，他的理由是，乔将不会在A与B之间有不明的选择。有人可能会抗议说，这仅仅是自由空间论者与根源论者之间争论的话题，也就是，道德责任是否要求强健的替代可能性。但是凯恩并不是针对法兰克福辩护者做出了一个论证上有问题的提议。通过主张乔缺少强健的替代的可能性，凯恩所指的是，他缺少**多元自愿控制**（plural voluntary control）：

> 行动者对不同的选项有多元自愿控制……他们能够达成他们意愿的**无论哪种**选项，**当**他们意愿这样做**的时候**，并**出于**他们意愿这样做的**理由**，他们是有意这样做，而不是意外地或由于失误才这样做，他们**没有**被胁迫或强迫去如此做或去意愿如此做，他们也不是通过其他行动者或机制的控制而如此做或意愿如此做。（2007：30）

对于非衍生的道德责任要求多元自愿控制这一点，凯恩有自己的理由。它们展现在他的**双重回归论证**的“动机”部分（Kane 1996，2000），他主张，对于一个行动者来说，确定她自己的意志要求她有多元自愿控制。如赛斯·沙博（2010a）所指出的，凯恩的顾虑是，呈现在情境中的动机是否为她做出的选择提供了决定性的理由，而在一个争议性的例子中，人们需要问的是，行动者的意志是否以这种方式被确定。如果是的，那么她没有在这个情境中确定她自己的意志，因此非衍生的道德责任就被排除了。她看上去缺少的正是多元自愿控制，因此我们有理由认为非衍生的道德责任要求这种控制力。

现在，有人可能会主张，由于在**逃税**中，乔没有实际的动机上的冲突，即不会使得既选择逃税又选择不逃税在心理上是不可能的，在他的情况中，他的意志以一种排除非衍生责任的方式被确定。我不认为这个观点是合理的。确实，尽管乔意识到了道德理由与他逃税的理由是冲突的，他却不会为这些道德理由促动，倒会使决定不逃税在心理上对于他来说是可能的，除非他比他实际上对道德理由有更高程度的关切。但是仅仅出于对他的（自由意志论的）自由意志的实践，他本能够对道德理由更加充分地关切，并由此使得既选择逃税又选择不逃税本会对他来说在心理上是可能的。在他的情况中，没有任何东西阻止他通过他的自由能动性来实现这种程度的关切。如沙博（2010a）所说，在乔的情况中，他的意志可能仅仅是**临时地**被确定的。但是如果说，他的意志是由呈现在情境中的动机以一种排除非衍生责任的方式**决定性地**确定
21 下来的，这么说是错的。

吉内特的定时批判

在一个对**逃税**的反驳中，尤其是针对这个例子最早的版本（2000，2001），卡尔·吉内特作为一个自由空间不相容论者，论证说，在t1这个确切的时间中乔做了逃税的决定，他本可能对道德理由有所关切，并且这个替代可能性是强健的："因为如果乔对道德理由有所关切，他本会在t1那个时刻不去意愿做B［去决定非法减税］，以至于通过不去意愿，他本会避免对在当时做B的责任，并且本会意识到他避免了在当时做B的责任（这是他不在当时做B的一个明显的可能结果，而他本会对此有所意识）。"（Ginet 2002）同样是自由空间不相容论者的大卫·帕尔默（2011）和克里斯托弗·富兰克林（2011a）提出并发展了这个思想。

这个反驳的效力依赖于吉内特（1996）对法兰克福例子的大体回应中的一个元素。他从针对这类例子的下述策略开始他的讨论：

> 布莱克设定了一个装置来监控琼斯的行动，并且如果琼斯没有在某个截止时间t2做B，这个装置会导致琼斯在t3做B。我们必须预设，如果这个装置在t2被触发，它会因果地使琼斯在t3做B成为必然，从而使得琼斯不能够在t3避免做B，并且琼斯永远不知道也本不应当知道这个装置的存在，这个装置不会因为琼斯于t2之前在t1做B而被触发。[假设B表示谋杀某个人(比如史密斯)的决定。]

吉内特主张琼斯将不会为在t3做B负有道德责任，“因为，由于布莱克的装置，琼斯本不能够避免做它”，但是“他可能为促成了在时间上更加具体的事态负有道德责任”——在t1做B——“这是他本来能够避免的”。他认为，人们可能会无法区分**琼斯在t1做B**和**琼斯在t3做B**，因为它们在这样一个意义上是道德上等价的，即，如果布莱克的装置不在场，琼斯做第一个行动会像做第二个行动一样可责备。正是这一点使得我们(错误地)认为：琼斯在t3做决定是可责备的，可以由他在t1做决定是可责备的来解释。在正确的分析中，解释琼斯的可责备性的是，他在t1做B有一个替代选择，他真正可责备是因为在t1做B。

我现在要对吉内特的反驳提出一个挑战。关键是，质疑这样一种主张，即我们认为：琼斯在t3做B可责备，或者是否可被责备，是能够以他在t1做决定有一个替代可能性来解释的。让我先呈现一个经过补充从而能够适用于吉内特的策略的法兰克福例子，维德克和奈尔金对于改变介入的触发因素的建议，也包含在其中： 22

> **减税**：琼斯可以通过在投票站按“是”或“否”的按钮来支持或反对针对他所在的高收入群体适度减税。一旦他进入了投票站，他只有两分钟整的时间投票，并且有一个倒计时仪器非常明显地摆在那里。如果他不投票，他将需要交罚款，并且数额高到足以使

> 得他在这个情况中一定会投票(要么投支持票,要么投反对票),交罚金的前景结合上一些背景条件,因果决定了他去投票。琼斯得出了结论认为,投票支持减税总体上来说是道德上错误的,因为他相信这样做将不会明显地促进经济,并且会增加本来就很富有的人的财富,而帮助不到那些不那么富裕的人,不管这是如何得到宣扬的。他对这类大体的道德理由是有感受力且有回应性的:他会出于这类理由投票反对针对他所在的高收入群体的数额更大的减税,他过去也确实做过这样的事。他在投票站里花了一些时间历数相关的道德理由和自利的理由。但是,使他决定投票反对减税所要求的是,去生动地想象他的上司可能会发现他的投票,由于她在政治上的倾向,她会通过不晋升他至一个更好的职位来惩罚他。在这个情况中,他决定不投票支持减税,而是投票反对减税在因果上必要的条件是,他生动地想象上司发现他的投票并且不让他晋升,而这个想象既可能不自觉地出现在他脑中,也可能通过他的(自由意志论的)自由意志自愿地出现。琼斯理解,想象一个惩罚的场景将置他于一个有动机投反对票的处境。但是如此想象对于他投反对票来说不是因果上充分的,因为即使他如此想象了,他仍旧可以根据他的(自由意志论的)自由意志要么投支持票,要么投反对票(没有介入者的装置在场)。然而,在他不知情的情况下,一位脑神经科学家已经在他的脑中植入了一个装置,如果这个装置探测到他在生动地想象那个惩罚的情景,它就会刺激他的大脑以至于因果决定他投票支持减税。琼斯并没有如此想象,并且决定对减税投支持票,而介入装置处在闲置的状态。

假设在琼斯自己看来,t3是在两分钟的时间截止前能够做出选择的最后一刻,并且他实际上在t1,也就是在t3之前,就决定投票了。我主张,琼斯在t3选择投支持票是可责备的,尽管事实上他就此并不具有强健的替代可能性。[①]

其他设定这个例子的方式包含了在道德上可称赞的投反对票的必要条件，诸如，对道德理由更加关切或者考虑某些道德上的楷模会做什么。我的想法是，这样的条件也会帮助设计出成功的例子。 23

一个对**逃税2**的顾虑是，即使介入者的装置在场，乔仍旧理解，在任一特定时间里，直到一个不明确的未来时间为止，他能够通过对道德理由更加关切而避免为在那个时间里逃税的决定负责，并且正如反驳者可能会说的，这在任一特定时间里，直到一个不明确的未来时间，能算作一个强健的替代可能性。**减税**中出现的一个补充是，琼斯一定会在从他看来的、在截止时间之前他能做投票决定的最后一个时刻，也就是在t3把票投出，这个补充修正了上述类型的顾虑。伴随着这样一个新的补充，我们仍旧可以正确地说，在任何一个早于t3的特定时间里，他明白通过生动地想象惩罚的情境，他可以避免在那一刻投赞成票的责任，而在这些相关的时刻里，这会算作是一个替代可能性。但这并不是说，在整个相关的时间段里，直到t3并包括t3，他有一个强健的替代可能性。具体来说，琼斯在这整个时间段里不投票这个可能性，被他一定会通过生动地想象那个惩罚的场景而在t3投票这件事，所排除了。

在吉内特的观点中，由于琼斯对于在t3选择投支持票没有替代可能性，他将不会对这一个特定的事态负有责任。但是琼斯仍然为在t1做了这个决定负有责任——尤其是，他为此是可责备的——而对于这一事态，他确实是有一个替代可能性的。具体地说，他本可能避免在t1那个时刻做决定。我要再一次强调，在吉内特的观点中，(i)琼斯在t1做了他做的决定，同时介入的装置是在场的，和(ii)琼斯在t3做了他做的决定，并假设装置是不在场的，这两件事在下面这样一个意义上于道

---

① 在佩里布姆(2012a)中，我提出了这个例子，我还在其中提出了即将出现的、我对吉内特的回应的一个早期版本。

德上是等价的，即第一个的可责备性与第二个是一样的，并出于同样的理由。这会允许我们认为，琼斯在t3前做出决定可责备，能够通过他在精确的时刻t1做出决定可责备来解释。但是这行得通吗？

假定超出亚当控制的因素因果决定了他对他意下的受害者开火，并且还因果决定了他在某一个精确的时刻t1做出这个决定。但是现在让我们来设想，超出他控制的因素因果决定了亚当如此行动，不过它们是以这样一种方式决定的，即在从t0开始到t3，并包括t3的两分钟的时间中，究竟亚当会在哪个时刻做出这个决定，这是取决于他的。更准确地说，超出他控制的因素因果决定了他有一个谋杀的欲望，这个欲望如此之强，以至于他会不可避免地在这个时间中做出杀人的决定。他首先在t0之前有了这个欲望，如果在t3之前他还没有做出决定，这个欲望会持续到t3，并且在其间不会出现强度上的变化。这最后的时刻t3是
24 截止期限，这是因为，亚当相信，如果他决定在晚些时候开火，他将无法再伤及其意下的受害者。由于他对自己的欲望的强度有着认知上的感受力，从t0之前的那个时刻起，亚当便坚定地相信，他一定会在t3前做出决定。他明白，具体在这期间的哪一个时刻做决定，不会有任何道德上的区别，因此他对于在其中哪个时刻做决定保持中立的态度。假设他打算在t1做决定，鉴于不相容论的种种特性，不管是自由空间不相容论还是根源不相容论，亚当在t1做决定都**不可责备**。相反，他是在道德中立的意义上为在t1，而不是在其间的其他时刻做决定而负有责任。

有人可能会认为，亚当不去在t1做决定的能力是他能够在直到并包括截止时刻t3在内的时间中继续拒绝做决定的有力证据。[1]但是，合理的是，亚当可以在t1拒绝做出选择是因为他知道他可以迟些再做出选择。一个可做类比的例子是，假定我的孩子非常饿，现在是t0，我需要在t3离开，并且我明确承诺要在我离开之前喂他们吃东西。假定我可以不

① 感谢卡尔·吉内特和奥斯汀·达根（Austin Duggan）提出了这一类担忧。

在t1喂他们吃东西。非常可信的是，我不在t1这么做仅仅是因为，我知道我可以迟些再喂他们，而不是因为我可以完全不在t3之前喂他们。

对于亚当在t1做决定不可责备，自由空间不相容论者必须给出的理由是，他对于在t3前做决定没有任何（强健的）替代可能性。根据自由空间不相容论者，必须是某些替代可能性的不可获得解释了为什么亚当的决定不可责备。在这个例子中，因果决定论排除了亚当的可责备性，而自由空间不相容论者主张，大体上而言，因果决定论由于排除了替代可能性而排除了可责备性。解释亚当不可责备性的唯一合理的候选理由，是他在t3前做决定的替代选择的不可获得性，因此在自由空间不相容论的观点中，这种不可获得性必须对于亚当在t1不可责备来说也是充分的。

我们现在可以为琼斯在**减税**中的情况得出下面这个结论。自由空间不相容论者将不能够为如下主张辩护：在介入装置在场的情况下，琼斯在t1为减税投赞成票，与琼斯在t3投赞成票但介入装置不在场，可责备性是同样的，并且出于同样的理由。因为当装置在场时，自由空间不相容论者不能解释琼斯在t1做决定的可责备性，而只能解释他在t1，而不是在任何其他可行的时刻做决定所负有的中立意义上的责任。尽管正如在亚当的情况中一样，琼斯在t1做决定确实有一个替代的选择——例如，在t1继续思虑，并在t2才做决定——但是这对于解释琼斯在t1做决定的可责备性来说是不充分的。因为，正如这个例子所设定的，琼斯没有在t3前做决定的强健的替代选择，并且正如亚当的情况所 25
表明的，对于自由空间不相容论者来说，这必须对琼斯在t1做决定不可责备来说是充分的。亚当和琼斯都可以在t2而不是在t1做决定，但是正如在亚当的例子里一样，琼斯在t3前做决定的强健的替代选择这一点，排除了他在t2做决定是一个强健的替代选择。但是我们仍旧有很强的直觉认为，琼斯在t1做决定是可责备的，而对于这个直觉，自由空间不相容论者无法给出解释。

因此，我们认为琼斯决定投赞成票减税而可责备，不能通过他在t1做决定的可责备性，以及他所拥有的替代选择得到说明。在自由空间不相容论的观点中，琼斯在t1做决定的可责备性，必须依赖于他拥有在t3前做决定的强健的替代选择。但是他没有这样的强健的替代可能性。因此，**减税**对这个立场提出了一个严肃的挑战，并且看上去，这个法兰克福例子能够抵抗吉内特的反驳。

如果琼斯等到最后一刻才决定，他要负责吗？

设想琼斯决定在t3按“支持”的按钮，这在他看来是他在两分钟内能做决定按投票按钮的最后一刻。假设他明白，在t3抱有任何不决定的想法都会排除他做出投票的决定，并因此使得他不投票。如前述中所具体说明的，由于不投票会招致罚款，他一定会投票。所以现在，在t3，他不再能生动地想象那个惩罚的场景，因此，在t3，对于他所实际做出的选择来说，他没有强健的替代选择。但是直觉上来说，琼斯等到t3才做决定这一点，不会让他的决定不可责备；对于他在t3的决定，他如同在t1做决定是可责备的一样，也是可责备的。

作为回应，吉内特（1996）、富兰克林（2011a）和帕尔默（2011）会主张，在t3，琼斯仅仅在衍生的意义上为他的决定负有责任。富兰克林（2011a）主张，任何这类法兰克福例子都会面临一个两难困境：一方面，如果行动者在早于最后一刻的时刻做决定，例如，如果在**减税**中，琼斯在t1做决定，那么他有一个强健的替代选择；另一方面，如果他在最后一刻才做决定，那么他负有的责任就只是衍生意义上的。吉内特（1996）论证说，所有法兰克福例子大体上都面临这类两难困境。在**减税**的例子中，由于上述两难困境的第一个方面得到了反驳，所以这个两难论证失败了。但是，人们仍旧可以想，琼斯是否由于他在t3没有一个替代选择，而实际仅仅在衍生意义上为他的决定负有责任。再一次强调，关于这一点，非常明确的是，他在t3不是被超出他控制的因素因果决定，
从而做出投票的决定的。的确，在这最后一刻，琼斯将自己置于一个没 26
有其他替代选择，而只能去投票的处境中，但他是出于他（自由意志论的）自由意志，明白这一点，并依此行动的。也许，即使是从不相容论的观点出发，去主张他仅仅是在衍生的意义上负有责任的唯一理由也就是，他缺少一个强健的替代选择。

因此，对衍生责任的判断，会在某种意义上来说缺少论证上的可信度，这又是由于它会明确地援引一个自由空间的立场来支持关于琼斯的责任的判断。因为，这种回应看上去包含一个对替代可能性策略的要求：仅当一个强健的替代可能性在行动者做A行动时对于她来说是可获得的时候，她做A才会在非衍生的意义上可责备，这个强健的替代可能性解释了她做A的可责备性，而所有其他的可责备性都是从这样一个非衍生的可责备性中衍生出来的。这样一个关于琼斯负有衍生的责任的主张，是由对强健的替代可能性条件的承认所提出的，然而这个条件本身是要讨论的话题。关于使用这种策略，有人可能会论证，琼斯在t3做决定不符合衍生性责任的范例，行动者在不满足道德责任的无争议条件的情况下，仍旧在直觉上看来是对一个行动负有责任的。这样的话，行动者对那个行动的责任显然将需要追溯到一个更早的情境中，在那里，他满足了道德责任的那些无争议的条件。但是与那个喝醉并侵犯了同伴的行动者不同，（例如）琼斯在t3行动时的理性，不是处在匮乏的状态。因此，我们对诉诸衍生责任的顾虑是，它是由对强健的替代可能性条件本身的预设所促动的，而这削弱了这一个方案的效力。

与此同时，**减税**中琼斯在t3做决定，与维德克的讨论对象——乔在**逃税2**中决定采取非法减税，以及**减税**中琼斯在t1做决定之间，有着潜在的重要区别。如果琼斯在t1决定对减税投支持票，他本可以通过

继续考虑而避免在t1做决定，而情况是，琼斯在t3除了决定投支持票之外不能做任何其他事。一个对这种区别的判断是，与在t1做决定相对，琼斯在t3投支持票是由于他决定等到t3再定，加上他对不投票的处罚有所知，而一起因果决定的。因此有人可能会论证道，出于这种因果决定性，即使是根源不相容论者也必须同意，如果琼斯在t3做决定，那么他仅仅在衍生的意义上负有责任。但是，尽管琼斯在t1没有强健的替代选择，他在t1做决定仍会在非衍生的意义上可责备，因此，法兰克福辩护者不会被迫主张，琼斯在t3决定投支持票会在非衍生的意义上
27 可责备。

保留对“构成影响”的直觉

对于自由空间立场的支持者来说，有无替代可能性本身对于解释行动者对一个行动的道德责任来说，是相关的。**逃税**和**减税**的例子给了我们理由拒绝自由空间论的观点。但是我们要再一次注意到，这些例子同样包含了替代可能性，不过那些可能性不是强健的。根源论立场表明，就行动者对一个行动负有道德责任来说，她必须以一种恰当的方式是她自己的行动的根源（对于这样一个条件应当如何阐述的提议，见Sartorio 2011）。根源不相容论者主张，这要求行动的实际因果历史是非决定性的。更准确地说，行动不能由超出行动者控制的因素所因果决定，例如遥远的过去结合自然法则。有可能的是，这个限制条件蕴含了行动者拥有替代可能性——但是它并不蕴含行动者拥有强健的替代可能性（Pereboom 2001：37，2003：197；参较Della Rocca 1998；Timpe 2012）。

有人可能会主张，在这个讨论的节点上，自由空间的直觉，以及维德克在W辩护中对这种直觉的表达，针对根源论观点仍有残留的影响力（但是参见McKenna 2005，2008c；Fischer 2006：203—209；和Capes

2010对此的回应）。然而，这一点可能被卡罗丽娜·萨托里奥（2013a）就责任的种种条件发展出来一个观点反驳。合理的是，在替代可能性条件的论证中仍旧部分地发挥作用的，是这样一个直觉，即道德责任的条件之一为行动者是一个构成影响的人。尤其是，在可责备性的例子中，是行动者自己对于他究竟是可责备的还是不可责备的，构成了影响。人们可能会期待说，任何一个承认这一点的论点都会被法兰克福例子的成功所瓦解。但是萨托里奥的提议是，道德责任在这样一个意义上要求"构成影响"，即仅当某种包含能动性的、导致行动出现的实际顺序的缺乏不会使得行动者对行动负有责任时，这种实际顺序才使得行动者对行动负有责任。有一些例子中，上述"构成影响"的情况是缺失的。在萨托里奥的例子中，每天早上吉米通过投硬币来决定他当天要不要戴帽子——正面就戴帽子，反面不戴帽子。吉米的朋友们，苏齐和比利，想出了这样一个计划：如果吉米当天早上戴了帽子，苏齐会往窗户上扔石头，反之，比利就会往窗户上扔石头。硬币是正面，因此当天早上吉米戴了帽子，苏齐就往窗户上扔了石头，窗户被打破了。萨
托里奥解释道： 28

> 设想我们决定使得吉米对窗户破碎负有责任所基于的事实是，吉米知道他如果戴了帽子，苏齐会砸窗户，并且窗户因此会破碎，但是他仍旧决定戴帽子。那么我们同样也必须说，如果吉米决定不戴他的帽子，他不戴帽子也会使得他应对碎窗户负责，因为他同样知道，不戴帽子会导致比利砸窗户，并且因此使得窗户破碎。但是，直觉上来说，情况不能是这样的：情况不能是，戴帽子与不戴帽子都使得吉米对同一件事负有责任。因此，我们应当推断，吉米不由于戴了他的帽子而对窗户破碎负有责任。（2013a：203）

但是与此相对的是，在法兰克福的例子中，包含能动性的实际顺序

的缺乏本不会使得行动者负有责任。如果将萨托里奥的提议应用到**减税**的例子中，要说导致琼斯决定按“支持”按钮的思虑过程使他为自己的决定负有责任，前提必须是，这个思虑过程的缺失不会使得他对该决定负有责任。琼斯在反事实的顺序中生动地想象了惩罚的场景这一事实，是使得这个反事实的顺序区别于实际的顺序之关键。如果他如此想象了，介入就会发生，那么在实际顺序中导致他决定按“支持”按钮的一个关键元素就会是缺失的。但是顺序中的这一个部分的缺失本不会使得琼斯对他按“支持”按钮的决定负有责任，因为在反事实的场景中，他不负有任何责任。正如萨托里奥有意显示的，她的提议可以被根源论观点的支持者所接受，并且在我看来，她的提议增强了这一立场的
29 合理性。

第二章

事件因果与非因果自由意志论的问题

根据自由意志论的观点，我们人类拥有按自由意志行动的能力，并且，自由意志所驱使的行动的关键是，它不由超出行动者控制的因素所因果决定。近来明显区别出三种主要自由意志论观点，它们是：事件因果自由意志论、非因果自由意志论，和行动者因果自由意志论。在这一章以及下一章，我将对于为何不能充分相信我们拥有这三种观点所说明的自由意志，提出我的理由。我在第三章结尾得出的结论是，要么一种相容论的自由意志观是可行的，要么自由意志怀疑论是正确的。第四章致力于针对任何形式的相容论，提出操纵论证。

三种自由意志论

在事件因果自由意志论中，行动被视为包含行动者的事件——行动者在不同的时刻中行动——这些事件仅仅由在先的事件所导致，例如，行动者在某一时刻中拥有一个欲望或信念；通过恰当的事件产生行动的过程中具有某种非决定性，被认为对于道德责任所要求的那种自由意志来说是必要的（Kane 1996；Ekstrom 2000；Balaguer 2009；Franklin 2011b）。在另一种阐述中，行动由事态或性质实例非决定性地导致。这个立场在伊壁鸠鲁式的观点中有其原型，依据这一观点，一个自由的决定是在原子本来向下运行轨迹中，非决定性地导致的突然转向运动（卢克莱修 50 BCE）。

依照行动者因果自由意志论，存在作为实体的行动者，他们有能力在不被因果决定的情况下导致他们做出的决定，是这一点解释了道德责任所要求的那种自由意志（Kant 1781/1787/1987；Reid 1788/1983；Taylor 1966，1974；Chisholm 1964，1976；O'Connor 2000，2009；Clarke 1993，2003；Griffith 2010）。关键的是，行动者做出一个自由的决定
30 中所包含的因果关系，不能化约为事件中的因果关系，而保证这一点的是，行动者，作为根本上的实体，拥有导致其决定做出的能力。决定论与行动者因果性是相容的，但是根据行动者因果自由意志论，一个决定之所以是自由的，关键是行动者不被因果决定地导致这个决定。

第三类自由意志论是非因果自由意志论（Bergson 1889/1910；Ginet 1990，1996，2007；McCann 1998；Goetz 2008）。亨利·柏格森主张，虽然行动是在时间中出现的，但是，有意识的能动性所蕴含的时间不会变为应用因果法则所要求的那种量纲。对有意识的能动性的理论化将包含诉诸那些实际上不被运用的、仅仅是隐喻意义上的物理概念，因此有意识的能动性的因果概念也仅仅是隐喻意义上的。有意识的能动性，以及更广泛意义上的精神事物，是自成一格的（sui generis），因其实际所是的样子，它们不能被理论化，而且在本质上不具有因果性。在柏格森的观点中，这种不具因果性，使得行动能够受自由意志驱动。当代的非因果论的理论家，例如卡尔·吉内特、休·麦坎，和斯图尔特·格茨，关于特定的行动如何是不具有因果性的，并没有给出相似的说法，但是他们依旧坚持对自由行动的非因果性的要求。那么，自由的行动还需要满足哪些额外的条件呢？在吉内特的观念中，除了不具因果性之外，一个基本行动如果是自由的，关键条件是，它要有一个行

动者作为其主体，并且还要有一个似行动的现象感受。为了替换这种似行动的现象感受，麦坎说明一个自由的行动要在本质上和根本上是有意图的。根据格茨的观点，行动必须满足一个目的论上的要求，由于麦坎所提出的本质上的意图性也是目的论的，因此这些观点都是相互关联的。

在当前的哲学氛围中，假定其他条件保持不变，事件因果自由意志论通常被视为是这些观点中最有吸引力的。关于非因果事件的想法，以及关于实体因果性的概念，都遭到了质疑。所以让我们从它们的问题开始进行讨论，然后看看是否非因果和行动者因果自由意志论的观点是可行的替代选项。在这一章中，我将考虑事件因果和非因果的观点，之后在第三章，我会讨论行动者因果自由意志论。

对事件因果自由意志论的消失的行动者反驳

对自由意志论进行批评的人们主张，如果行动不是被决定的，行动者就不能为它们负有道德责任。我们可以在休谟的《人性论》(1739/1978)中，找到对这个顾虑的经典表述。具体而言，休谟论证道，
如果一个行动不是因果导致的，那么它将不会与行动者之间有充分的 31
关联，从而不会使得行动者为它负有道德责任。一些能够体现休谟主义的这个顾虑的反驳，被称为**运气反驳**(Mele 1999, 2006)，这是因为它们试图表明，在当下讨论的自由意志论观点中，行动是否出现关乎运气——或者是好运气，或者是坏运气，因此这个行动受行动者控制的程度不足以使得她对它负有道德责任。我认为，这一类的反驳反映出了事件因果自由意志论的最深刻的问题，我将称之为**消失的行动者反驳**。它与对关于行动的事件因果理论的一个更普遍的反驳相关联(例如，Hornsby 2004a, 2004b; Nida-Rümelin 2007; Brent 手稿)，但是，这一反

驳的对象不是能动性，而是基本应得意义上的道德责任：[①]

> **消失的行动者反驳**：考虑一个出现在这样一种情境中的决定，其中，行动者的道德动机支持这个决定，而她的审慎动机支持她不要做这个决定，这些动机相互制衡。在一个事件因果自由意志论的图景中，先于决定的相关的因果条件，例如，某些包含行动者的事件的发生，不能确定决定是否会出现，而只能使得决定的出现有50%的概率。实际上，由于没有在先的事件能够确定这决定是否会出现，并且只有在先的事件是在因果上具有相关性的，因此，**没有什么**能够确定这决定是否将会出现。因此，不可能的是，行动者或任何与行动者相关的事能确定这决定是否会出现，因此她缺少为之负有基本应得意义上的道德责任所要求的那种控制力。（Pereboom 2001，2004，2007a）

这个反驳所提出的顾虑是，由于事件因果自由意志论中的行动者没有能力确定某决定是否将会出现，他们不能在行动中发挥保证这种道德责任所要求的控制力。

克里斯托弗·富兰克林（2011b）主张，关于事件因果自由意志论应当将非决定性置于自由行动起因的何处，几个不同版本的运气反驳都犯了一个错误，有时这错误是由于某些特定的事件因果自由意志论理论上的缺陷所引起的。例如，有些运气反驳预设行动者必须能够

① 我对于詹妮弗·霍恩斯比（Hornsby 2004a，2004b）和玛蒂娜·尼达-吕美林（Nida-Rümelin 2007）所发展出的更加普遍的论证抱有谨慎的同情，但是我不需要通过支持它来确证消失的行动者论证，我的论证所针对的是这样一种观点，即，事件因果自由意志论能够保证基本应得意义上的道德责任所要求的自由意志。对关于能动性的更加普遍的论证的种种回应，见约翰·毕晓普（Bishop 1989）、大卫·威尔曼（Velleman 1992）和尼尔·朱迪施（Judisch 2010）。

在决定发生前保证它一定会发生。富兰克林主张，非决定性出现的恰当地方，是介于可能导致行动的非行动性精神状态（例如信念和欲望）与决定和公开的行动之间（2011b：202）。我认为，关于这一点，他是正 32
确的。非决定性不应当被置于（例如）一个决定和其后果之间，或者，一个决定和更进一步的行动之间，或者在非决定性所产生或使其成为可能的几个决定之间。消失的行动者反驳不受制于富兰克林的批判，因为它允许非决定性被置于富兰克林所说明的、它应当出现的地方。

巴拉格的事件因果自由意志论

检验一个具有代表性的事件因果理论，将使我们更加深入地考察消失的行动者反驳所提出的困难。在马克·巴拉格的《自由意志作为一个开放的科学问题》（2009）一书中，他支持了这样一种立场：

> 这个观点不包含任何不可还原的行动者因果论，但是它确实主张，非决定性的L-自由的决定（通常）是由包含行动者的事件所因果影响的——实际是概率上因果导致的，最显著的是，那些与行动者拥有特定的理由和意图相关的事件。（2009：67）

巴拉格在提出这个观点时定义了一系列关键的概念。首先，对于他来说，自由选择的范例是，其中行动者的理由和动机处在相互制衡的状态：

> **一个难以裁断的决定**：行动者（a）对两个或多个选项分别持有理由，对于哪一套理由更加有力，行动者感到难以裁断，也就是说，鉴于她所持有的理由，她没有明晰的信念相信哪一个选项是最佳的选择；以及她（b）在没有解决冲突的情况下做了决定——也就是说，这个人有“就做个选择吧”的体验。（2009：71）

巴拉格并不支持这样一个主张，即所有自由的决定都是难以裁断的决定，他所支持的是，这些难以裁断的决定作为具有代表性的例子来说，是有价值的，对这些例子进行考虑所带给我们的教训，能对另一些例子有所启发，在后一些例子中，一个决定虽不是难以裁断的，却是未被决定的。这个关于难以裁断的决定的定义，为他确定了他的自由意志论的（libertarian）自由概念——**L-自由**：

> A. 如果一个普通人类的难以裁断的决定是完全非决定性的，那么它就是**L-自由的**——也就是说，它不仅仅是非决定的，而且还是恰当地非随机的，非决定性增加或促进了这种恰当的非随机性。（2009：78）

接下来，巴拉格通过结合作者身份（authorship）和控制，对恰当的非随机性进行了界定；"一个决定要是L-自由的，讨论中的行动者必须是其作者，并且它为行动者所控制：也就是说，它必须是她的决定，并且她对于哪一个选项会被选择有控制力"（2009：83）。最后，巴拉格定义了**难以裁断的决定的非决定论**这一个概念，或TDW非决定论：

> **TDW非决定论**：我们的有些难以裁断的决定在选择的那一刻完全是非决定性的，也就是说，"基于理由而并列为最佳的"不同选
> 33 项在"选择当刻"的概率与基于理由的概率相匹配，因此，鉴于世界的整体状态与自然法则，这些"选择当刻"的概率大体上是平等的，选择在没有任何其他的信息输入的情况下出现，也就是说，关于哪一个选项会被选择，没有任何重要的因果相关的事情出现。（2009：78）

因此，在这个难以裁断的TDW非决定论的例子中，在决定的那一

刻的各种选项的潜在概率与那些选项当时基于行动者有意识的可用理由之上的概率之间，不存在不匹配。

为了说明他的观点，并且为了促发反驳，巴拉格提出了拉尔夫的例子（2009：72，80）：

> 以日常的语言来叙述，拉尔夫在究竟留在梅伯里还是搬去纽约之间做决定。支持他搬去纽约的是他想要为巨人队打球，以及他想要在百老汇表演。支持他留在梅伯里的是他想要与罗比安娜结婚，以及他想要管理当地期刊。假设拉尔夫做了一个难以裁断的决定要搬去纽约——他就是决定搬去纽约了。

鉴于他的观点是事件因果自由意志论，关键的是，我们要如何通过事件因果的术语来讲述拉尔夫的故事。行动者被理由所因果影响，或者行动者导致决定，都需要以事件间因果关系的术语得以重述。就E5或E6间哪个决定会出现而言，只有事件E1到E4是因果相关的事件，因此也只有这些是其因果因素：

> E1：拉尔夫在t1—tn之间想为巨人队打球，
> E2：拉尔夫在t1—tn之间想在百老汇表演，
> E3：拉尔夫在t1—tn之间想与罗比安娜结婚，
> E4：拉尔夫在t1—tn之间想管理当地期刊，
> E5：拉尔夫在tn决定搬去纽约，
> E6：拉尔夫在tn决定留在梅伯里。

在实际的情况中，

> E1和E2在概率上导致了E5。

消失的行动者反驳反对的是这样一个预设，即这个论述能够说明并确保道德责任所要求的控制力。直觉上来说，这种控制力要求行动者，或者至少是关于行动者的某些事实，来确定讨论中的决定是否将会出现，而事件因果自由意志论观点并没有在难以裁断的决定例子中使得这一点成为可能。在巴拉格的测试例子中，我们预设事件E1到E4不能够确立E5是否会出现，因为E1到E4的出现使得E5仅有50%的概率
34 出现。因此，没有什么能够确定E5将会出现。行动者或者关于行动者的任何事都没有确定E5是否将会出现。这个反驳的结论是，在事件因果自由意志论观点中，难以裁断的决定不能按照巴拉格的术语来说，是恰当地非随机的，并且讨论中的非决定性也不能增加或促进这种恰当的非随机性，因为这个理论没有使得行动者或关于行动者的任何事确定一个决定是否会出现，所以，行动所要求的那种控制力被排除了。除此以外，由于作者身份要求有那种控制力，作者身份在这个例子中也不见了。①

巴拉格在对这个观点的辩护中，考虑了彼得·凡·英瓦根的“倒流反驳”（van Inwagen 1983：141），这是运气反驳的版本之一。以下是巴拉格对这个挑战的阐述：

> 假定某个行动者S在两个选项A和B中左右为难，并最终以一种难以裁断的决定的方式选择了A。现在假设上帝使宇宙“倒流”并“重置”了这个决定……如果这个决定是以TDW非决定论的方

① 兰道夫·克拉克（Clarke 2003）指出，在事件因果自由意志论中，除了在先前的事件或事态中要包含行动者之外，还有一个方面可以说行动者是对一个决定有所贡献的，这就在于先前的包含行动者的事态和事件**导致了**决定（2003：74）。消失的行动者反驳还针对一个预设，即，这种包含行动者的事件导致一个决定，就确保了行动者的道德责任。在事件因果自由意志论的观点中，先于拉尔夫的决定的因果条件将会对是否导致拉尔夫搬去纽约的决定，和是否导致他留在梅伯里的决定，保持开放（并使二者是等概率的）。鉴于先前条件的作用已然给定，没有什么能够确定会导致哪个决定出现，因此，拉尔夫或关于拉尔夫的任何事都不能确定会导致哪一个决定出现。

> 式属于非决定性的，那么如果上帝“做”了这个决定100次，我们应当期待S会在A与B之间各选50次……看上去，她对哪个决定做出选择事关偶然性或运气。假定这是正确的，那么似乎S不是这个决定的作者，也没有控制这个决定。至少，似乎偶然性或运气的要素削弱了S的作者身份和控制。

巴拉格在对倒流反驳的回应中评论道，“在每一个不同的决定中，是**拉尔夫**做的选择”(2009: 93)。针对以下的反驳，即事件因果的难以裁断的决定的非决定性不能是恰当地非随机的，并且也不能增加或促进非随机性，他在回应中也反复提出同样的主张。更概括地说，在他的观点中：

> ……关于作者身份与控制，我们最多能期待的是，是**拉尔夫**做的“就选一个吧”……拉尔夫做了一个选择——有意识地，有意图地，并且有目的性地——而没有被任何外在于他的有意识的理由和思考之事所因果影响。似乎，在这个例子中，我们确实能够得到结论，是拉尔夫做了一个选择。因此，在这个情境中，我们似乎尽可能多地为拉尔夫取得了他的作者身份与控制——鉴于他在做的是一个难以裁断的决定。(2009: 97) 35

但是，“是**拉尔夫**做的决定”这一回答面临了一个两难困境。在一个仅承认事件因果关系的观点中，有两种表述**拉尔夫决定去纽约**的方式，它们分别对应着两难困境的两个方面：

> **其一**
> **纯粹的事件因果自由意志论**的可能性是
> 　拉尔夫决定搬去纽约

需要被分析为：

包含拉尔夫的事件E1和E2在概率上导致了包含拉尔夫的事件E5。

其二

另一个显著的可能性是

拉尔夫决定搬去纽约

引发了在拉尔夫与一个决定之间的非因果的关系，也许是一个“作为主体”的关系，同时结合着本质上的意图性或者一个似行动的现象感受。

然而，在两难困境的第一个方面，消失的行动者反驳保留了其所具有的效力，因此没能保证恰当的非随机性。巴拉格主张：“如果‘就做个选择’是由非**行动者**的任何事情做出的，那么她会失去其作者身份和控制”(2007：97)。但是，这里有一个顾虑是，如果是“就做个选择”确保了拉尔夫的控制力，而控制力是具有因果性的，那么这里得到明确的是，在拉尔夫自己与他的决定之间存在一个因果关系。但是，事件因果自由意志论仅仅允许事件之间有因果关系，而不允许行动者与事件之间有根本上的因果关系。

在事件因果自由意志论的观点中，拉尔夫是通过作为支持搬去纽约的决定的事件主体这一方式，被包含进他的决定的成因之中的。但是同时，他也是支持另一个决定的事件的主体。确实，以拉尔夫作为主体的事件的确导致了实际出现的决定。然而，通过作为与决定相关的先前事件的主体，而被包含到决定的成因之中，这种方式本可能轻易地导致另一个决定出现。关键的是，拉尔夫作为决定相关事件的主体，并没有给予他能确定哪一个决定将会出现的那种控制。

在彼得·格雷厄姆(2010)对凡·英瓦根(1983：126—152)的另一

个版本的“运气反驳”的回应中，出现了一个相似的问题。对这个反驳的阐述如下。假定行动者的信念（B）和欲望（D）产生了一个特定的基本行动，它被形容为基本行动命题R，而这些信念与欲望之间的关系是非决定性的和因果的，并且仅仅是这些信念和欲望导致了行动。我们首先规定（1）没有人（从未有人）可以对DB进行选择，然后我们指出或论证（2）没有人能够选择R（相对于非R）是否会继D之后出现，从这里 36
我们可以得出（C）没有人对R有选择权。凡·英瓦根（1983：127ff.）通过一个小偷的例子对这一点进行了表述：小偷有一个理由支持抢劫，也有一个理由反对抢劫，并最终实施了抢劫。格雷厄姆通过下述理由反对了这个论证：

> 在小偷的情境中，正确的是，如果N（DB）[没有人对DB有选择]，那么将不存在区别于R和非R本身的基本行动命题，让人能对它进行选择，并因此对于R或非R有所选择。但是正如R和非R本身是基本行动命题，一个人对于其中之一有选择不要求必须存在一些其他的命题让这个人去选择，并因此选择其中之一。基本行动命题是这样一些命题，即，如果一个人对它们有选择，那么这个人就**直接地**对它们有选择，而不需要还对其他不同的命题有一个选择。（Graham 2010）

但是鉴于这里所预设的事件因果的框架，“一个人对基本行动命题直接地有选择”的概念不能对这个反驳做出恰当的回应。DB可以导致基本行动命题R或者基本行动命题非R，并且我们可以设想，基于DB，两者都是同等可能的。那么，行动者直接地对R有一个选择能意味着什么呢？它不意味着，包含行动者的事件或事态DB确定R是否会成真——R和非R基于DB是同等可能的。格雷厄姆似乎会预设行动者与行动之间存在一种关系，这种关系给予了行动者所需要的控制，但是如果控制关乎因果关系，那么这种关系对于事件因果自由意志论来说是不可行的。

人们可能会试图在事件因果的框架里解决这个问题，方式是通过规定，一个行动者为之负有道德责任的决定，其事件或事态因果的起因必须有包含行动者的事态，诸如价值或持久的偏好，因此会使得在直觉上来说，行动者确实确定了决定是否出现。在劳拉·埃克斯特罗姆的事件因果自由意志论的版本中（2000，2003），一个行动者为之负有道德责任的决定必须通过正常的因果过程得出，也就是，从行动者的未被驳倒的、认可的偏好出发，这些偏好不是被迫形成或维持的，并且这些偏好是影响思虑的考量所导致的，但不是由它们因果决定的。在她的观点中，这些关于偏好形成的条件在直觉上将它们与行动者联系在一起，并且排除了超出行动者控制的因素对它们的因果决定。我认为埃克斯特罗姆的这一论证是正确的，即，鉴于这些条件，非决定性不需要使得偏好和决定变得没有目的性，也不会使得它们是偶然的，并且没有将理性的解释排除在外。但是这个观点解决了当下的问题吗？假定在一个关乎道德的情境中，行动者可以要么道德地做决定，要么自利地做
37 决定，支持这两个选项的考虑都出现在她心中，并且在动机层面相互制衡。就像大多数人（我会说，几乎是每一个人）一样，她既有道德的未被驳倒的认可偏好，也有自利的未被驳倒的认可偏好。我们现在可以问了：就当前的动机层面的制衡状态来说，是什么确定了最终是她的自利偏好还是她的道德偏好有因果效力，并因此随后出现了相关的决定呢？似乎埃克斯特罗姆只能说，当其中一个偏好有因果效力的时候，它的发生不是由于任何关于行动者的事情所确定的，这是因为，就行动者在这个节点被包含于其中而言，她的涉入就是那些考虑和偏好而已，而根据设定，她的考虑与偏好在动机层面处于相互制衡的状态。关键的是，在偏好的形成方面增加对行动者的条件要求，不会让人直觉上认为是行动者确定了哪个决定出现，但是行动者确定哪个行动出现这一点，

正是她为她的决定负有道德责任所要求的。[①]

两难困境的第二个方面是

> 拉尔夫决定搬去纽约
>
> 引发了在拉尔夫与一个决定之间的非因果的关系，也许是一个“作为主体”的关系，结合本质上的意图性或者一个似行动的现象感受。

在这个选项上，关键的控制关系不是因果性的，这至少与事件因果自由意志论的精髓相反。那么，一个决定中的控制和作者身份就要部分地，或者完全地事关行动者和决策事件之间的非因果关系。鉴于巴拉格的评论，这里的非因果关系是一种“作为主体”的关系，也如吉内特的观点（Ginet 1990，1997，2007）中所突出表明的。在这个选项上，纯粹的事件因果自由意志论被削弱了。 38

在这个讨论的节点，自由意志论者可能会提出一个混合着事件因

① 有人可能会反驳说，在这个情况中，不管是哪个决定出现，它都会得到行动者的某一个未被驳倒的认可偏好的支持，而这足以说明她为那个决定负有道德责任。这个提议有一个问题是，行动者将会在不能确定那个决定是否会出现的情况下为它负有道德责任，而这是反直觉的。除此以外，鉴于不相容论的直觉，只有在行动者也为支持她所做决定的偏好之形成或授权负有道德责任的时候，她才为这个决定负有道德责任。在这个讨论节点，我们可以针对偏好的形成或授权提出“消失的行动者”反驳。假定这个行动者既有理由支持形成当前讨论中的偏好，也有理由反对形成该偏好，是什么确定了这个偏好形成或不被形成呢？在埃克斯特罗姆的事件因果框架中，除非还存在另一个偏好，否则没有什么能够起到这个作用。但是一个无限的偏好层级序列对于我们来说是不可能的，所以我们必定在某一个节点面临一系列根本的偏好。在埃克斯特罗姆的事件因果图景中，这样的根本的偏好本身不能在道德责任所要求的意义上自由形成，因为它们不能被偏好所支持。因此，行动者将不会为这些根本的偏好而负有道德责任，因此也不会为它们支持的任何偏好的形成或任何决定，而负有道德责任，而这一点会使得这个立场瓦解。

果元素和非因果元素的理论：这种立场肯定了（1）在E1、E2与E5之间存在一个概率上的、非决定论的因果关系，同时结合着（2）行动者作为其行动的主体，并且这个行动有一个似行动的现象感受或者在本质上是有意图的。但是让我们首先考虑一下，一个更加彻底的非因果理论是否能够合理地确定那种关键的控制力，然后我们再评价两难困境中的第二个方面所引发的，以及巴拉格的某些评论所建议的这种混合的理论。

非因果的观点

为了解决消失的行动者反驳所展现的问题，需要加入当下所讨论的自由意志论观点的是，行动者在其决定产生过程中的参与，这种参与会增强她的控制力，由此她能够确定哪一个决定会出现，并因此以一种使道德责任成立的方式成为她的决定的根源。如我们在下一章会更加详细地看到的，行动者因果自由意志论的提议就是，重新引入作为原因的行动者，她不仅仅是在事件中有所参与，而是在根本的意义上是一个实体。因此，为了回应运气反驳，行动者因果自由意志论诉诸实体因果关系这一有争议的概念。但是在现在这个讨论节点上，正如吉内特一样，有人可能会主张，非因果的立场也能够处理这个问题。在他的观点中，行动者导致简单的精神活动不会比她**仅仅是做**这样的活动更具优势，其中，"做"可以被分析为是非因果的——就行动者作为行动的主体以及一种似行动的现象感受而言（Ginet 1990）。这样一个观点对于避免诉诸实体因果关系这样一个有争议的概念来说，有一个表面的优势。[①]以下是吉内特对于自由行动的立场（Ginet 1997，2007）：

① 在这里我们需要做出一点澄清：当行动者因果论者断定自由的行动是由行动者导致的时候，她可以接受：行动者导致一个行动时，不是在任何意义上被导致去行动的——例如，被理由导致（不过奥康纳在某种意义上来说否认这一点）。所以，行动者因果论者可以肯定一部分非因果论者所宣称的事情。

(1)每一行动要么是一个简单的精神活动,要么始于一个简单的精神活动,“简单的”是指,这一精神事件不是由一个精神事件导致另一个而构成的。

(2)当且仅当一个简单的精神事件有某种内在的现象性质时,也就是一种“似行动”的性质时,它才是一个行动。

(3)一个简单的精神事件拥有这个内在的似行动的现象性质,对于其作为一个行动来说是充分的,但对于它是一个自由的行动来说,是不充分的。 39

(4)此外,一个简单的精神的自由行动不能是由先前的事件在因果上使其成为必然的(1996),并且也不能由先前的事件在概率上所导致(2007)。

这个论述保证在不引入任何关于因果关系的有争议的概念的前提下,解决由消失的行动者反驳所提出的问题。

我现在要对通常那些非因果论观点提出的反驳是,它们的支持者使用**表面上**是因果性的语言来表达意图证明的非因果关系,如此一来,要么因果关系会被引出,要么如果没有引出,则道德责任所要求的控制就是缺失的。例如,吉内特评论道:

> [使得]只有在我**使得这个事件出现,**并且在T时**不让它出现**于我来说是开放的时候,在T时,是否事件会出现才是取决于我的。(Ginet 2007: 245)

有人可能会反对说,这种“使得”关系就是因果关系(那个“不让出现”的关系也是因果的)。毕竟,因果关系不就是在根本上**使得某些事情发生或者产生某些事情**吗?例如,克拉克对此具体说明道:

> 一个事件非决定性地导致另一事件，就是带来了、产生了，或使得这另一个事件发生了，只不过如果前一个事件出现，但没有导致后一个事件，这种情况也是与自然法则相一致的。（Clarke 2003：33）

吉内特在上述引用之前说：

> 去假定可能存在非决定性的因果关系，就是去假定这个因果关系不以休谟主义的方式还原到普遍的规律性上，但又是具体事件间一种最基本的关系，一种关于**产生**的关系，一种也许不可能以非同义的术语来说明的关系。（Ginet 2007：244）

因此，一个对吉内特的非因果论的挑战是，当他说“我使得这个事件出现”时，这看似等价于“我导致这个事件出现”，因为说A导致B其实就是说从A到B之间存在一个关于产生的关系。

大卫·刘易斯对对因果关系有另一种描述，它会威胁到我们正在考量的非因果论的观点：

> 当我们想到原因时，我们想的是某个构成影响的事，而它所构成的影响必须是与没有它的情况下所可能发生之事的区别。（Lewis 1986）

但是吉内特的［使得］看似至少大致等同于：仅当我在时间T使得那个事件得以出现，并且当我在时间T就它是否出现而言构成了影响时，在时间T，那个事件是否会出现才是取决于我的。那么，在一个关于因果
40 关系的“构成影响”的论述中，事件的出现以及这个事件是否会出现是取决于我的，同样包含了我导致它出现。

为了对这个考虑进一步发展，考察吉内特拒绝一个（他所阐述的）

论证的理由，是有益的。该论证的结论是，一个不被导致的行动不能是取决于行动者的。

(1) 对于任何一个实际上出现的事件e来说，仅当行动者S使得e出现时，e是否出现是取决于S的。

(2) 对于任何一个事件e，仅当S导致e出现时，S使得e出现。

(3) 如果S导致e出现，那么e就不是不被导致的。

(4) 因此，一个不被导致的行动，本不能是一个其出现要取决于行动者的行动。

吉内特接下来评论道：

错误的前提是(2)……因为在我看来明显的是，鉴于一个行动是不被导致的，行动者为了使得自己做这个行动，所需要完成的就是去做这个行动。例如，如果我决定投票赞成议案这一行为不是被导致的，那么说明，除我之外没有别的使得我决定去投票赞成议案；也说明，是我使得我如此决定：我仅仅通过如此决定而做到这点。(2007：247)

但是在"行动者为了使得自己做那个行动，所需要完成的就是去做这个行动"中，"使得"(make it the case)非常像是因果意义上的，如果是这样的话，那么(2)看上去就是正确的。

这种类型的担忧也可以适用于麦坎的观点(1998：180)，这个观点主张，一个行动者对积极控制力的实践有两个方面。任何一个基本行动都是：

(a) 行动者的一个自发的、创造性的实践，并且

> (b)在本质上是有意图的。一个基本行动的意图性，意即它在本质上是一个经历它的个体意欲自己做出事件。

说一个基本行动是自发的、创造性的实践，这意味着行动者使得这个基本行动出现，而这同样有引发因果关系的风险。对于本质上的意图性概念来说也是一样的。因为，说一个基本行动在本质上是有意图的，同时又否认是由行动者使得其出现的，或者否认行动者就它是否出
41 现而言构成了影响，这看似并不合理。克拉克在反对麦坎的观点时主张："当意图性从一个恰当的因果产生关系中脱离出去，看上去它本身就不再能哪怕是部分地构成对积极控制力的实践。"(2008，2003：20—201)这个反驳可以在这样一个意义上得到支持，即如果说明行动者既没有使得一个基本的行动出现，也没有就它是否会出现构成任何影响，那么麦坎的条件(a)和(b)就不能满足。这是因为，如果行动者不能使得一个行动发生，或者就它是否会发生构成任何影响，那么这个行动如何能够是行动者的一个自发的和创造性的实践呢？但是如果我们同意，行动者起到了一个"使其发生"和"构成影响"的作用，那么这个论述说到底似乎还是因果的。

关于非因果论为何仍旧是融贯的，一个假设是，普遍性律则的统领对于因果关系来说是至关重要的，不管这些律则是决定论的法则还是概率的律则。柏格森持有这种观点，在十九世纪末期至二十世纪初期发展出非因果论立场的新康德主义者们也持有这种观点，我们也可以在唐纳德·戴维森(1970)关于精神事件的异态一元论中找到这一观点。与这一传统相对的是，迈克尔·图利(1990，1997)主张，存在不落入任何普遍性律则的因果关系的事例，不管这律则是决定论的还是概率的。康德(1781/1787/1987)实际上主张，这至少是一个**初步认定的**概念上的可能性。在我的观点里，行动者因果自由意志论所引发的正是这种无律则统领的因果关系，我会在下一章对此进行论证。

假定非因果论者主张，如果一个“使其发生”的关系不是由律则统领的，那么它就不能算作是一个因果的关系。这个主张如何能够在当前讨论的语境中是一个实质性的，而非仅仅是语义上的主张呢？如果非因果论者所提出的是，在主体和行动之间的关系是一种“使其发生”或“构成影响”的关系，但这种关系不是因果的关系，而这仅仅是因为它不由因果律则所统领，人们可能会回应说，他所援引的是图利所辩护的那种单一的关系，尽管他不会称这种关系为因果关系。如果事情正是这样的，那么处在两方之间的争论，具体来说，在非因果论者和行动者因果论者之间的争论，就很可能仅仅是语义上的争论。为了加入这一话题的讨论，让我们跟随大卫·查默斯（2011）对解决仅仅是语义上的争论的建议，即我们应当在讨论中放弃使用“因果”这一个术语，而使用“使其发生”和“构成影响”。然而，这样看起来，因果论者和非因果论者能够同意：在行动者和一个自由的基本行动之间的关系是一个“使其发生”或“构成影响”的关系，而这正是处在争论中心的关键话题。

假定我们放弃包含“因果”这一术语的语言，并限定只去讨论“使其发生”和“构成影响”。我们接下来可以问的是，非决定论的非因果论者是否会同意，在一个自由行动的例子中，行动者使得行动发生了或 42
就其决定是否发生而构成了任何影响。如果她的回答是肯定的，那么我们接下来就会问，这是否可还原到包含行动者的事件使得行动发生，或就行动是否发生构成了影响。如果是的话，消失的行动者反驳所提出的问题就会再次出现。如果不是这样，那么我们所能持有的观点看似就又变成了，行动者作为实体使得行动发生，或者就行动是否会发生构成了影响。但如果是这样的话，那么行动者因果的立场与非因果的立场就没有任何实质上的区别了。

另一个可能性是，当被如此质问时，非因果论者会主张，坚定的非因果论观点认为，当行动者做出自由的基本行动时，他们没有使得这些行动发生，也不就这些行动是否会发生而构成任何影响。但如果是这样的话，那么行动者看似就不在行动中具有道德责任所要求的那种控制力了。有一个对非因果自由意志论的通常回应，即**不充分的控制力反驳**：行动中的控制在根本上事关因果关系，因此这样的理论无法保证道德责任所要求的那种在行动中的控制力（O'Connor 2000；Clarke 2003：129—131，2008）。如果非因果论者在声称放弃行动者和一个基本行动之间的因果关系时，表达的是一种对“使其发生”或“构成影响”关系的否定，那么这个反驳看似就是有决定性意义的。但是，如果非因果论者所表达的仅仅是拒绝承认在行动者有某些理由与某种基本行动的出现之间，存在因果律统领的“使其发生”或“构成影响”的关系，而并没有拒绝行动者与行动之间无条件的“使得”或“影响”关系，那么，不充分的控制力反驳就没有其效力。但如果是这样的话，非因果论与因果论的立场之间的区别就仅仅是语义上的，而两种立场之间将不存在实质性的分歧。

混合理论和巴拉格观点的两难困境的第二个方面

巴拉格的立场面临的两难困境的第二个方面包含了对一个混合理论的支持，这个理论包含了事件因果的元素和非因果的元素。它主张（1）在E1、E2与E5之间有一个概率上的、非决定性的因果关系，结合着（2）行动者作为其行动的主体，并且这个行动有一个似行动的现象感受，或在本质上是有意图的，而正是这些元素保证了道德责任所必要的控制。让我们预设这个混合理论的支持者提出，一个自由行动应当被说明
43 为行动者作为其主体的行动，并且是有意识的、有似行动的感受的、在本质上是有意图且有目的性的，并且明确的是，在做决定时行动者没有导致决定的发生。将这些应用到拉尔夫的决定中去，我们会得到：

(NC1)拉尔夫是搬去纽约这一个有意识的、有似行动的感受的、本质上是有意图并且有目的性的决定的主体,而拉尔夫的决定的前述这些特征,不包含拉尔夫导致这个决定出现。

这里存在一个顾虑是,鉴于因果关系被视为一个"使其发生"或"构成影响"的关系,(NC1)不可能是正确的。再一次表明,这里的理由是,一个行动具有似行动的感受、本质上是有意图且有目的性的,包含了行动者使其发生或就其是否会发生构成了影响,而这与上述情况不包含拉尔夫导致决定出现这一说明相冲突。如我们仅仅说(再次预设上述的事件算作拉尔夫能动性的实践):

(NC2)拉尔夫是搬去纽约这一个有意识的、有似行动的感受的、本质上是有意图且有目的性的决定的主体,而拉尔夫的决定的前述这些特征,不包含拉尔夫使得这个决定发生或者就这个决定是否发生构成了影响。

这里存在的顾虑是,上述表达是不融贯的。假设(NC1)和(NC2)是有问题的,而消失的行动者反驳削弱了事件因果自由意志论,那么自由意志论可能会需要行动者因果关系来做补救。

最后一个混合理论的选项是,由于两组理由E1、E2和E3、E4都是由拉尔夫作为主体,不管最后哪个决定出现,它们都是拉尔夫这个主体的欲望作为事件所导致的,而这能够满足两组情况中拉尔夫的(在基本应得意义上的)道德责任。[①]作为回应,正如我之前提到的,拉尔夫参与导致搬去纽约的决定的方式是,通过其作为与决定相关的先前事件的主体,这可以轻易地导致另一个决定出现,而这不能确定哪一个决定会

① 感谢克里斯·富兰克林对这一选项的讨论。

出现。作为与决定相关的先前事件的主体不会因此给予他那种必要的控制力，使他能够确定哪个决定会出现。这个混合理论的选项会再一次导致，拉尔夫在他作为行动者方面没有任何因素确定了哪个决定出
44 现的情况下，为他的决定负有道德责任，而这是违反直觉的。

因此，总结来说，在一个纯粹的事件因果自由意志论的选项中，所有关于行动者做决定的讨论，都要通过事件因果的术语进行。“拉尔夫决定搬去纽约”因此需要被分析为“包含拉尔夫的事件E1和E2在概率上导致了搬去纽约的决定”。然而，在设想的情况中，还存在包含拉尔夫的事件E3和E4可能导致他留在梅伯里的决定，与上一组事件相制衡，而这里的顾虑是，没有什么关于作为行动者的拉尔夫的事情能够确定究竟是E1、E2，还是E3、E4，是有因果效力的。事件因果自由意志论可能会在此讨论的节点支持这样一个观点，即，“拉尔夫决定搬去纽约”说明了在拉尔夫和他的决定之间是一个非因果关系，也许这是一个“作为主体”的关系，结合着一个似行动的现象感受和本质上的意图性与目的性。但是如果她愿意说，拉尔夫使得这个决定发生或就这个决定是否会出现构成了影响，那么鉴于我们对因果关系究竟是什么的通常的理解，也就是，因果关系事关一种生产、带来、使发生，或构成影响的关系，那么她说到底还是做了一个因果关系的论述。如果是这样的话，那么事件因果自由意志论者看似就要回到纯粹的事件因果自由意志论的立场。如果她不愿意说拉尔夫使得决定出现，或者就决定是否出现构成了影响，那么，值得怀疑的是，她能够同样保证他对这一决定负有（非衍生的）道德责任。

现象学上的辩护

巴拉格说：“**拉尔夫**决定搬去纽约”的部分效果是唤起关于能动性的通常现象和信念。而至少这两者的结合（Horgan 2011）通常是

自由意志论的观点（Deery, Bedke & Nichols 2013）。实际上，他明确地引用了现象学来支持拉尔夫在决定中拥有必要的控制力这一观点（2009：89—91）。凯恩（1996）通过一种类似的现象学策略来为他的事件因果自由意志论做辩护。他主张，如果一个不是被决定的行动，其发起被体验为一个非导致的、非自愿的事件，并且它不是源于某个人的意志的努力，那么我们就拥有强有力的理由相信，这个情况中不包含任何真正的选择，并且行动者不为这个行动负有道德责任。然而，如果一个不是被决定的行动，其发起被体验为一个自愿的、并且源于一个人自己的意志努力的行动，那么这个行动者的道德责任就没有被削弱。凯恩展示了一个商人在她去上班的路上——让我们就称她为“安”吧——碰到了一个被袭击的受害者，这个情况中包含了一个处在安的良心与事业心之间的内在挣扎，良心建议她停下来帮助这个受害者，事业心则建议她不要错过参加她的会议。当这个挣扎通过安决定停下来帮助受害者而得到解决时，凯恩认为，这个决定所源于的 45
意志努力是非决定性的，并且这个决定也因此是非决定性的。他评论道：

> 现在，非决定论可能会在某些情况下威胁到选择……我们设想简在她的思虑中达到了某个节点：她本偏向于去夏威夷度假，但是由于她大脑中的一次量子跳跃，她发现自己想去科罗拉多度假。这种状况很奇怪，因为她并没有自愿地做某件事的感受……她会不情愿地——我们也会不情愿地——说她在这个例子中**做了选择**……因此，非决定论会在有些时候危及选择。但是，我们没有合理的理由将简的这种例子普遍化，并说情况永远是这样的，相反，想想商人安的例子。与简不同，她的经历是有意识地、自愿地选择跟随她的良心，回去帮助那个受害者，以此解决了先前在她心中的不确定性。同样，与简不同的是，在商人的例子中，脑神经科

> 学家们发现的那个在她做出选择之前的非决定性过程，于她的体验来说是她自己意志的努力，而不仅仅是一个随机地在她的大脑中出现并影响她的选择后果的体验。鉴于这些情况，我们至少可以说，将上述的两个例子放在一起，并从简的例子中得出关于商人的例子的结论，是草率的……为什么商人会仅仅因为**在非常不同的情况中**，简没有真的做出选择，就得出结论认为自己没有在前述情境中真的做出选择（而不是她的选择被削弱了）呢？（Kane 1996：182—183）

在凯恩的观点中，做决定的过程的现象对于明确行动者是否为一个不是被决定的行动负有道德责任来说，就算不是具有决定性的，也至少要得到严肃的对待。

任何不相容论者都有好理由对这个策略保持警惕。相容论者可以轻易地诉诸这种类型的现象学上的考量，来回应行动者不能对由因果决定的行动负有道德责任这种反驳（Pereboom 2001，2007）。相容论者可能会主张，如果行动者将她的由因果决定的决定体验为来源于一个外在的决定性的影响力，她有好的理由相信她没有做出一个她可以为之负有道德责任的选择。与此相对，如果一个由因果决定的决定被体验为一个自愿的决定，并来源于行动者意志的努力，那么她就有一个有力的理由相信她是为这个决定负有道德责任的。但是，不相容论者通常会拒绝这种相容论的辩护，因为关于行动的因果历史的形而上学的事实——即，这个决定是由超出行动者控制的因素所因果决定的——排除了行动者的道德责任，不管其现象学上的解释是什么。当对于道德责任的威胁是来源于非决定论的，去主张现象学能够承担更多的论证上的负担，这是不合理的。

巴拉格在这一讨论节点的举动是指出，我们在预设拉尔夫的决定
46 是TRW非决定论式的一个难以裁断的决定，然后他论证道：

> ……如果我的决定是这种非决定论式的，那么它就不是被任何外在于我的有意识的理由和思考之事所因果影响的。这似乎消除了我们对我的决定在现象上的精确性可能有的**唯一**担忧。如果我们明确地知道，一旦我进入一个难以裁断的状态，并且会做出一个难以裁断的决定，没有什么外在于我的有意识的理由和思考之事能够对我如何选择具有因果影响力……那么，还有什么能够使得我们说，这现象感受是错的呢？在我看来，对这个问题的回答是，**什么都不能**。

然而，在巴拉格的观点中，存在一个要素使得这个现象感受是错误的，而那就是，我们对拉尔夫的决定有一个附加的预设，即它有一个纯粹的事件因果自由意志论的起因，而非行动者因果的，或是非因果的。在这个预设之下，消失的行动者论证为这样一个主张提出挑战，即，关于控制力的现象感受是真实的。

更概括地说，我们都可以同意，我们做决定时，通常会有对行动中的控制力的现象感受，也许这种现象感受甚至体现了基本应得意义上的道德责任所要求的那种控制力或自由意志。但是在自由意志的讨论中，提出了下述严肃的问题，即，一个因果决定论的能动性理论，或者一个支持纯粹的事件因果自由意志论的能动性理论，是否能够说明这种现象感受是真实的——关于控制力的现象感受，或者实际上是关于能动性的现象感受，以及关于我们在行动中所实践的控制力的某些信念（Horgan 2011）。如果对这样的顾虑我们无法给出令人满意的回应，那么援引现象感受来支持控制力就不应当算作是有效的。

将操纵随机化

在事件因果自由意志论的观点上，拉尔夫拥有所要求的控制性，能在他的两个选项中做出任意一个选择，这并不意味着，他在道德责任所要求的意义上是他的决定的根源。正如我在对凯恩的事件因果观点进行批判时所指出的（Pereboom 2001，2007），对这一点的论证可以通过一个随机的操纵论证得到强化。设想拉尔夫*，其能力、性格、动机，以及努力都在质量上等同于巴拉格的例子中的拉尔夫。拉尔夫*也做了搬去纽约的决定。但是这个选择中所密切包含的，不是在反对相容论的论证中通常所包含的决定性操纵者，而是一个随机的操纵者，这个随机的操纵者通过旋转转盘，使其指向两个选择之中的一个。[1]设想转
47 盘的旋转是一个形而上学的非决定性的事件，并且它不仅仅是就旋转者的知识与能力而言属非决定性的。假设此外，转盘指向某个位置，正好**就是**去做那个行动选择在脑神经中实现时的关键非决定性因素，这不仅仅是一个非决定性的事件决定性地导致了某一而非另一选择。而且，转盘指向某个位置并不是对普通的脑神经过程的补充，而是替换了这些过程中的关键的非决定性要素。[2]转盘指向的位置因此就他会做出哪一个决定来说，起到了显著的作用。如果这个转盘指向了某个位置，拉尔夫*就会做出相应的选择，如果转盘指向了另一个位置，他就会做出另一个选择。此外，假定像拉尔夫一样，拉尔夫*有做出这个选择的理由，他出于这些理由进行选择，他想要出于这些理由进行选择超过其他的理由，而且他并没有被胁迫，或者被强迫而进行选择。然而仍旧不能合理地说，在拉尔夫*的决定中展现出来的这种非决定性，能够给予其基本应得意义上的道德责任。这是因为，在直觉上来说，他缺少道德责任所要求的那种对其决定的控制力。更根本上的是，在道德责任所要求的意义上，他不是他自己的决定的根源。事件因果或非因果的

---

① 不同类型的随机者在凡·英瓦根（van Inwagen 1983：132—134）和艾尔弗雷德·米勒（Mele 1999：277）反对事件因果自由意志论的论证中得以使用。

② 感谢罗伯特·毕晓普鼓励我表达出某些具体的要点。

自由意志论需要在拉尔夫*和拉尔夫之间提供一个原则上的区别，从而解释为什么行动者能够以这样一种方式，为一个符合他们理论的决定负有责任，却不为那个由操纵者产生的决定负有责任。我相信他们无法给出这样的区别。

最后几点想法

凯恩主张，一方面，他的事件因果自由意志论中的非决定论削弱了控制力，但是另一方面，我们却需要那种非决定性来增强控制力："非决定性起到了妨碍或阻碍［那个商人］实现其某个目的的作用——一种内在于她的意志中的抵抗力，而她必须通过努力才能克服它。"（2007：178）以他所说明的方式加入非决定性增强了控制力，这是因为，这允许多元自愿控制："能够实现他们所意愿的无论什么选项，在他们意愿这样做时，出于他们意愿的理由，有意图地这样做，而不是由于失误或意外，不是被胁迫或强迫，也不被其他的行动者或机制所控制。"（2011：389）但是在我看来，对这个立场的威胁是，非决定性所引发的对控制的妨碍，排除了在直觉上看来，基本应得意义上的道德责任所要求的那种多元自愿控制，而这就是消失的行动者论证或与它可做类比的随机操 48
纵者论证所展示的一点。

自由意志论者同意，一个决定由超出行动者控制的因素所因果决定这一点，会排除基本应得意义上的道德责任。然而，如果因果决定论排除了这样的道德责任，为了对此做出补救，不能仅仅通过在因果网中提供松弛之处，像事件因果自由意志论者所提出的，通过使得行动的因果历史是非决定论的。这样的举动会给出一个对道德责任的不相容论的条件——决定和行动的自由空间，但是它不能提供另一个条件，充分增强的控制力。尤其是，它不会为行动者提供作为自己决定和行动的根源的能力，依据不相容论者的看法，这对于相容论者来说也是不可获得的。 49

第三章
行动者因果自由意志论的前景

在前一章中，我讨论了事件因果和非因果的观点不合理的理由。我的反驳针对的是这些观点内部的不融贯性。这些立场宣称能够确保当前讨论意义上的道德责任所要求的自由意志，但是它们中每个观点的核心特质都颠覆了这个目标。我对自由意志论的行动者因果立场的反驳与我对其他立场的反驳大有不同。我主张，这种立场还没有展现出其内在的不融贯性。它的问题是，我们最好的经验理论给出了强有力的理由，质疑我们事实上是该理论所说明的那种行动者原因。

行动者因果自由意志论是由十八世纪的伊曼努尔·康德（1781/1787/ 1987）和托马斯·里德（1788/1983）所倡导的，并在近来被罗德里克·齐硕姆（1964，1976）、理查德·泰勒（1966，1974）、蒂莫西·奥康纳（2000，2009）、兰道夫·克拉克（2003）和梅根·格里菲斯（2010）所发展。人们一旦发现事件因果理论的内在问题，很自然地就会转向行动者因果自由意志论。让我们再次考虑对事件因果自由意志论的消失的行动者反驳。假定一个出现在某种情境中的决定，其中，行动者的道德动机支持这个决定，她的务实动机支持她不做这个决定，而这些动机具有同等的效力。在事件因果自由意志论的图景中，先于决定的相关因果条件，例如，某些包含行动者的事件的出现，不能确定决定是否将会出现，但是能够使得这个决定的出现有大致50%的可能性。由于没有任何先在的事件的发生能够确定这个决定将会出现，而只有先前发生的事件才具有因果上的相关性，因此，没有什么能够确定这个决定是否将会出现。所以，行动者或关于行动者的任何事都不能确定这个决定是否将会出现，而出于这个理由，她缺少为这个决定负有的道德责任所要求的控制力。我们需要向事件因果自由意志论观点中添加的元素是，在做决定中加入行动者的参与来增加她的控制力，使得她能够确定 50
这个决定是否会出现，从而拥有道德责任所要求的做决定中的那种控制力。行动者因果自由意志论提出通过重新引入作为实体的行动者来满足这个要求，它提出，行动者不仅仅是被包含到事件中，而是在根本上作为实体。如果行动者仅仅通过包含到事件中而被重新引入，那么消失的行动者反驳会有效地再次出现。行动者因果自由意志论者所提出的是，一个有因果能力、在根本上作为实体的行动者去导致一个决定——或者更加全面地说，如同奥康纳（2009）明确说明的："对于实现某个行动的意图状态的形成"——而这并不是由因果决定才如此的，因此，这个行动者能够拥有必要的控制力去确定这种意图状态是否将会出现。

行动者因果自由意志论与运气反驳

人们经常提出的反对意见是，行动者因果的立场与事件因果自由意志论一样易受到运气反驳的挑战。例如，艾尔弗雷德·米勒（1999，2006）和伊斯提亚克·哈吉（2004）主张，正如运气反驳可以有力地反驳事件因果自由意志论能得出道德责任（我们在这里预设的是基本应得意义上的）所要求的控制力一样，运气反驳同样可以有力地反驳行动者因果自由意志论能提供这种控制力。一种支持这个观点的方式是提出，当行动者A在时间t作为行动主体导致一个决定D时，一个下述类型的事件会出现：

G：A在t导致D。

正如米勒和哈吉所强调的，若先于t的条件与A作为行动主体导致D之前的条件完全一样，并且鉴于自由意志论观点所支持的非决定论，G有可能不会出现。所以，现实世界W中G的因果先在条件存在于某个其他可能世界W*中，但D在W中发生，而没有在W*中也发生。因此，G确实出现了这一事实，似乎是事关运气的。他们主张，这种考虑给了我们理由得出，就行动者因果自由意志论的观点来说，D不是充分地处在行动者的控制之下的。除此以外，看上去行动者本身或关于行动者的任何事情，都没能确定在D或非D之间，哪个选项最终会得到实现。

行动者因果自由意志论者必须同意，鉴于在G之前出现的因果条件，G和D既可能会出现，也可能不会出现。但是首先，在这样一个观点中，作为实体的行动者所做的**最根本的**是导致了D，因此这里的提议是，她的能够给出责任的控制力就处在她对D的导致之中。这个实体因果性镶嵌在事件G当中，因此G将不会是在最根本上被导致的事物。
51 在米勒的反驳和哈吉的反驳中，我们设想只有在W中发生在G之前的事件会在W*中也同样发生。然而，行动者因果自由意志论者主张，关键的控制力并不是通过这些在先的事件实现出来的，而是通过作为实体的行动者所实现出来的。如果除了这些先于G出现的事件之外，我们还在W和W*中固定了行动者作为实体而对其行动者因果能力的实践，那么，D在W中发生，却不在W*发生的唯一原因是，作为实体的行动者在W中导致了D，而没有在W*中导致D。因此，D在W中的发生将不会是事关运气的。

一个由于克里斯托弗·富兰克林而出现的补充回应是，“在米勒的运气论证中，他具有争议地预设了我们仅能够在不同世界于t［其中，t

是行动出现的时刻］之前存在差别的前提下，为不同世界在t存在的差别提供比较性的解释”（Franklin 2011b：223）。但是，富兰克林论证道：“自由意志论者不需要也不应当承认这一点。”虽然他是代表事件因果自由意志论者提出这个反驳的，但是我们可以肯定的是，行动者因果自由意志论者不需要，也不应当承认行动者必须在行动者因果的决定事例出现之前，就确保哪个决定将会出现。

假设拉尔夫在时刻tn导致他搬去纽约的决定中，实践了他的行动者因果能力，并且其情境是恰当地非决定论的。拉尔夫对他的行动者因果能力的实践仅仅只是事关运气吗？自由意志论的行动者因果论者的论证如下：即使另一个世界中，有着同样的自然法则，并直至tn之前有着同样的过往，在那个世界里拉尔夫没有决定搬去纽约，他在现实世界中于tn导致这个决定也不是出于运气。这是因为，拉尔夫在tn导致了这个决定，而在另一个世界里，他没有在那个时间导致这个决定。这两个行动者因果论的世界之间的区别，并不是像仅凭事件因果自由意志论可能会得出的一样，也就是说，二者之间的区别并不是因果相关的事件以不同的方式决定下来，而行动者没有确定这个决定是否会出现。这个考量是运气反驳——尤其是消失的行动者那一版本——所强调的，但是它并没有同样地瓦解行动者因果自由意志论的观点。因果相关的事件之所以那样决定下来，是因为拉尔夫于tn导致他搬去纽约的决定时，实践了他的行动者因果能力。因此，自由意志论的行动者因果论者对这个关于运气的考量有一个初步看来令人满意的回应。

在回应彼得·凡·英瓦根对行动者因果自由意志论的挑战时，梅根·格里菲斯（2005）使用了与上述思路相关的一个认识论上的论点。凡·英瓦根（2000）主张，基于我是一个行动者原因的预设，如果在某些情况中，我知道我保持沉默的客观概率是0.57，我说话而不再保持沉默的客观概率是0.43，那么我就不能够向你保证我将保持沉默。我不 52

能够做出这样的承诺，说明了在行动者因果观点中，我缺少为保持沉默而负有道德责任所要求的那种控制力。对此，格里菲斯主张，虽然鉴于事件因果论者的观念，这种论点是合理的，但是在行动者因果的观点看来，这是不合理的。因为，即使因果相关的包含行动者的事件能够以这些概率得出，我作为一个实体身份的行动者，有能力确实地敲定我保持沉默的决定是否会出现，而我对于自己将如何实践这种行动者因果能力的了解，会将我置于一个可以做出这样的承诺的立场中。在这些条件下，我能够知道哪个决定会被做出，即便，只是完全地掌握了因果相关的、包含行动者的事件不会使我知道这点。①

然而，关于运气的考虑可以用另一个方式施加给自由意志论的行动者因果论者。要再一次指明的是，这个行动者因果理论家将会同意，当作为实体的行动者导致一个决定时，下述类型的事件会出现：

G：A在t导致D。

这里随即有一个反驳。这样一个行动者不能导致G类的事件，因为，主张作为实体的行动者导致了她自己去导致一个决定是荒谬的。但是由于这个行动者不能导致G类的事件，她就不能为这些事件负有责任。而由于这个行动者不能为这样的事件负有责任，那么她就不能对嵌在这些事件中的选择负有责任。如果一个行动者不能为她在不同时间导致不同的选择而负有道德责任，那么她也不能为她的选择而负有

① 格里菲斯（Griffith 2005）承认了凡·英瓦根的主张，即，对这一情况中的解释性因素的全面知识不会使我能做出这个承诺。我拒绝做出这样的让步，对行动的因果解释会引出行动的原因，而如果在某些特定的例子中，作为实体的行动者确实导致了行动，那么该行动者就可以被正确地援引为对这个行动的解释，至少部分上是这样的。因此，尽管一个仅仅引出了包含行动者的事件的解释不会告诉我哪个行动将会被做出，全面的因果解释会告诉我这一点。

责任。

吉内特(1997：91)针对奥康纳的行动者因果自由意志论展示了这个反驳的一个版本。奥康纳的观点认为,在一个行动者因果论的例子中,**行动者在t导致一个事件**本身不是一个有着充分的因果条件的事件。因此,吉内特认为他易受到这样一个反驳,即,这个更加复杂的事件将会是一个不被决定的事件,而根据行动者因果理论家们自己对事件因果自由意志论的反驳,行动者不能够拥有道德责任所要求的充分的控制。

罗德里克·齐硕姆(1971)对这种类型的考量回应道,当一个行动者通过对她的主体因果能力的实践而导致了一个选择时,她确实是导致了一个G类的事件,对此她可以负有道德责任。有人可能会做出如
下的推理。当一个行动者原因自由地行动时,她所做的最根本的,是导 53
致了对一个行动的选择。她可以为这个决定负有道德责任,因为她以行动者因果能力导致了这个选择,而这样的导致可以赋予责任。在这个讨论的节点,我们可以注意到,G类事件的出现是行动者导致一个决定的**逻辑后果**。因此,**拉尔夫在tn导致了搬去纽约的决定**这一复杂事件的出现,在逻辑上跟随着拉尔夫在tn作为行动者导致搬去纽约的决定这一事实。为了支持齐硕姆,现在有人可能提出,按理说,就拉尔夫导致了他的决定来说,拉尔夫还**引起了拉尔夫在tn导致搬去纽约的决定**这一复杂事件,尽管那是他在tn作为实体导致了搬去纽约的决定的逻辑后果。而由于**引起**就是导致,在引起一个复杂事件**拉尔夫在tn导致了搬去纽约的决定**时,拉尔夫同样导致了这个复杂事件的出现。

但是,即使我们承认齐硕姆的这一额外的因果主张,在根本上解释了为什么G不是一个A不为其负责的事件的,不是A导致G,而是G嵌入赋予责任的关系这一事实,这个关系即A在t作为行动者导致了D。这里面关键的要点不依赖于上述额外的因果主张。在行动者因果自由意志论的提议中,形而上学上看基本的是,行动者作为实体导致

了决定，并且，即使嵌入行动者因果关系的更加复杂的G类事件不是被导致的，它仍旧（作为一个组成部分）包含一种赋予责任的因果关系的实例。

行动者因果的解决方案是空洞的吗？

在这个讨论的节点，反对者可能会采取一个不同的路线，问这个自由意志论的行动者因果论的提议是否真的具有实质性，还是仅仅是空洞的。米勒针对克拉克的自由意志论行动者因果论的观点提出了这样的反驳。米勒的担忧涉及对这种观点赋予行动者的特殊能力的描述：

> 要再一次说明的是，“C-控制”是我对克拉克所设想的那种控制力（或能力）的称呼，在他的作品中，探讨了一种特定的能控制或决定人们做哪个行动的控制力（或能力），它不能在决定论的世界中具有。当然，有人可能会说，他想到的那种控制力是关于自由地、负有道德责任地行动的。如果是这样，那么我想知道的是，这种控制力能够如此做，究竟是出于它的什么。假设我们说C-控制包含了以这样一种方式去行动的控制力，以至于一个行动者在某一时刻，在有着同样的过去和自然法则的不同世界中对C-控制的实践之间的区别，不是仅仅事关运气，或者，它以这样一种方式包含了去行动的控制力，以至于即使这些区别就是事关运气的，人们还是在恰当实践那个控制力时自由地、负有道德责任任
> 54 地行动。如果是这样的话，那么我想知道的是，究竟是由于C-控制的什么，使得这些主张是正确的。（Mele 2006）

米勒的观点是，自由意志论的行动者因果论者需要解释，这个理论赋予行动者的控制力如何能够确保赋予责任所需要的控制力，并且这

个解释不能是空洞的，就像仅仅将它定义为“一种带着能够赋予责任的控制力去行动的因果能力”那样。

为了给行动者提供能够避免运气反驳，尤其是消失的行动者那一版本的反驳所需要的那种增强的控制力，自由意志论的行动者因果论者确实赋予了行动者一种特殊的因果能力。但是这个举动是否会经不起这样一个批判，即，它相当于仅仅在这种描述下，许给她带着能够赋予责任的控制力去行动的因果能力？我的想法是，自由意志论的行动者因果论者的举动是具有实质意义的，而不是空洞的，并且能够抵挡米勒的挑战。对这种因果控制力的关键的定义是，这是一种属于一个行动者的控制力，这个行动者（i）在根本上是一个实体（ii）并且她是在没有被决定的情况下导致了一个决定。这里的想法是，以（i）和（ii）的方式来定义这个控制力，表达出了运气反驳所表明的在事件因果自由意志论观点中所缺乏的东西。因此，似乎自由意志论行动者因果论的说明的确是具有重要的内容的。因果决定论的缺乏是一个重要的、实质性条件，因此，在当前的论证语境下，提出实体因果论是一个尤为重要的元素，因为针对消失的行动者反驳所给出的回应，正是行动者作为实体拥有能力来导致决定。如果只有事件是原因，并且所处的语境是非决定论的，那么行动者就会在决定的出现需要被确定下来的时候消失，但是这个回应表明，行动者作为实体导致决定的能力可以发挥这种确定作用。

另一个与米勒的这个反驳相关的顾虑是，当自由意志论行动者因果论针对关于事件因果自由意志论的运气问题提出解决方案时，语言的使用缺少清晰性。这个解决方案关键地包含了将实体因果论作为一种区别于事件因果论的因果论提出来。然而，我们对什么是实体因果论有一个概念吗？从而使得我们能清晰地将它与事件因果论相区分？将实体看作原因不是不自然的，但是当这样的看法被更加谨慎地表述出来时，可以合理认为它们至少通常来说涉及的是作为原因的事件，或

事态和性质上的实例，其中包含了那些实体。[①]而提议中的实体因果
55 论，是一个无法通过这些方式更加精确地重述的因果论。这里的顾虑是，我们没有一个清晰的实体因果论的概念，不能被重新阐述为事件因果论的概念。如果事实正是这样，那么似乎自由意志论行动者因果论者针对关于事件因果观点的运气问题所提供的，仅仅是一个空洞的语义上的解决方案。

对这个顾虑的解读包含两个方面。首先，我们对行动者因果论的概念似乎在某种意义上来说仅仅是消极的。在日常的对话和思考中，也用到由实体引起的因果概念，但是这样的因果论的实例通常可以被重述为包含实体的事件因果论。行动者因果自由意志论者采用的概念因此就在下述的意义上来说，是消极的：这是一种**不能**被重述为包含实体的事件因果论的实体因果论。对于这种意义上的消极概念来说，一个担忧是，我们对它们在认知上的理解往往非常微弱。一个关于这种消极概念的例子是非物质实体的概念。我们的概念似乎限于“一个**不是**物质的实体”这一事实，对于我们对它在认知上的理解程度提出了合理的担忧。

如果我们对当前讨论中的实体因果论概念的理解，在这个意义上来说仅仅是消极的，那么它还会面临第二个顾虑。我们日常的对话和思考对由实体引起的因果概念的使用，可能会误导我们去预设当前讨论中的实体因果概念是一个积极的概念。这继而容易误导我们认为，我们对这个概念的理解是坚固的，而事实上，我们的理解是脆弱的。甚至还有可能是，我们对这个概念实际上没有丝毫的理解。这是因为，我们所真正理解的实体因果论概念，可能就是我们在日常对话与思考中所使用的那个，而我们自己感到理解了根本上的实体原因概念，实则仅

① 但是关于这个话题存在一个分歧——E. J. 劳（Lowe 2008）是一个近来的普遍实体因果论的支持者。

仅是这种日常对话和思考的残留物。

为了能够对作为实体原因的行动者形成一个积极的观念，而不仅仅是将它们理解为对包含行动者的事件的重新阐述，我们必须要构想的是什么呢？克拉克针对我们需要克服的障碍提供了一个尤其有见地的说明：

> ……问题是，由于存在与某种（或某些）其他性质之间的这种关系，行动者因果的性质［或能力］如何能够将导致某效果的控制力赋予一个具有该性质的实体，而不是赋予实体具有该性质这一事件。如果因果法则与性质相关联，那么，正如其他因果法则的实例化情形那样，能够实例化那个因果法则的具体事例之间的因果关系，如何能够不只是关联到那些性质的例证——也就是事件呢？如果一个实体由于具有一种性质而拥有某种因果力，而该性质处在与其他性质的某种关系之中，那么，对那种因果能力的实践，如何能不 56
> 是**实体对那个性质的持有**（也就是一个事件）处在与一个效果的某种因果关系中，正如其他性质所具因果能力之展现形式那样？（Clarke 2003：192）

作为回应：我们确实对自己作为行动者具有概念，可以说它能满足克拉克提出的要求。在斯多葛派对能动性的理论中，一个成熟的人类行动者通常有能力去自由地、自愿地，就任何由其动机上和信念上的状态提出的行动建议表示同意、不同意，或悬置判断。这些态度的根源是灵魂中理性的、统领的那个部分——hegemonikon，即主导部分（Inwood 1985；Bobzien 1998；Brennan 2005；Frede 2011）。这个概念中，行动者拥有执行能力去决定究竟她的哪些动机上和信念上的状态会产生行动，以及哪些不会产生行动。认为持有并实践这种执行能力的是行动者自己，而不仅仅是行动者的状态或者包含行动者的事件，这种想法至少在最初是符合直觉的。与此相对，在休谟主义的观点中，只有行动者的状态，或者包含行动者的事件能够具有因果效力地践行这种讨论中的控制力。据斯多葛派的理论，在决定与行动中，行动者独立于所有这些动机上和信念上的状态的因果效力，因此不能与这些状态的集合所等同，也不能与任何她可能有的状态，或它们的子集所等同。我们因此能够自然地将实践这种执行能力的行动者与作为实体的行动者相等同，因为这看上去是唯一合理的选项。

可以说，斯多葛派的观点为我们提供了一个关于行动者的积极的概念，她作为一个实体，具有独立于其各种状态的执行力独立性，从而使得一个因果关系中的第一**关系因**（relatum）仅仅是实体自身，而不是实体在特定时刻具有什么性质的那种事件。关于斯多葛派理论的另一个特征是，为了一个决定能够发生，行动者**必须**实践这样的执行能力。这个想法是符合直觉的。仅仅有各种动机上的状态，我们尚不能做出一个决定。相反，一个决定仅仅在行动者打定主意并使其发生时才会出现（Bishop 1989：77n）。这个斯多葛派的观点对我们来说是易懂的，即它提出之后，我们能够理解它的含义。因此，就这个概念来说，我们就有了一个关于行动者因果论的积极概念，这可以回应说这个理论空洞的指控。我推测，行动者因果论这个概念的流行根植于斯多葛式图景的流行。

现在回到我们原先的问题上去，我们自己作为行动者原因的这一个概念究竟多么具有实质性呢？考虑一下大卫·查默斯概述出的“可
57 构想性”的几个维度。根据查默斯的定义，当S在第一印象时是可构想的时候，它是初步认定可构想的，而当它在理想的理性反思中是可构想的时候，它是理想地可构想的。当S没有被排除的时候，它大体上是消极地可构想的，当S先验地没有被排除时，S是在一种重要的意义上消极地可构想的。积极的可构想性概念要求人们能够对某个情境形成某种积极的概念，其中，S符合这个概念（Chalmers 2002：147）。我目前的

论证的一个后果是，在我们的认知状况中，我们作为行动者原因似乎仅在消极的意义上是可构想的。我们似乎既不能在经验上，也不能在先验的意义上排除这个提议。因此它至少在初步认定的意义上是消极地可构想的。在回应当前关于空洞性的担忧时，一个关键的问题是，我们是否能够就我们是实体原因这一点形成积极的概念。这样一个积极的概念能为这个想法提供具有实质意义的内容，而这可以回应反对的主张，即自由意志论的行动者因果论者仅仅为运气反驳提供了一个空洞的语义上的解决方案。我的想法是，斯多葛派的观念为这样一个提议的初步认定的积极可构想性提供了基础，即我们正是自由意志论立场所明确表明的行动者原因。

然而，我认为我们不知道的是，我们是这样的行动者原因这一点，究竟在理想上是消极地可构想的，还是积极地可构想的。从消极的意义上来说，结果可能是，根本上的实体因果论在形而上学上是不可能的，或者甚至在概念上就是不可能的。如果这在概念上是不可能的，那么理想的推理会先验地将它排除。由此，结果可能是，理想的推理可能也会瓦解刚刚概述过的积极概念。例如，如果理想的推理会排除根本的实体因果论，那么斯多葛派关于我们自身作为实体，拥有独立于我们的状态的执行力独立性，并且能够导致决定这种概念，就会被排除掉。这个积极的概念可能会提供的内容因此就是缥缈的，而我们对自己作为行动者原因的概念就可能还是空洞的。然而当前，关键的是，对这样一个判断，我们缺少决定性的证明。

行动者因果性和理性

就行动者因果自由意志论来说，一个相关的问题是，它是否能够成功地将理由的影响力包含到对决定和行动的实体因果观点中。理由被合理地分析为包含行动者的事件（或者，状态或性质实例），因此，如果行动被理由影响，而这个影响是具有因果性的，那么行动就必将是由事件——而不是被实体——所导致的，至少在这个方面是这样。负有道德责任的行动在通常情况下是理性的行动，因此，这样一
58 个负有责任的行动会在一个方面需要是由事件，而不是由实体所导致的。这个反驳对关于负有道德责任的行动的行动者因果观点提出了挑战。

克拉克（2013）和奥康纳（2000）分别针对这个问题提出了解决方案。在克拉克对行动者因果论的综合论述中，一个能例证赋予责任的控制力的行动是由两个不同的因素所导致的，一方面是一个包含了理由的信念–欲望组合体，另一方面是作为实体的行动者。这个观点使得克拉克接受了戴维森对什么使得行动是理性的所做的因果解释——也就是，行动之所以是理性的，是因为其由恰当的理由所导致（Davidson 1963）；与此同时，克拉克还支持行动者因果论。一个针对这个观点的关键问题是，行动者实体作为行动的原因，和这个行动由信念–欲望组合体所导致，是否能够充分地结合而使得这种实体因果成为理性的。要么作为实体的行动者是受到了信念–欲望组合体所影响，要么她没有受到其影响。如果她没有受到其影响，那么这个观点似乎就会符合盖伦·斯特劳森（1986）提出的担忧，即，作为实体的行动者在导致她的行动这件事上，是非理性的。如果作为实体的行动者是受到了信念–欲望组合体的影响，则要么这个影响是因果的，要么它不是因果的。非因果的选项无法和克拉克关于理由在行动产生中的作用的戴维森式思路相融合。但是他似乎想要拒绝因果的选项。例如，他说："一个实体不能是一个后果。"（Clarke 2003：158）但是，这里似乎存在一个重要的动机去主张，如果行动者是实体原因，他们是可以被理由因果影响的，仅因为，先行合理的是，不管是什么直接产生了理性的行动，它都是可以被理由因果影响的。有人可能会问：作为一个后果的实体在这个意义上相较于其作为一个原因会更加不合理吗？

克拉克有时会写一些作为实体的行动者似乎可以受因果影响的内容。例如：

> 为了出于理由而行动所必须实践的更进一步的积极控制力，仍旧是事关事件因果性的。有人可能会反驳说，实体因果论不能同样更进一步达成对积极控制力的实践。然而，当我们注意到，这里所说的实体正是行动者，并且，行动者拥有复杂的理性的精神能力时，这个反驳的效力就被削弱了。当这样的个体对可供取舍的选项进行考虑，对每一个支持与反对的理由进行权衡，并继而导致了一个支持其中某一选项的决定时（一个出于某些她所考虑的理由而做出的决定），在我看来，一个值得相信的主张是，这一个体导致这个决定的产生，部分地构成了她在做出这个决定时所实践的积极控制力。如果行动者因果论是如此发挥作用的话，那么它对于行动者是否为了其决定负有道德责任这个问题就不是不相关的。（Clarke 2003：162） 59

克拉克的建议是，正是作为实体的行动者对可供取舍的选项进行考虑，并对于支持和反对每一个选项的理由进行权衡。但是在他的观点中，作为实体的行动者能够在不被这些理由因果影响的情况下对它们进行权衡吗？此外，在他的图景中，作为实体的行动者是由于她所拥有的理由而获得了其导致行动的倾向性的：

> 另外，在一个综合的论述中，行动者去导致某个行动的倾向性是由于（至少是部分由于）她拥有特定的理由，而她拥有这些理由仅当她导致那个行动的时候才导致那个行动。（Clarke 2003：176）

一个关于作为实体的行动者如何获得上述倾向性的自然论述会是，她所拥有的理由导致了她获得那个倾向性。

但是克拉克的解决方案没有引出这样一种因果影响。与此相对，他提出，正是由于自然的法则，那些理由具有的导致行动的倾向性，与作为实体的行动者具有的导致行动的倾向性，是同一回事。对于这个策略的第一个顾虑是，这样的一种自然的法则似乎在某种意义上是生硬的，因为似乎没有任何关于作为实体的行动者的事情本身可以解释，为什么她具有的导致行动的倾向性与那些理由具有的是相匹配的。对这个策略的第二个顾虑是，作为实体的行动者在导致行动时，似乎缺少了同理由之间的那种正确的关系。直觉上来说，这个行动者必须受理由所影响，从而导致一个行动。但是在克拉克的综合的观点中，似乎不存在这样的影响，仅有的是在理由的倾向性与作为实体的行动者的倾向性之间的某种对应性，出于一种在上述意义上堪称生硬的自然法则。

因此，我们需要的似乎是一个对于作为实体的行动者如何能够被理由因果影响的解释。奥康纳提出了这样的一种论述，它利用了弗莱德·德勒兹克（Dretske 1993）对于结构性的原因和触发性的原因之间的区分。对这个区分的说明是，关于爆炸的结构性原因是炸弹被制造出来的那一个过程，而其触发性原因是引燃炸弹的导火索。在奥康纳的观点中，对于一个决定来说，就其构成了行动者因果能力的倾向性，并且这种能力的实践产生了决定而言，理由是结构性的原因；而作为实体的行动者，在她对这种构成性能力的实践中，是决定的触发性原因。这个基于理由的因果构成的结果是，行动者因果能力的倾向性会转换成一系列的后果：

> 尽管没有什么产生了行动者因果论的实例，这个实践的可能的出现有着一种持续进化的、客观的可能性。换个方式来表达就是，行动者因果能力是一种朝向一系列后果的结构性的倾向，以至于在任何一个特定的时刻，对于每一个在因果上可能的、特定的行

> 动者因果的事件类型,其出现都存在一个介于(0,1)范围之内的明确的客观概率,而这个概率在行动者受内在或外在的因素影响时会持续变化……具有影响力的事件的效果,会由它们对后果之相对可能性的改变所穷尽,而这一点是通过它们对行动者因果能力的倾向性本身的影响而达成的。(O'Connor 2009) 60

奥康纳的观点的核心是,理由通过改变其后果倾向性——也就是导向意图的形成和决定的倾向性——之客观的和具有决定性的概率,从而构建行动者因果能力。

我的看法是,行动者因果自由意志论不能容纳这个主张,即行动者因果能力的倾向性是由如此说明的概率所统领的。为了回应消失的行动者反驳,行动者实践的因果能力必须是与那些因果相关的事件之因果力有所不同的,而在一个自由的决定的例子中,对行动者因果能力的实践必须与对这些事件的因果力的实践不相同。这是因为,消失的行动者反驳展示出,事件的因果力不能够提供道德责任所需要的那种将决定确定下来的控制力。事实上,奥康纳说:

> 我们坚持这两件事之间的区分,即理由在赋予具体行动以客观倾向性的意义上建构某人的行动者因果能力,与理由通过造成某人导致一个具体的意图来激活那个能力。在我所描述的观点中,除了行动者自身,没有任何其他事情能够以这种方式激活其因果能力。说我有一个数值为0.8的客观的概率去导致我意图在当地酒吧加入我的学生们,无法保证我事实上将做什么。我既可以抵抗这个相当强的倾向性,也可以践行这个倾向性。(O'Connor 2009)

但是,如果理由的倾向性与行动者的因果能力导向相关范围内后果的倾向性完全是一样的，那么，要么理由的因果力与作为实体的行动者的因果能力说到底是一样的，要么这种倾向性上的同一性是一种无法解释的巧合。

此外，我的想法是，如果行动者因果能力的倾向性由客观的概率建构，那么行动者在行动中将缺少基本应得意义上的道德责任所要求的控制力。假设上帝将我们创造为行动者原因，其特殊的因果能力包含两种根本上的倾向性，一种是自利的，一种道德的，每一种都是如奥康纳所说的，由同等和不可改变的决定性的客观概率所构建，从而在我们的一生中，我们应当预期，当自利与道德相冲突时，我们一半的决定是自利的，另一半的决定是道德的。即使行动者在任何一个这样具体的
61 情况中都能够二选一，在不相容论的观点中，行动者将不会为了其一生中不道德的那一半人生在基本应得的意义上可被责备。有人可能会反驳说，这个判断是源于概率不可变更这一观点的。[1]但是，假设我们对这个例子做出改变，说上帝使行动者还受一个概率法则所支配，即行动者在一生中有50%的概率作为行动主体导致她的道德转变，这会使得从那一刻起她所有行动都有100%的概率是道德的。但即使是这样，从一个不相容论的角度来看，这个世界中的行动者不会为他们所做的那一系列不道德的行动可受责备。依照这样的思路，我们还可以构建出更加复杂的例子，但是不相容论对这些例子的判断将会保持不变。这进一步支持了这样的一个想法，即，行动者因果自由意志论不能同概率法则相融合。

因此，基于自由意志论的观点，理由对一个负有道德责任的主体原因的影响似乎既不能在决定论的意义上是因果的，也不在概率的意义上是因果的。所以要么这种影响是因果的，但非决定论意义上的因果，也非概率上的因果，要么这种影响就是非因果的。不明显的是，满足上

[1] 艾尔·米勒在对话中提出了这个反驳。

述任何一个说明的影响能在强意义上被构想出来，而这一点让人进一步怀疑主体因果自由意志论的提议是否具有理想的积极可构想性。

对比的解释和一个增强的行动者因果能力

另一种对行动者因果决定论的反驳是，它不能应不同的要求而提供对比的解释。这样的一个挑战首先由C. D. 布罗德（Broad 1952）提出，而后由吉内特（1990，1997）得以发展，它主张，这个理论排除了对行动的时机的对比解释。吉内特还补充说，对所做出的那种行动的对比解释同样是不可获得的：

> ……行动者本身不能**解释**为什么事件就在它所发生的时刻发生了，而不是在某些稍微不同的时刻发生。只有行动者处在某一刻与处在另一些时刻之间的某种差别，某个定位在时间中的性质，能够给出这样的解释。我们还可以补充的是，行动者自身也不能解释为什么那种具体的事件，而不是其他种事件，在那时发生了。（Ginet 1997：93—94，1990：13—14）

吉内特由这种对比解释的不可获得性而得出结论说，这种相应的因果关系也必定是缺失的： 62

> 那么，说行动者是某种具体事件发生的起因，而不是另一种事件发生的起因，并且是其在某个具体的时间，而不是另一些时间里发生的起因，意味着什么呢？（Ginet 1997：93—94）

作为回应，奥康纳主张，“一个对为什么行动者导致的事件会发生的完整解释，将会在其他要素之外，包含对行动者的行动理由的说明”，因此行动者因果理论有办法解释这样一个事件出现的特定时间(O’Connor 1995：184)。克拉克提出了他的综合的两种因果论观点，依照这个观点，自由行动的一个起因是某一事件，例如，行动者获得特定的理由，而这样的事件可能可以解释行动在某个特定的时间，而不是在另一个时间中出现(Clarke 1996：298—299，参较2003)。然而，我们刚刚已经看到，克拉克对行动者原因如何可能出于理由而行动的综合论述，面临一个严重的反驳：理由因果论和行动者因果论是通过生硬的法则整合起来的，针对这一点有人可能会认为，我们需要一个具有实质性的解释。奥康纳对这个问题的解决方案——合理地说，是唯一可行的合理选项——是把依照理由去行动的相关能力构建到行动者因果能力中，作为后者的组成部分。人们可能会将其描述为行动者在根本上作为实体，基于对理由的考虑，并在特定的理由的基础之上导致一个决定，但不是由因果决定而如此做的能力。这样的话，这些作为实体的行动者和作为事件的理由，本来是通过某些法令相互对应，但相互区别的一对因果力，而现在行动者因果自由意志论者提出了一个单一的，尽管也是复杂的因果力，从而能给出我们所需要的解释。关于行动者因果能力的倾向性是如何由理由构建的，奥康纳提供了一个具体的说法，正如我所说的，我认为他的立场的这个特征存在一些协调的问题。但是我认为行动者因果自由意志论者接受他的观点是适当的，也就是，依照理由去行动的能力必须被构建在行动者因果力自身当中。

对于诉诸理由可以有助于满足对比解释的要求这个想法，吉内特反驳道，存在一些例子，其中，行动者在一个特定的时间里导致一个行动，而不是在某些其他时间导致那个行动，但是理由无法解释情况为什么是这样的：

> ……我拿起电话的理由不能解释为什么我会在我实际那个精确的时间做这个事，而不是在几秒钟之前或之后做，我也不需要对于选

> 择在那个精确的时间，而不是在稍微之前或之后做而有任何理由。可能的是，没有什么可以解释为什么一件事就是它那个样子，而不是别的样子……但是如果是那样的话，我们似乎可以自然地推论，没有什么**导致**了那个情况，而不是任何别的情况。（Ginet 1997：94—95） 63

与此相似的是，对于“某种事件”的问题，“我拿起电话的理由是我想要打一个电话。但是这个理由不能解释为什么我用我的左手，**而不是**我的右手拿起电话，而事实上我不需要对我用一只手，而不是另一只手做这件事有任何理由”（Ginet 1997：94）。但是需要再一次声明的是，在这里，行动者因果自由意志论者可以把有助于给出对比解释的能力建构到行动者因果能力之中：同样是在根本上作为实体的一种能力，在某个特定的时间里导致某个特定的选择，但不是由因果决定如此。行动者因果能力本身会使行动者能够导致选择使用左手，而不是使用右手，并且是在t1导致这个选择，而不是在其他什么时间，这些都不需要引入理由。

在这个节点，有人可能会开始担心，针对回应对比解释的要求，在行动者因果能力之中建构新的元素，这样的策略太过简单了。行动者因果自由意志论者那一方做出的预设似乎是，这种能力可以应这种要求不用任何代价地加以增强，但是这里的顾虑是，所引出的元素，事实上是某种带有可疑的解释价值的天外救星。行动者因果自由意志论者可能会回应说，一旦我们有了行动者因果能力，就可以合理地为它提供理性行动所需要的东西，以及为它提供在特定时间以特定方式行动所要求的元素。毕竟，这些都只是普通的关于行动者的能力，并且我们可以期待的是，导致行动的不管是什么都会具有这些能力。

这种担忧在更加根本的层面，在要求对比解释的语境中提出时，可能会更加有力。黛娜·奈尔金（2011b：92—93）对行动者因果自由意志论者提出了这种要求，在她的观点中，它对于这种立场能够确保基本应得意义上的道德责任所要求的控制力这一观点提出了挑战。为了构建这种要求，她在自由意志论的行动者因果性和决定论概念上的行动者因果性之间做出了具有启发性的对比，她对此进行了发展和提倡(2011b: 80—97)，并援引了奈德·马克西安(Markosian 1999)为这个观点的前例。奈尔金之后提出，尽管作为实体的行动者拥有因果能力这一点是可以构想的，但是即使理想情况就是这样，“我们应当存疑的是，行动者能否拥有能提供某种特殊控制力的因果能力，而又区别于一个由自身本性决定出于某些理由、而不是其他一些理由去行动的主体所实践出来的那种行动者因果能力”(Nelkin 2011b: 93)。[①]这里的
64 理由是，尽管决定论的行动者因果论者可以在原则上对为什么行动者以那种而不是别种方式去行动提供对比解释(一个以那些行动的决定性原因为基础的解释)，自由意志论的非决定论版本无法在这一个方面与决定论的观点相匹。尤其是，关于为什么一个主体作为行动者导致了一个决定，而不是没有这么做，这种对比解释在非决定性的例子中将是不可获得的，在这样的例子中，分别支持两个选项的理由或多或少在动机层面是相制衡的(Clarke 2003)。这个事实为批判者去主张以下这一点提供了一个契机，即这样的一个行动者原因不能有比事件因果语境中增强的控制。这里的想法是，对于为什么主体作为行动者导致了她的决定而不是导致不去做这个决定，行动者因果自由意志论者无法给出一个解释，而这使得我们不清楚行动者因果论的机制可能是什么。因而，对此一个严肃的威胁是，这些机制在形而上学上没有什么可能性，来容许行动者实践比事件因果概念中更多的控制。

---

① 我同意奈尔金的观点，决定论的行动者因果论如同非决定论版本的行动者因果论一样，可以同等强度地被构想，我还相信，为了解决针对事件因果观点中的能动性的“消失的行动者”问题，我们可能需要这个决定论的行动者因果论(Hornsby 2004a, 2004b; Rümelin 2007; Brent 手稿)。

行动者因果自由意志论者可能会回应并主张说，作为实体导致一个决定的能力，以及在同样的因果环境中作为实体去导致不做那个决定的能力，是作为实体的行动者所拥有的一种简单并基本的能力，而这个能力以及行动者对它的实践没有更进一步的解释。对于这个建议的顾虑是，行动者因果自由意志论者在她自己的理论的核心提出了无法解释的力，而这使得这个立场令人费解。也许我们都需要同意，自然中就是存在不可解释的、简单的、基本的因果力——一个电子回避或吸引其他电子时所产生的负电荷能量也许可以为此提供一个例证。但是，当因果力是处在像人类能动性这样的高度且明显是复杂的程度时，如果它们被主张为基本的并且不可解释的，疑虑就会出现。不过，这些考虑仍旧不能排除行动者因果自由意志论理想的积极可构想性，因为这样一个复杂但基本的因果能力似乎还是融贯的。

行动者因果论与物理法则相融贯吗？

行动者因果自由意志论的融贯性也许还值得怀疑，但是它还没有被具有决定性地瓦解。然而，我现在将要论证的是，我们有经验上的理由去相信，我们不可能是这个理论所说明的行动者原因。这些理由所关切的是，行动者因果自由意志论是否可以与我们鉴于最好的物理理论而预期的情况相融合。在这个观点中，当一个行动者原因做了一个自由的决定，她在没有被因果决定如此做的情况下导致了这个决定。但是在某一刻，她会影响与行动者原因相区分的物理世界。在我们最 65
好的物理理论中，物理世界是由法则统领的。首先，假设物理法则是决定论的，就像例如康德的观点所示（1788/1996：Ak V：97—98）。在他的行动者因果图景中，当行动者做了一个自由的决定，她在没有被因果决定如此做的情况下导致了这个决定。而源自这个不是被决定的决定，在通向行动的途径中，变化会在物理世界中产生，例如在她的大脑中或者她身体的其他部位发生的变化。但是，如果是这样的话，我们似乎会在这一个节点碰到与决定论的法则相偏离的情况。因为，一个不被决定的决定在物理世界中产生的变化，自身将会是不由因果决定的，因此就不能由决定论的法则统领。有人可能会反驳道，有可能的是，产生于自由决定的物理变化，恰恰就与那些在原则上基于决定论的法则所预测出来的情况相吻合，因此并没有出现什么事情在事实上与这些法则相偏离。但是至少在表面看来，这个提议会包含过于离奇以至于不可信的巧合。出于这个理由，行动者因果自由意志论似乎无法和物理世界由决定论法则统领这一点相融合。[①]

更近期的对行动者因果观点的阐释者，例如克拉克（1993，2003）和奥康纳（2000，2009）提出，量子不确定性可以有助于协调方面的提议。在一种对量子力学的解读中，物理世界事实上不是决定论的，而是由在根本上仅仅是概率的或统计的法则所统领的。虽然这有争议，但是让我们假设，重要的量子不确定性在决定或意图形成的层面渗透至神经元上的不确定性。如果是这样的话，那么行动者因果自由意志论似乎可以与这样的主张相协调，即物理法则统领了人类行动中的物理构成部分。但是，离奇的巧合似乎仍旧会在这个提议中出现。让我们考虑一系列可能的人类行动，其中每一个行动都有一个物理的成分，其在先的出现的概率大致是0.32。如果大量的实例表明，这一类的物理成分没有在接近32%的比例上实现，这不会在与统计法则逻辑不相容的意义上违背了这些法则。相反，统计法则的效力是，对于大量的实例而言，我们可以正确地**期待**这一个类的物理成分以接近32%的比例实现。

---

① 康德认为我们需要补充更多的东西。在《实践理性批判》(1788/1996：Ak V 97—98）中，他似乎主张，当行动者做了一个超验的自由决定时，他作为一个不具有时间性、本体的主体，同样也自由地产生了所有在过去因果决定了他的自由行动的事情。但是这种非时间性的思路最多是在不重要的意义上比一个明显的矛盾更可信些（参见Wood 1984；参较Pereboom 2006）。

行动者因果自由意志论图景中的自由行动，与我们依照统计法则对这 66
些行动的期待相容吗？如果行动者导致的自由行动与统计法则表明具有极大可能性的情形相容，则对于足够大量的实例来说，我们类别中可能的行动必须在接近32%的比例上被自由地选择。那么，对于足够大量的实例来说，那些其物理成分的在前发生概率为0.32的可能行动，几乎确定地会在接近32%的情况下被自由地选择。但是如果这些物理成分的发生是由行动者原因的选择所确定下来的，那么它们实际上在接近32%的情况下被选择这一点相当于是一个巧合，而且与下述巧合的离奇程度相当，即，其物理成分有着0.99的在先概率的行动，在足够大量的实例中，以接近99%的比例被选择。行动者导致的自由选择并不与统计法则对其物理成分做出的预测相偏离这个提议，与我们预期的情况截然相反，这使得这个提议不可信（Pereboom 1995，2001）。

克拉克提出，行动者原因在宏观层面行动这一存在（决定和行动是处在宏观层面的）与微观层面（微观物理范围内）在统计法则下是关闭的这一点相容："如果可以存在实体因果论，那么似乎就可以存在这样的实体因果论，其实践的倾向性与完全非决定论的微观层面的因果法则相一致。"（Clarke 2003：181）我认为克拉克对这一点的看法是正确的，因为行动者在符合概率论的微观层面因果法则的情况下导致行动，这是**可能的**。有可能从长远的角度来看，对行动者因果能力实践的物理后果，恰好与非决定论的微观法则会赋予这些后果的概率相一致。但是我们应当**期待**这样的一致性吗？为了回应消失的行动者反驳，作为实体的行动者所实践的因果力必须与那些和行动相关的物理事件的因果力相区别，并且在一个自由决定中，行动者因果力的实践必须与这些事件的因果力的实践有标志性区别。鉴于这样的一个要求，我们会期待行动者原因的决定在长远的角度来看，与这些选择仅仅基于这些事件本身极可能会有的发生频率相分离。如果我们还是在这之中找到了一致性，那么我们就有好的理由相信，行动者因果力不是与那些事件的因果力相区别的，而就具体的决定来说，它与对这些因果力的实践也没有标志性区别。否则，这种一致性就会是某种离奇的巧合，而对于这
67 样的巧合我们不会有所期待，也不会有任何解释。

针对离奇巧合的指控，克拉克论证说，在他的关于行动者因果论的综合观点中，我们实际上可以保证与法则的一致性：

> 但是就一个综合论述来说，鉴于行动者因果论是在法则上与特定种类的事件因果论相关联的，行动者因果论的实例将必须与统领这些事件因果论的无论什么法则相一致。如果这些法则最终是从微观法则中衍生出来的，那么对行动者因果控制力的实践将必须与这些微观法则相一致。（Clarke 2003：181）

然而，正如我所论证的，克拉克所提出的那种法则是生硬的，因为作为实体的行动者没有什么能给予其基础。这个法则说明了与其相对应的倾向性，但是没有解释，究竟是作为实体的行动者的什么引发了这种一致性。这一举动似乎将巧合转移给了这样的法则，而由于这样的法则是生硬的，它不能解释这个巧合。

在奥康纳（O’Connor 2009）对行动者因果论的演生论阐述中，行动者因果力是一种高级层面的能力，它会由于构成部分的组织，而从一个完全微观物理的构成中强有力地演生。也就是说，这种高级层面的能力的实践，可以导致对微观物理法则的违背，这些法则理想地说来能够在不考虑任何高级层面性质的情况下被发现——以下称为**普通法则**。如奥康纳所说："例如，如果一个特定的蛋白质分子的多种能力演生了，那个分子在显微层面的展开动态，会以可指明的方式偏离一个理想的分子物理学家……从对小规模分子系统动态的完全理解中推断而得出的预期。"（O’Connor 2009）依照这种有力的演生论，违背普通法则的能力是通过高级层面的组织得到解释的，这种组织不以下层低级阶段

实体的内在性质为根基，也不以通过检验这些实体的小规模组织而发现的法则为根基。在这个提议中，行动者因果能力不是由普通法则所统领的，不论这些法则是概率的还是决定论的。

我们可能会同意，有力的演生现象的存在还没有被排除，尽管与此同时我们还可以合理地主张，这种现象的存在太过可疑，以至于不能支持我们拥有自由意志这一个判断，尤其是不能证明伤害他人的基础是他们自由地由意志驱使做了一个不道德的行动。但是除此以外，一个协调的问题还是会针对奥康纳的理论出现。正如我们已经看到的，他主张，当主体S作为行动者导致了一个决定时，S行动所出自的理由不直接地导致这个决定。这些理由是行动者因果能力的一种建构性原因，并在S对决定的导致之中被激发出来。在他的观点中，我们可以合 68
理地期待行动者原因的行动与这些在前的事件所赋予的概率相一致：

> 设想有些有意识的、理由导向的系统以某种方式“放大”了微观物理的非决定性，以至于几种显著不同的后果在物理上是可能的。之后让我们进一步预设，行动者因果能力在有意识的、理由导向的系统达到必要的复杂性下限时出现。这样的一个能力可能会由一些事态所塑造（诸如行动者行动的理由），而它们体现了被放大的量子非决定性，所以行动者因果的行动会被期待为从长远的角度反映了物理概率。（O’Connor 2003：309；参较 Clarke 2003：181）

但是这会使得协调的问题出现。我们要再一次注意，为了回应消失的行动者反驳，由行动者实施的因果力必须与因果相关的事件所实施的相区别，而在一个自由决定的情况中，行动者因果力的实施必须与这些事件因果力实施相区别，这是奥康纳（2009）也认同的。如果是这样的话，那么结果就是，我们会期待，行动者原因做出的决定从长远的角度看，会与这些选择仅仅基于这些事件本身而极可能会有的发生频率相分离。如果我们还是在二者之间找到了一致性，我们就有好的理由相信行动者因果力不是与那些事件的因果力相区别的，而就具体的决定来说，这些因果力的实施也不与那些事件的因果力的实施相区别。否则，这种一致性就会是某种离奇的巧合，不应当期待，也无法解释。因此，奥康纳所想的塑造不应当极端到会瓦解行动者因果力与事件的因果力之间的区别性，但是如果他所想的塑造没有这么的极端，我们就会期待讨论中所说的区别性。

在这个讨论的节点，自由意志论者可能会主张，确实存在我们基于物理法则而期待的概率上的偏离，而我们很可能在大脑中找到这种分离。齐硕姆（1964）主张这样的一种立场。然而，针对这个提议的问题是，我们对于这种分离的出现没有任何证据。的确，就我们目前所知道的事物中，没有什么能绝对地排除这个论点，即我们是不被决定的行动者原因，并且存在这样的分离，而这个方案可能是自由意志论者所能追求的最好的一个。也可以辩论说，我们不处在能够检验齐硕姆的假设的地位。但是，在这种观点所预测的从自然法则中分离还没有证据的情况下，我们没有充分的理由去接受这个观点。

结　语

因此，尽管我们还没有奠定行动者因果自由意志论是内在不融贯
69 的，出于从我们最好的物理理论衍生出来的经验理由，值得怀疑的是，
我们真的是这一立场所说明的那种行动者。如果再将针对事件因果自
由意志论的内在问题添加进来，我的看法是，虽然我们可能希望是自由
意志论所说明的那种自由的行动者，但是我们不应当将这个选项看作
是可信的。这使得相容论成为剩余的一个证明下述信念的立场，即我
们拥有基本应得意义上的道德责任所要求的那种自由意志，我们将马
70 上对这种立场做批判性地考察。

第四章

反对相容论的一个操纵论证

在这一章里，我提出了一个反对相容论的操纵论证，根据相容论的立场，行动者对一个行动负有道德责任所要求的那种自由意志，与行动者由超出自身控制的影响因素所因果决定是相容的。反对相容论的操纵论证，与我在第二章与第三章提出的反对自由意志论的论证，一起构成了我的自由意志怀疑论。现在已经有许多不同的反对相容论的论证得到发展，但我相信操纵论证是最有效的论证。

相容论，以及如何抵抗它

保存我们对人类行动的通常态度的合理性，与此同时视这些行动为由因果决定的，将二者结合在一起的观点是十分有吸引力的，以至于很多当代哲学家都将自己归为相容论者。我们可以区分出两种著名的相容论路径。第一种路径，同时也是更常见的论证路径，旨在将那些排除道德责任的行动的因果环境，与不排除道德责任的行动的因果环境区分开来。这个路径的核心观点是，道德责任需要行动者的心理状况与其行动之间有某种因果整合关系，同时，这种因果整合并不要求因果决定论的缺席。这种相容论路径通常通过审视我们在某些例子中对可责备性与可赞赏性的直觉得以发展，这些特定的例子包括——胁迫、成瘾、精神疾病、催眠，以及洗脑。对这些例子的反应通常被用来说明道德责任所要求的因果整合的条件。在近几十年中，这种类型的相容论在下述这些人中得以发展：哈里·法兰克福（1971）、丹尼尔·丹尼特（1984，2003）、加里·沃森（1975）、约翰·菲舍和马克·拉维扎（1998）、杰·华莱士（1994）、伊什提亚克·哈吉（1998）、艾尔弗雷德·米勒
71 （1995，2006）、迈克尔·麦坎纳（2005：200n）、黛娜·奈尔金（2011b），以及至少在可称赞性这个方面，还有苏珊·沃夫（1990）。

相容论的第二个路径是由P. F. 斯特劳森（1962）提出的，它明确指出，不管不相容论做何预设，决定论为真这一点与我们是否拥有道德责任所要求的自由意志是不相关的。在他看来，道德责任的基础在于义愤、道德愤慨、内疚，以及感恩的反应性态度之中。例如，行动者通常会对某些不道德的行动感到愤慨这个事实，构成了为何那样行动是当受责备的。这里面关键的想法是，对可责备性和可称赞性的要求的合理性证明，存在于人类反应性态度的系统之中。由于道德责任有这种基础，决定论是真是假对于我们是否有理由使行动者负道德责任，是不重要的。对建立在反应性态度上的道德责任进行判断，有时候会出错，这是因为有些时候，作为判断对象的行动者实际上应该被原谅或免于责备。但是，内在于使行动者负责的实践的原谅或免责规则，将不会接受来自普遍决定论的对这一实践的批判，因为，这种批判将会基于外在于上述实践的因素之上，并因此是不合理的批判。①

紧随托马斯·霍布斯（1654）和约翰·洛克（1690/1975），大卫·休谟（1748/2000）提出了一种对于“是否能做别样行为的能力”的相

① 关于由P. F. 斯特劳森启发出的道德责任观点，见华莱士（Wallace 1994）、沃森（Watson 1987）、D. 齐默尔曼（Zimmerman 2001）、达尔沃（Darwall 2006）、舒梅克（Shoemaker 2007）、麦坎纳（McKenna 2012）、蒂凡尼（Tiffany 2013）和科格利（Cogley 2013）。关于对斯特劳森观点的重要论述，见罗素（Russell 1992）和科茨（Coates 手稿）。

容论的条件式论述。如果要在此处讨论的意义上拥有自由，那么行动者必须满足下述标准："当我们谈论自由时，我们表示的只能是一种根据意志的决定去行动或不去行动的能力——也就是，**如果我们选择保持停息，我们可以如此；如果我们选择移动，我们也能如此**"（Hume 1748/2000：ch8；参较Harris 2005）。G. E. 摩尔（1912）推进了这种观点，他主张，我当初能够做出别样的行动，相当于我本来会做出别样行动，**如果我当初如此选择**的话。即使我是受到因果决定才如此行动，仍旧可以是正确的是，如果我当初选择做出别样的行动，则我本来就会那样去做的。这个立场在接下来的半个世纪中非常流行，例如，艾耶尔（Ayer 1954）为这种自由空间的立场提供了一个经典论证。然而，如果存在一个成功的法兰克福的例子（参见第一章），那么替代可能性将不会在这些条件式论证中提出的关于道德责任所要求的自由意志的述论中，起到显著的作用。（在这一章的讨论中，我 72
说的"道德责任"指的是自由意志讨论中的基本应得意义上的，除非另有说明。）相应地，相容论的法兰克福捍卫者们发展出了这样的观点：行动者对一个行动负有道德责任不是通过替代可能性于她是否可获得而得到解释的，而是通过一个行动所拥有的因果历史得到解释，这种因果历史能够允许她以某种特定的方式成为她自己行为的根源。

约翰·菲舍是这种根源相容论立场的一个倡导者。但是菲舍还额外主张，一个不相容论的观点是无法成为一个合理的根源论观点的。尽管他早期提到了根源论的不相容论的可能性（Fischer 1982），他主张，"简单来说，我们没有好的理由预设因果决定论本身（除了对关于替代可能性的考虑）会损坏我们的道德责任"（Fischer 1994：159，2006：131，201—202）。我不同意这一点，我们有一个好的理由独立于自由空间不相容论来接受决定论与道德责任之间的不相容性。

如果有无替代可能性对于道德责任所要求的那种自由意志不是

至关重要的话，那么我们就能避开后果论证，这个论证旨在展示，如果决定论是正确的，那么没有一个行动者能够做不同的行动（Ginet 1966，1990；van Inwagen 1975：1983：93—104；Lamb 1977；Warfield 2000；Finch 2013）。我认为，最好的反对相容论的策略包含一个操纵论证。操纵论证的核心想法是，即使行动者满足了相容论理论明确出的所有关于道德责任的因果性条件，一个行动由一个能够追溯到超出行动者控制的因素的决定论过程产生，这对道德责任构成的威胁与来自其他行动者的决定论操纵的威胁是同等的。这个策略始于这样一个主张：如果一个人的行动是由其他行动者因果决定的，例如，一群科学家操纵了她的大脑，那么，直觉上来说，她对那个行动是不负有道德责任的（Taylor 1974；Ginet 1990；Pereboom 1995，2001；Kane1996；Mele 2006），即使她满足了相容论的针对道德责任提出的重要条件，直觉上她仍旧不负有道德责任。操纵论证的策略继而主张，在上述的例子与其他方面相似的通常意义上的决定论例子之间，不存在足够的差别来证明：尽管行动者在她被操纵时是不负有道德责任的，她却在通常意义上的决定论例子中负有道德责任。

由凡·英瓦根（1983：188ff.）首先提出的直接论证，在没有预设替代可能性有显著作用的前提下，也对相容论提出了挑战。这个论证的核心原理是将非道德责任贯穿蕴含（entailment）关系，旨在得出这样一
73 个结论：任何由过往事件及自然法则蕴含的行动，都不是行动者为其负有道德责任的行动。麦坎纳（2008b）对此给予了反驳，他认为，非道德责任无法毫无争议地贯穿某些情形，在这些情形中，行动者满足相容论对道德责任提出的条件，因此，直接论证并不特别有力。在他看来，根源论的不相容论依赖于操纵论证。我大体上同意麦坎纳的观点，但是赛斯·沙博（2010b）发展了一个有限的，但是有说服力的对直接论证之效力的辩护。

一个四例操纵论证

我的多例操纵论证首先列举了包含操纵的行动，在这些行动中，相容论对道德责任提出的主要一些因果条件都得到满足（Pereboom 1995，2001，2007，2013b）。当我们分别看待这些例子时会发现，它们分别指出，即使相容论的条件得到满足，行动者仍旧是有可能不负有道德责任的。基于这个理由，这些条件是不充分的，也就是说，它们与其他一些无争议的道德责任的必要条件一道，不构成道德责任的充分条件。在这里我们应当注意，尽管相容论者通常把他们的这些条件表述为道德责任的必要条件，而非充分条件，他们却不打算让这些条件仅仅起到必要条件的作用。假设不相容论者主张，某些相容论的条件需要一个非决定论的必要条件作为补充；相容论者不会回应说，由于她的相容论表述仅旨在提出必要条件，因此她的观点没有受到挑战。道德责任的必要条件的确在相容论的论述中起到了很重要的作用。不相容论者提出能够排除相容论的道德责任必要条件来进行论证，相容论者必须提出可替代的必要条件来进行回应。但是，相容论者还需要表述出道德责任的充分条件，这是因为，对于他们的立场来说，能够在某些标准的例子中赋予行动者道德责任，是至关重要的。尤其是，提出的那些相容论的必要条件应当被理解为旨在结合其他一些在相容论者与不相容论者的争论中，相对来说不那么具有争议的条件（例如，一个认识论上的条件），从而一起提供道德责任的充分条件（Pereboom 2001：100—101）。

此外，这个操纵论证由于提出了三种操纵的例子，而具有了更多的效力。其中，第一个例子包含了最彻底的那种操纵，它与相容论提出的条件以及关于能动性的一些直觉性的条件相一致，而后每一个例子都逐步更加接近相容论立场可能会视为普通且真实情况的第四个

74 例子，在这个例子中，行动是以一种自然的方式被因果决定的。对相容论立场的一个额外挑战是要指出，在每相邻的两个例子之间，存在一种相关的、有准则可依的差别，以示为什么行动者可能在后一个例子中负有道德责任，而在前一个例子中不负有道德责任。我主张，我们找不到这种差别，因此，行动者的“不负有道德责任”会从第一个操纵的例子推及普通的例子（Pereboom 1995，2001，2011；关于对操纵论证的这个特征的表述，参见McKenna 2008a，Haji 2009：120—124，以及Nelkin 2011b：52—57）。

在这个论证里，四个例子的每一例中，普拉姆教授都出于一些个人利益决定谋杀怀特，并且成功得手。所以，当下考虑中的行动是教授要杀害怀特的决定——一个基本的精神行动。这个行动符合休谟提出的特定相容论的条件：这个行动并非不符合普拉姆的性格，因为通常来说，自私的理由更为普拉姆所看重——从道德的角度来看，他分给这些理由的比重过重了；同时，促动他行动的欲望却不是于他来说不可抵抗的，因此在这个意义上，他并不是被迫行动（Hume 1739/1978）。这个行动也满足哈里·法兰克福（1971）提出的相容论条件：普拉姆要谋杀怀特的有效欲望（即，他的意志），恰当地与他针对有效欲望的二阶欲望相符合。也就是说，他意愿杀她，并且他想要自己意愿如此行动。[①]此外，这个行动还满足约翰·菲舍和马克·拉维扎（1998）提出的理由回应性条件：普拉姆的欲望能够被他对其理由的理性考虑所修改，有些欲望能够从他对其理由的理性考虑中生成。如果他相信，杀死怀特为他自己带来的坏的后果比他实际预期的要严重，他就不会决定杀她。这个行动还满足了杰伊·华莱士（1994）提出的相关条件：普拉姆拥有理解、应用道德理由，以及通过道德理由调整他的行动的综合能力。例如，当

① 钱德拉·斯里帕达（Sripada 2012）支持一个相关的观点，他主张这个观点能够抵抗操纵论证。帕特里克·迈耶（Mayer 2011）也发展了一个精密的类似观点。

与道德行事相违背的自我中心的理由较弱时，他通常会按照道德理由行动。这个综合能力使得他能够随着时间的推移，对他的道德品格与道德承诺进行反思性的修正与发展，并能让他的行动被那些道德承诺所支配，这一条件在艾尔弗雷德·米勒（1995，2006）和伊什提亚克·哈吉（1998，2009）那里得到强调。假定普拉姆的实际决定是由超出他控制的因素所因果决定的，我们能够合理地说，他对他的决定负有道德责任吗？ 75

这四个例子以不同的方式展示出，普拉姆杀害怀特的决定可能是由超出他控制的因素因果决定的。在针对相容论条件的第一个反例（例子1）中，脑神经科学家们以一种直接影响他的神经系统的方式对普拉姆进行操纵，但是这种影响的结果是，他的精神状态和行动包含了真实的能动性所特有的心理上的规律性和反事实的依赖关系（Pereboom 2001：121；参较McKenna 2008a）。我在这里展示的这个例子的版本，受到了约翰·菲舍、艾尔·米勒、琳恩·贝克和克莉丝汀·德米特鲁对早前版本的解读所提出的一种反驳的启发。这个反驳的一个对象是这样一个例子，其中，普拉姆的神经系统的状态是脑神经科学家时时的操纵导致的。这些批判者主张，在这样一个例子中，普拉姆无法满足我们对能动性的直觉条件，这是因为他的状况太过于脱离现实，或者说，他自身缺乏普通的行动者的控制力，又或者，他根本就是不是一个行动者（Fischer 2004：156；Mele 2005b：78；Baker 2006：320；Demetriou 2010）。这些考量突出了这样一个事实，即在这个例子中，两个假设必须同时被满足：操纵必须保存我们对直觉关于能动性的条件的满足，以及它必须使得普拉姆不负有道德责任是合理的。

结果表明，这两个假设可以同时得到满足。在一些特定的非自愿的、短暂的外在影响下，能动性经常能够保留下来。发现主队失利能够让一个人以更加自我中心、不那么慷慨的方式思考与行事，但是这种情况下能动性的条件是被完好地保存下来的。我们通常预设在这种影响因素下行动与道德责任是相容的，但是我们也能够想象一个加强自我中心的片刻的影响因素，它能够在保留能动性的同时排除责任。假定操纵者以干扰神经系统的方式加强了普拉姆在某个必要的时间点以自私的方式思考的倾向性，他们因此知道这样做能够从因果上保证他将会决定杀害怀特。赛斯·沙博（2010a：376）有启发性地挑出并支持这样一个版本的局部操纵例子。就像发现主队失利后产生的影响一样，脑神经科学家们的干涉不会瓦解普拉姆的能动性，但是直觉上，这使得他对他的行动不负有道德责任。以下是第一个例子的新版本：

> 例子1：一组脑神经科学家有能力通过类似无线电的技术在任何时刻对普拉姆的神经状态进行操控。在这个特定的例子中，他们在他要开始对他所处的状况进行思考的前一刻按下按钮，他们知道这样做将会在他身上产生一种能够体现强烈的自我中心式思考过程的脑神经状态，他们还知道这将会决定性地导致他下决心杀
> 76 害怀特。如果脑神经科学家们没有进行干涉，普拉姆是不会杀害怀特的，因为如果是那样的话，他的推理不足以自我中心到产生那种决定的程度。但是与此同时，普拉姆杀害怀特的有效的一阶欲望与他的二阶欲望相符合。此外，他的产生那个决定的思虑过程是具有理由回应性的，特别是，如果在另一些特定的情境中他有不同的理由，这种类型的思虑过程可能会导致普拉姆不去下决心杀害怀特。他的思考过程与他的性格是一致的，因为他的思考方式经常是自我中心的，有时候则格外如此。但是，他的思考方式仍旧不是在大体上仅仅是自我中心的，因为他有时能够成功地通过道德理由调整自己的行为，尤其当自我中心的理由相对微弱时。同时，普拉姆做他所做之事不是被迫的，因为他并不是出于不可抗拒的欲望行动——脑神经科学家们并没有为他制造出这一类的欲望。

在例子1中，普拉姆的行动满足了每一个我们刚刚考察过的相容论的条件。但是直觉上，他不对他的决定负有道德责任。因此，这些相容论的条件似乎对道德责任来说是不充分的——即使我们把它们全都算在一起。解释普拉姆对他的决定不负有道德责任这一直觉的一种方式是，这个决定是由脑神经科学家的干涉所因果决定的，而这是超出他的控制的，同时结合这样一个事实，即，如果这个干涉没有出现，他是不会决定杀害怀特的。

接下来，我们考虑这样一个比例子1更加接近普通情境的情况。在莱布尼茨（1689/1989）的图景中，上帝以下面这样一种方式创造了我们以及我们的环境：祂有意地并决定性地设定了从我们生命之初开始的整个人生历史。我们可以想象普拉姆处在这样一个故事的脑神经科学版本里：

> 例子2：一组脑神经科学家在普拉姆的生命之初对他的人生进行了设定，以至于他的思考方式通常是自我中心的，尽管并不总是如此（如例子1中一样），但在有些时候格外如此，这组脑神经科学家有意设定出这样一个结果，其中，在普拉姆当前所处的环境中，他被因果决定进行自我中心的、回应理由的思虑，并且拥有能够导致他决定杀害怀特的一套一阶欲望与二阶欲望。除此以外，普拉姆就像任何一个普通的人类一样。普拉姆有通过道德理由调整自己的行动的综合能力，但是在他当下所处的环境中，由于他的思虑方式具有很强的自我中心的性质，他由因果决定做出了杀害怀特的决定。即便如此，他并不是基于不可抗拒的欲望做出这个决定的。他的思考过程以及他的决定在神经系统中的体现与例子1中的是一样的（尽管两个例子中的因果历史不同）。

在这里我们再一次看到，尽管普拉姆满足相容论的所有显著条件，直觉上来说，他不为他的决定负有道德责任。所以，例子2同样指出，不管是单独来看还是结合在一起，这些相容论的条件对道德责任来说都是不
77 充分的。此外，如果有人在这里主张，与例子1相比，由于脑神经科学家们对普拉姆人生的设定与他做出决定之间的间隔时间足够长，因此例子2中的普拉姆负有道德责任，这样的主张似乎缺少可依据的原则。不管这个设定是出现在他的行动的几秒钟之前，还是四十年之前，这对他是否负有道德责任这个问题来说是不相关的。脑神经科学家们的行动所导致的因果决定，是超出普拉姆的控制的，这合理地解释了普拉姆在第一个例子中不负有道德责任，而直觉上，出于同样的理由，普拉姆在第二个例子中也不负有道德责任。

现在想象下一个情况，它比例子2更加接近普通的情况。在不同的社会里，很多历史上的社会和有些当今的社会，培训与教育导致了与我们在自己的成长文化环境中所看到的模式不同的动机、情感和行动。我们可以假定，相较于我们所处的环境，在普拉姆成长起来的那个环境中，尽管道德也起到了一些作用，自私与暴力以更加有力的方式得到鼓励。这种环境在人类历史中并不是不寻常的；例如，十四世纪与十五世纪的欧洲贵族家庭对男性高贵气质的教育就通常是这样的。

例子3：普拉姆是一个普通的人类，不过他所处的社会因果决定了他的思虑方式的性质，以至于他的思虑过程经常是理性的自我中心的，虽然并不仅仅如此（他的思虑方式的性质与例子1和例子2中的是完全一样的）。这个培训在他发展出阻止或改变那些实践的能力之前就完成了。由于这个培训所培养出的他的性格的某些面向，在当下的环境里，他因此由因果决定而进行非常强的自我中心的、回应理由的思虑，并且拥有能够导致他决定杀害怀特的一套一阶欲望与二阶欲望。尽管普拉姆确实拥有通过道德理由调整自

己行动的综合能力，由于他性格中的这个特征以及他所处的环境，他由因果决定而做出了一个不道德的决定，然而他并没有出于不可抵抗的欲望做出这个决定。他的思考过程以及他的决定在神经系统中的体现与例子1和例子2中的是一样的。

如果相容论者想要成功地论证普拉姆在例子3中是负有道德责任的，他必须举出这些环境中的一个特征，来解释为什么他在例子3中是负有道德责任的，而在例子2中不是。这样一个特征貌似是不存在的。在所有这些例子中，普拉姆都满足相容论对一个负有道德责任的行动提出的显著条件，因此，在这些例子间出现的关于对道德责任的判断的分歧，将不会从这些条件满足与否上的差别而得到支持。那些操纵者所做之事造成的因果决定，超出了普拉姆的控制，因此合理地解释了例子2中道德责任的缺乏，并且基于同样的理由，我们同样可以得出，他在例子3中也不负有道德责任。 78

因此，普拉姆在例子1与例子2中免于道德责任的状况似乎可类推到与普通情况更接近的例子3中。这种状况能类推到普通的决定论例子中去吗？

例子4：在我们的宇宙中发生的每一件事都是由它过去的状况结合自然法则所因果决定的。普拉姆是一个普通的人类，在一个正常的环境中长大，并且，他的思考方式经常是自我中心的，但不仅只如此，只是有时候格外如此（如例子1到例子3中的那样）。他杀害怀特的决定是从他的强烈自我中心的、但同时也是回应理由的思虑过程中产生的，他还拥有对应这个决定的一阶欲望与二阶欲望。他的思考过程以及他的决定在神经系统中的体现与例子1到例子3中的是一样的；他拥有理解、应用道德理由的综合能力，并且能够用道德理由调整自己的行动，而且，他并不是出于不可抗拒的欲望才决定杀害怀特的。

鉴于我们不得不否定普拉姆在例子3中是负有道德责任的，他可能在普通的决定论情境中为了他的决定负有道德责任吗？看上去例子3和例子4之间没有什么区别能够证明这个观点，即普拉姆在例子3中不负有道德责任，但是在例子4中负有道德责任。在这两个例子中，普拉姆皆满足相容论对道德责任提出的显著条件。在每个例子中，他的思考过程以及他的决定在脑神经系统中的体现都是一样的，尽管这些体现的因果历史各不相同。例子4的一个具有区别性的特征是，普拉姆所作决断的因果决定不是由其他行动者带来的（Lycan 1997）。但是主张说这个区别是一个相关的区别，是不合理的。设想一些与例子1和例子2一模一样的例子，其中讨论的事态是由一个自发的机器制造出来的——一个没有智能设计者的机器（Pereboom 2001：115），或者是一个力场（Mele 2005）。在这种例子里，普拉姆仍旧会缺少道德责任。

从这里我们能够得出，由其他行动者带来的因果决定不是激发我们在前几个例子中对不负有道德责任的直觉的关键。与此不同，我主张的是，普拉姆在这四个例子中皆不负有道德责任，而这是因为，在每个例子中他都是受到超出他控制的因素所因果决定的。这个论证的思路是：普拉姆在例子1中是不负有道德责任的，这一点非常符合直觉，而例子1与例子2之间，例子2与例子3之间，以及例子3与例子4之间，不存在一种有原则可循的方式能够解释他为什么会在每两对例子的前一例中不负有道德责任，却在后一例中负有道德责任。我们因此只能得出他在例子4中不负有道德责任的结论。能够合理解释为什么普拉姆在以上所有这些例子中都不负有道德责任的显著因素是，在每个例子中，他所做出的决定，是由超出他控制的因素所因果决定的。因此，这就是他在所有的例子中都不负有道德责任的充分解释，并且我认为，

这是最好的解释。① 79

关于这个论证，以及更普遍地，关于各种操纵论证的讨论，有一个重要的特征，它由帕特里克·托德（Todd 2013）针对史蒂芬·科恩斯（Kearns 2012）的一个反驳的回应得以阐明。科恩斯的反驳是，如果在一个操纵的例子中，认为是操纵使得行动者不负有道德责任这个判断符合直觉，那么，得出不负有责任的结论的理由不能推及普通的例子，因为后者不包含任何操纵的情况。但是如果操纵不具有使得行动者不负有道德责任这个判断符合直觉的作用，那么，以一个不包含操纵的决定论的例子开启论证应当是可能的，而这会使得包含操纵的各种例子变得没有必要了。托德对此的回应指出：

> ……这个论证的支持者主张——并且很明显，他们必须主张——操纵与使得行动者不自由的担忧来说是不相关的。与此不同，她说，操纵能够帮助我们看到确实有事情会使得行动者不自由。换句话说，她首先为一位（比方说）不可知论者呈现出一种情况，然后问那位不可知论者是否认为情况中的行动者是自由的（或负有责任的）。假设那位不可知论者说“不”，她会指出，使得行动者不自由的事物也会在性质上一样的情况里使得行动者不自由，只不过在这个例子里，隐蔽的自然因果性替代了有意的行动者。（Todd 2013：202）

① 艾尔·米勒（2006）论证说，一个反对相容论的操纵论证不需要作为能够给出最佳解释的论证被提出。对这一点我表示怀疑。的确，操纵论证可以被展示为没有一个最佳解释的前提，但是这样一个描述将不会展现出这个论证真正的结构。类比来讲，上帝存在的目的论论证能够被表现为一个演绎论证，但是这个论证真正的结构是一个为宇宙中的生物秩序提供最佳解释的论证。一个反对相容论的操纵论证的真正结构是一个提供最佳解释的论证，这一事实在我们考量相容论对它提出的反驳时会变得明晰——例如，不负有道德责任的直觉能够通过特定种类的操纵得以阐释，而不是通过因果决定得以阐释。

我对此处讨论的理解与托德的评价一致，它是这样的：大多数人最早进入关于自由意志的讨论中时，是带着这样一个预设的，即普通的行动者有意做错事时在基本应得的意义上应受责备。对于天然相容论者来说，我们无论何时行动，都是由超出我们控制的因素所因果决定的这一想法，并不会改变上述的预设。而对于一个在相容论和不相容论之间持不可知论的人来说，这个预设将会受到挑战，但不会被驳倒。不相容论者相信，这些反应不能恰当地应对因果决定论带来的可能后果。操纵论证修正了这一推定的缺点，它的修正方式是首先设计一个决定论的操纵例子，以期它将会比单独的因果决定论更加成功地引起人们对于“不负有道德责任”的直觉。下一步是去论证，即使去除操纵这一元素，基于在包含操纵与不包含操纵的决定论例子之间不存在与责任
80 相关的区别，我们还是能够保留“不负有道德责任”的直觉。显著的共同元素是超出行动者控制的因素的因果决定论，这个特征因此对于“不负有道德责任”来说是充分的。所以，一个决定论的操纵例子会帮助展现，普通的被因果决定的行动者缺少讨论中的自由意志。操纵论证以这种方式试图说服天然相容论者和不可知论者，让他们最好放弃对不相容论的抗拒。

现在，一个相容论者可能会否认普拉姆在例子1中不负有道德责任的直觉（不久后我们将会碰到代表这样一种立场的一个具体的例子；也参见Frankfurt 2002：27—28）。如果有人即使在反思后仍持有这种无冲突的直觉，那么，操纵论证将不会对他具有说服力。但是正如哈吉说的：“再清楚不过的是，文献反映出，所针对的相容论者们通常没有将四例论证视为无用的……”（Haji 2009：127）他还指出，对于一个受操纵的行动者在何时负有责任的界定条件，相容论者们并没有拥有一致认识，并且，这种一致性的缺乏导致操纵论证具有某种吸引力。代表相容论者一致意见的回应尚未出现，这可能也说明了相容论者们拥有关于操纵例子的直觉，但想要将它们系统地容纳进一个相容论的理论中

去是困难的。

除此以外，托德（2011）还给了一个好例子，说操纵论证的支持者们给自己预设了一个过重的负担：他们不需要证明受操纵的行动者们不负有道德责任是合理的，而只需要证明受操纵的行动者的道德责任削减了。这是因为，对于相容论者来说，说明一个操纵例子中的行动者负有的道德责任削减了和说明他们不负有道德责任，是同等困难的。那么，如果相容论者想要同意普拉姆在例子1或例子2中的可责备性是消减的，基于相容论的观点，什么因素能够对此进行说明呢？如果这因素就是具有决定性的操纵，那么由于在决定性的操纵例子与自然的决定论例子之间不存在相关的区别，相容论的立场将会被削弱。

四例操纵论证还对P. F. 斯特劳森的主张（1962）提供了一个有效的回应，这个主张是：不相容论认为决定论威胁到我们要让别人负有道德责任的实践，这种观点相当于是对这一实践的一个不合理的外在批判（我在第七章中更详细地讨论了这个“外在批判”的指控）。斯特劳森主张，这一实践以我们的反应性态度为基础，例如，道德愤慨和义愤。并且，即使基于这些态度而针对道德责任的判断有时候会出现错误，因为目标行动者实际上能够被原谅或免于道德责任，但内在于这个实践的合理原谅和免责的规则不会允许一个基于普遍决定论的大规模外在 81
抨击。但是首先，我的论证策略所利用的，以操纵激发出的免除道德责任，是在我们广为接受的道德直觉中找到的，并且，它们明显是让人们负有道德责任这一实践的一个内在特征。其次，倘若我们不能在两个情境中的两位行动者之间找到道德相关的区别，那么，如果一位行动者合理地免于道德责任，另一位也将是如此，这一点也是这一实践的一个内在特征。在激发出受操纵的普拉姆不负有道德责任这一直觉后，四例操纵论证展现了在操纵例子与普通决定论例子中的行动者之间没有关乎道德的区别。因此，事实证明，这个论证的基本元素是让人们负有道德责任这一实践的内在特征，也因此，它应当被视作是对相容论的一个内在挑战。

艾尔弗雷德·米勒的几点反驳

米勒（2005，2006：141—144，2007）反驳道，在例子1和例子2中，一个更好的解释普拉姆不负有道德责任的方式，是他以一种特殊侵犯性的方式被操纵，而不是他被因果决定。为了支持这一反驳，他指出，在一些特定的非决定论的，但是其他方面相似的操纵例子中，我们直觉认为普拉姆不负有道德责任，而相容论者直觉认为一些决定论情况中的普拉姆负有道德责任。之后他又指出，在决定论的例子与非决定论的例子之间，可靠地产生出普拉姆不负有道德责任这一直觉的共通之处在于，普拉姆是被操纵的。因此，在四例中靠前的那些例子中，我们对普拉姆不负有道德责任的更好的解释不是他被因果决定，而是他以某种侵犯性的方式被操纵。

让我首先指出，关于普拉姆在例子1与例子2中不负有道德责任，完整的解释不能仅仅是他被其他行动者操纵这一点，因为，有些类型的被其他行动者操纵与道德责任是相容的——这同时也是米勒的立场。例如，如果普拉姆是自由意志论意义上的自由的行动者，并且操纵者们促使他更多地在权衡中偏重自我中心的理由，但并没有达到能够因果决定他下决心杀死怀特的程度，直觉上来说，他可能还是会为他的决定而可责备。我主张，操纵在例子1与例子2中是具有决定性的这一事实，对于解释我们的“不负有道德责任”的直觉来说至关重要。而这就是我与米勒相分歧的地方。如果在这些例子中，操纵者们被力场或在太空中随机形成的机器所替代，而它们对普拉姆有那些操纵者所拥有的决定性效果，普拉姆不负有道德责任的直觉将持续存在。这表
82 明，即使来自其他行动者的操纵部分地激发了我们对例子1与例子2

中普拉姆不负有道德责任的直觉，当我们把这个因素抽离，“不负有道德责任”的直觉还是可以保存下来。有人可能会主张，来自其他行动者或是机器的决定论操纵对于解释这些情境中的“不负有道德责任”是必须的，那么主张者还需要说明，决定论的机器操纵和普通的因果操纵之间存在着某种区别，这个区别能以一种有原则可循的、令人满意的方式解释为什么，一个行动者在普通的例子里是负有道德责任的，而在机器操控的例子是不负有道德责任的。我认为我们找不到这种区别。

此外，我们能够用一个非决定论的例子来替换决定论的例子，并仍旧保存我们认为普拉姆不负有道德责任的直觉，这一事实并不能说明，来自超出行动者控制的因素的因果决定无法解释决定论的例子1和例子2中“不负有道德责任”的直觉。实际上，我支持那些使用这类例子的非决定论的操纵论证（在第二章中，以及Pereboom 2001：41—54）。以下是一个类比。[①]设想处在一个水库一端的水坝，如果坝内蓄满了超过十亿加仑的水，那么它就会崩塌，因为水坝不能承担这个容积的水会产生的压力。假设这个水库实际上蓄满了超过十亿加仑的水，然后水坝崩塌了。在这里，我们很自然会说：“水的压力解释了这个水坝的崩塌。”然而，有人可能会反驳说：“如果水库蓄满了超过十亿加仑的油，它也可能会崩塌。因此，水的压力不能解释水坝的崩塌。”对于这一点，正确的回应会是：一些真实的因果解释给出了一个事件出现的实际的充分条件，因此以水的压力作为解释是正确的。但是，还有一个与水的压力和油的压力共通的解释：超过一定数量的液体的压力导致水坝崩塌。可是，水压的解释不与液体压力的解释相竞争——作为解释，它们具有

① 我在佩里布姆（2007：169—170）中提出了这个例子，在这里，我通过回应米勒（2007：204）中的回应，来对这个例子加以修饰。

不同的普遍性程度(Pereboom 2005,2007b)。[①]

这个例子显示出,即使解释中结果X的充分因果条件的某些特征被改变了,X仍然出现,原来那个描绘出X的充分因果条件的解释
83 依旧可以是正确的;并且在这样的例子中,我们可以有一个对X的更加普遍的解释,这个解释对于实际的或反事实的情况来说都是通用的。因此,即使我们将例子2变为某种非决定论的例子,普拉姆对于他杀人的决定来说仍旧是不负有道德责任的,因果决定论仍旧能够解释他在例子2中不负有道德责任,而一个更加概括性的事实,例如因果环境的出现排除了与责任相关的控制,可以解释他在这两个例子中都是不负有道德责任的。在我的更宽泛的例子中,超出行动者控制的因果决定论以一个更加概括性的理由排除了道德责任,这里的理由是,它是一种排除了与责任相关的控制的因果环境,与此同时还存在同样能够排除责任相关控制的不同类型的因果环境。当因果决定论排除了道德责任,那是因为这个行动是由超出行动者控制的因素所因果决定产生的,而当非决定论排除了道德责任时,则是因为它不考虑由行动者去确定一个决定是否产生。[②]像在米勒引出的这些例子中,

① 我同意米勒的观点(2007:205),即,关于不同程度的解释之间不存在竞争这一事实,与我们的分歧是不相关的。有人可能会加码论证说,我们不能用液体压力这一解释来说明为什么水坝崩塌了,因为如果有人改变这个例子说飞机把水坝炸了,水坝也会崩塌。这里明显出现了误解。我们会愿意说的是,在这里发挥作用的是不同的,但是同等正确的充分的因果解释。

② 至少鉴于决定论的行动者因果关系(Markosian 1999; Nelkin 2011b),行动者有能力确定一个决定是否产生。鉴于决定论的因果关系,一个决定的实际产生将会是由包含了行动者的事件因果决定的,而有人可能会将这视作是某种确定关系。但是,关于反对这个主张的种种理由,我们还可以参考詹妮弗·霍恩斯比(Hormsby 2004a, 2004b)和玛蒂娜·尼达-吕美林(Rümelin 2007);也许,包含行动者的事件因果决定了一个决定的出现,不能算是行动者确定了该决定是否出现。如果他们是正确的,那么没有一个事件因果的行动理论将行动者做此确定的能力考虑进去。关于与此相对的观点,见毕晓普(Bishop 1989)、大卫·威尔曼(Velleman 1992)和尼尔·朱迪施(Judisch 2010)。

即使非决定论仅仅是微不足道的，我们还是能在里面找出上述这个区别。假定在例子1中，脑神经科学家们增强了普拉姆思考过程中的自我中心主义，但他的自我中心并没有被增强到能够因果决定他去决定杀害怀特的程度。那么，仍旧符合直觉的是，他在某种程度上是可责备的，例如，读者将普拉姆想象为一个没有被决定的主体原因。为了对符合米勒描述的那种非决定论的例子有一个更明确的“不负有道德责任”的直觉，[①]我的理解是，一个人需要想象出一种非决定论的事件因果情境，其中，理由所给出的普拉姆决定杀害怀特的概率非常高，而不这么决定的概率非常低，然而他并没有确定他的决定是否会产生。因此，通过指出存在一些“不负有道德责任”的例子，其中因果决定论不存在，但操纵存在，并且导致了某种排除责任相关的控
制作用的因果环境，是不能削弱我的更具概括性的论述的。而在每 84
一种例子中，上述的控制作用都会被排除，只是它被排除的方式有所不同。

米勒于近期提出了以下一个合理的、在相竞争的解释之间进行裁决的标准：如果现象A有两种可能的解释B和C，看B是否能在没有C的情况下导致A，并看C是否能在没有B的情况下导致A。如果B在没有C的情况下总能导致A，并且C在没有B的情况下不总能导致A，那么我们可以非常合理地说C不是A的解释，而B是一个好的解释备选（Mele 2007：204）。将这个标准应用到操纵论证中去，问题会是：是因

① 存在这样一些例子，其中非决定论对于整个宇宙来说是正确的，并且甚至对行动者的局部环境也是正确的，而行动者的决定仍由超出他控制的因素所因果决定。例如，假设普拉姆决定杀害怀特的理由导致他有50%的可能性会做出杀害怀特的决定。但这个过程是，他的理由导致了脑神经元的轮盘赌轮的旋转，而最终轮盘会转到两个立场中的哪一个立场，因果决定了他决定杀害怀特（参见第二章）。这里面可能的情况是，虽然环境是非决定论的，普拉姆的决定仍旧是超出他控制的因素所因果决定的。因此，当米勒引用他的非决定论的对比例子时，知道产生行动的过程究竟是什么将是很重要的。

果决定还是操纵更好地解释了普拉姆的“不负有道德责任”？某种类型的操纵（B）在没有因果决定论（C）的情况下导致了不负有道德责任（A），米勒和至少是有些相容论者认为，符合直觉的是，因果决定论（C）在没有那些类型的操纵（B）的情况下并不总能导致非决定论（A），因此，似乎可以合理地说，因果决定论不是不负有道德责任的解释，而某些类型的操纵是好的解释备选。

米勒让我们考虑三种例子的不相容论的直觉：“佩里布姆的包含操纵与决定论的故事，我的包含非常相似的操纵但不包含决定论的类似故事，以及与佩里布姆的故事相似，但不包含操纵（并且没有其他任何花招）的决定论例子。”之后，他重申了他的观点，由于即使在他的非决定论版本的操纵故事中，不相容论者也将拥有不负有道德责任的直觉，因此我们无权得出，对于他们觉得普拉姆在这些例子中不负有道德责任的直觉的最佳解释是，他的行动来自一个可以追踪到超出他控制的因素的因果过程。但是除此之外还有——

> ……这些想象的数据的确能够对那些“直觉”认为普拉姆在一个或多个佩里布姆的故事中对杀人不负有道德责任的相容论者起到一些作用。其他的情况保持不变，鉴于他们的这一直觉是源于由一个决定论的操纵例子和一个非决定论的类比例子，而不是一个可比对的、不包含操纵的决定论例子，相关的例子中包含的操纵对于他们的“不负有道德责任”这一直觉，是比决定论更好的解释。关于在一个决定论的操纵例子中，决定论为这些相容论的不负有道德责任的直觉提供了最佳解释的这一判断，对类比的非决定论的例子是沉默的，而它得出这样一个预测，即，这些相容论者将“直
> 85 觉”认为，普拉姆在任何一个我所讲述的不包含操纵，也不包含任何其他花招的，简单的决定论的故事中都不对杀人负有道德责任。显然，想象的数据不能证明这样一个预测。（Mele 2007：204—205）

正如我已经指出的，对于操纵在没有因果决定的情况下能够导致不负有道德责任这一个主张，与因果决定论在操纵是因果决定性的例子中解释了不负有道德责任这一假设是相容的。除此以外，我们已经看到，没有因果决定的操纵并不总是导致不负有道德责任。如果操纵解释了不负有道德责任的话，那么，操纵必须是那种能够排除赋予责任的控制力的类型。这样看来，现在问题的一部分是，普拉姆的情况中排除控制力的究竟是什么，而不会仅仅是操纵本身。

米勒推测说，我的操纵例子避开了行动者们随着时间的推移对自己的精神生活所持有的反思性控制的能力（例如，2006：166—167），而无法满足这一个历史性的条件，正是对不负有道德责任这一直觉的解释。哈吉（2009：166—168）对这个回应进行了详细的发展，艾迪·纳米亚斯和迪兰·默里（Nahmias and Murray 2010, Nahmias 2011）论证说，这个对行动者能力的避开对于受测试者对操纵例子的反应起到了很重要的作用（关于对纳米亚斯和默里的回应，参见Rose and Nichols 2013，也见Björnson and Pereboom 2014）。设想普拉姆在例子4中以一种普通的、理性反思的但决定论的方式，习得了某种评价性的体系，这在哈吉的论述里意味着普拉姆所接受的行动规范，他认为是值得追求的目标，合理的思虑原则，以及按照这些规范去行动、通过运用思虑性原则来实现这些目标的动机（2009：149—150）。我们还可以设想在例子1中，普拉姆的评价性体系以一种与例子4中一样的普通决定论方式发展出来，而在例子2中，普拉姆在这一方面的心理状态和脑神经作用与例子4中的普拉姆是完全一样的，唯一不同的是发展的起因。哈吉可以开心地说，在这些操纵例子中，普拉姆对自己的决定是负有道德责任的，但是，如果导致杀人这一决定的信念与欲望是由操纵植入到普拉姆身上的，并且“普拉姆对杀害怀特的推理在没有运用他的真实评价体系中种种元素的情况下，来自这些信念和欲望；推理过程避开了这些元素”（2009：167）。那么，普拉姆就不对自己的决定负有道德责任。

有人可能会对此回应，并首先提问，对运用一个人的评价体系来说，尤其是针对可责备的行动来说，什么样的合理的条件是有效的。不太可行的是说，仅在行动者以不道德的方式行事，并且他们的反思性发展的评价体系实际上支持这种不道德的方式时，他们才是可责备的。大多数直觉上是可责备的错误行动，来自行动者没能按照其所接受的道德
86 价值去行动，这是由与这些价值处于竞争状态的自利的动机，或者由易怒、愤怒、失望，或疲劳导致的相反动机所引起的。[①]通常来讲，这样的可责备的行动伴随行动者对它的临时认可，尽管他大体上接受一套道德的评价性体系。这一类的行动不需要避开评价性体系，因为行动者可能在这个情况下保存他依照这个评价体系行动的综合能力。因此，例子1可能以这样一种方式建构出来，以至于普拉姆在反思后支持杀害怀特的决定，虽然是由脑神经科学家们促使的自我中心的思考过程所因果决定的，并且与他在大体上接受的道德评价性体系相冲突，而此时，他其实保留着按照这个体系行动的综合能力。这一个版本的例子1尤其能够恰当地引起“不负有道德责任”的直觉。

然而，为了容纳哈吉的观点，我们可以按某种方式建构这些例子，以至于普拉姆经过反思支持一个一般原则，依照这个原则，他能够偶尔以自我中心并且不道德的方式思考与行动，并且这么做明显是自私

---

① 在Pereboom 2001：106中，我给出了一个包含意志薄弱状况的、对法兰克福关于道德责任的说法的反例，其中，行动者可以在拥有一个相反的二阶意志的情况下，在直觉上是可责备的：

> 假设普拉姆教授的意志想要羞辱他的学生斯佳丽女士，因为她提问时犯了一个哲学上的错误。但是教授还有一个不要去实现他羞辱斯佳丽的欲念的二阶意志。不过，因为他本来可以更加坚决，他本可以使他的二阶意志更加有效地发挥作用，从而避免羞辱斯佳丽。

普拉姆的确可以因为他的羞辱行动而是可责备的。仅仅因为一个一阶欲望与二阶意志相悖，并不意味着行动者不为自己践行其一阶欲望而负有道德责任。

有人可能会修改这个例子，明确说普拉姆没有羞辱斯佳丽女士的二阶意志，并且他不接受支持这个行动的评价性的体系。但是直觉上，他仍旧可能是可责备的。

的。正如我们大多数人一样，有时他的思考与行动比另一些时候更加
强烈地是以自我为中心的和不道德的。在例子1中，我们可以假定，如
果脑神经科学家们没有在他身上灌输一个以强烈的自我中心方式思考
的临时倾向，普拉姆不会决定杀害怀特。然而，这个倾向性并没有避开
他大体上接受的评价性体系，因此哈吉的条件能够被明确地满足。但
是，我仍旧认为直觉上普拉姆是不负有道德责任的。在例子2中，我们
设想操纵者们从一开始就对他进行了设置，以至于随着时间的推移，他
发展出了在道德上不怎么好的一套评价性体系，因此他会在相关的时
刻以那种自我中心的方式思考。[①]这样看来，他的评价性体系能够正常 87
地逐步发展，并且没有在他决定杀害怀特的时候被避开。然而，我还是
认为普拉姆不对他的决定负有道德责任。

现在，让我们来考虑米勒的提议：我们对操纵例子的后果的评估应当诉诸这样一个事实，即，至少有些相容论者认为在直觉上，在普通的例子里被因果决定的，但是没有被操纵的行动者是负有道德责任的。对于这一点，我们可以补充道，很多不对某种特定立场做承诺的讨论中的参与者，以及许多不相容论者，也拥有这个直觉（Nichols and Knobe 2007）。然而，不相容论者针对拥有这些直觉的一个顾虑是，在普通的例子中，我们意识不到自己行动的实际原因，如果我们能够对此有所意识，我们将会或应当重新考虑这样一个判断，即行动者在道德责任所要求的意义上是自由的。斯宾诺莎评论道："人们认为自己是自由的，是因为他们意识到自己的意志与欲望，而不去想他们倾向于去欲求或意愿的原因，即使在梦中也不会去想，因为他们对［那些原

---

① 菲舍和拉维扎（Fischer and Raviza 1998）希望通过明确以下这一点来排除操纵的情况，即，道德责任要求行动者通过一个对证据有理性敏感度的反思性的历史过程，逐步理解并接受她是负有道德责任的。但是由于这个历史性的反思而后支持是一个因果过程，脑神经科学家们能够操纵普拉姆去实现这一点，这也适用于米勒所说明的那种反思而后支持和修正的历史过程（Pereboom 2001：122，2005：240）。

因]无所知。”(1667/1985：440)一个重要的可能性是，我们的选择和行动实际上源于能够追溯到超出他们控制的因素的决定性的因果过程，而我们对道德责任的通常的直觉与判断不会预设这样的关于选择和行动的决定论，它们甚至可能预设这样的决定论是错的。关键的是，即使所评估的情况被明确出是决定论的，在这样中立或非决定论的预设下形成的直觉可能会持续存在(Nichols and Knobe 2007)。因此，显而易见的是，当我们反思性地对操纵论证进行评估，我们关于行动者在普通的情境中负有道德责任的直觉，不应当与我们最初对这个直觉给予的不管是多少的分量相一致。我们需要的是一个渠道，以使得因果决定论的预设显著可见，从而有效地影响我们的这些直觉、判断，以及相关的情感。这是四例论证中操纵例子的要点之一。这里的想法是设计出一些情境，其中行动的决定性原因在这方面是显著的，并且展现出在这些原因与普通决定论原因之间不存在相关的区别。

因此，我对米勒的回应是，操纵本身不能解释例子1与例子2中的普拉姆的“不负有道德责任”，操纵避开了他的能动性这一点也不能对此进行解释。因果决定论仍旧是他在这些例子中不负有道德责任的一个最佳解释候选，而这与不包含操纵的因果决定论在非决定论的例子中能够导出不负有道德责任的判断，是不相冲突的。除此以外，如果我
88 们要考虑不相容论者的顾虑，在对操纵例子的反思性评估中，我们不应当理所当然地承认行动者在普通的决定论情境中是负有道德责任的这一最初的直觉，不管我们不加反思地给予了这个直觉以多少分量。虽然我们对四例论证的力度进行评估时，考虑了米勒提出的反驳，但是我的想法是，这些反驳并不能削弱四例论证的效力。

约翰·菲舍的挑战

在菲舍对操纵论证的回应中，他提议说，普拉姆在例子1与例子2

中是负有道德责任的,并且我们对他不负有道德责任的直觉源于这样一个正确的想法,即他不是可责备的:

> 在我看来,为了获得可责备性,我们需要在单纯的引导性控制力(guidance control)之外添加另一些条件;这些条件可能涉及一个人的价值观、信念、欲望,以及倾向性是在何种环境下产生出来并得到维持的,一个人生理上与经济上的状态,等等。在我看来,教授普拉姆不是可责备的,即使他是负有道德责任的。他不是可责备的这一点,是由于创造出他的价值观、性格、欲望等等的周围环境所致。但是,我们没有理由去预设,像这样的不寻常的环境仅仅是由于因果决定论的事实而存在。因此,我认为可以毫无阻碍地说,普拉姆在例子4中可能因为杀害怀特而是可责备的。需要注意的是,从例子1到例子4,其间不存在就道德责任所要求的最低的控制力条件方面的区别——在所有这些例子中,道德责任所要求的控制力的下限皆被满足。但是在可责备性的条件上存在着……悬殊的差异。(Fischer 2004: 158)

我同意存在一些例子,其中行动者负有道德责任,但不是可责备的——当她做了一个道德上楷模性的行动而是可称赞的时,或者当她做了一个道德上中立的行动时。但是,做了错误的行动的普拉姆,并且我们可以预设,他理解他所做的行动,此人能够是负有道德责任的而又不可责备吗?在我看来,一个行动者对一个行动来说是可责备的,实际上是由这双重前提所蕴含的:他在当前讨论的意义上负有道德责任,同时他又理解自己的行动实际上在道德上是错误的。这是因为,一个行动者若要对一个行动在这个意义上负有道德责任,就意味着,如果她理解这个行动是错误的,她就应当受到明示的指责,反之,如果她理解这个行动是道德上的楷模,她就应当受到明示的称赞,正是在这样的意义上，这个行动是她的行动。在此讨论的“应得”是基本意义上的应得，行动者因为她基于对一个行动的道德状态的理解做了那个行动，而应当受到明示的责备或赞扬，而不仅仅是因为（例如）后果论的或契约论
89 意义上的种种考虑而受到责备或赞扬。假定这种描述是对的，并且普拉姆理解杀害怀特的行动是道德上错误的，他无法既对犯下这桩谋杀负有道德责任，同时又是不可责备的。

就其他一些意义上的道德责任来说，例如，从前瞻性意义来说，它们可以允许普拉姆在负有道德责任的同时不是可责备的。但是，这些并不在当前的讨论范围中。如果普拉姆在例子1和例子2中是在当前讨论的基本应得意义上负有道德责任的，那么，鉴于他理解他的行动是道德上错误的，这蕴含了他是可责备的。关于普拉姆负有道德责任而又是不可责备的这个直觉，或许可由他在某些别的意义上负有道德责任而不可责备这样一个可能性来解释。但是，这些意义上的道德责任不是不相容者所认为的、与因果决定论相冲突的道德责任。

关于道德责任的判断区别于可责备性和可称赞性的判断这一主张——“我们对行为做评价的两个独立但明显相关联的时刻”，菲舍（2007：185—188）对其加以润色道，如果一个行动者合理地被判断为是负有道德责任的，那么他就**有资格**被判断为是可责备的，但是在关于可责备性的判断被合理做出之前，我们需要提出一些更进一步的条件。我同意这一点；一旦行动者的道德责任被确定下来，我们接下来要确定的是行动者做的事是不是错误的，以及他是否理解那个行动是错误的，如果他不理解，他是否本可能或本应当理解它是错误的。但是如果明确的是，行动者在当下讨论的意义上对他的行动负有道德责任，并且他理解这个行动是错误的，那么我主张，这蕴含了他针对这个行动是可责备的。如果有人想要追随菲舍的策略，那么这个人需要明确规定一种道德责任，它既要让人信服是当下讨论中那个意义上的道德责任，又能够允许普拉姆在负有道德责任，且理解他所做的行动不道德的同时，

还是不可责备的。

四例论证帮助我们注意到一些决定性的原因，如果我们的行动大体上是因果决定的，它们一定会存在，然而我们可能不会注意到它们。需要再一次提出的是，如斯宾诺莎所主张的，我们相信自己是自由的，是因为我们能够意识到我们的行动，但对它们的原因有所不知①（Spinoza 1677/1985，440）。在菲舍的回应中（2007：187—188），他主张，我们可以对两种隐藏的原因进行区分，其中，第一种原因会削弱责任，而第二种不会。第一种原因干扰了机制的正常运作，而第二种“仅仅是明显属性 90
的一组构成部分——是使那些明显属性实例化的更为明确或具体的方式”。这样，可以合理地说，我们的信念、欲望、意志力，以及决定，在大脑的神经结构中实例化。菲舍会主张，如果大脑正确地运转，脑神经对正确的理由回应性的思虑及行动的实例化将不会威胁我们对道德责任的直觉性判断，即使我们的脑神经结构是由决定论的法则所支配的。

菲舍的重点主张是，第二种隐藏的原因对道德责任不构成任何威胁，即使这些原因由决定论的法则所支配。我不同意这一点，并且我的这一判断建立在我的操纵论证上；更概括性地说，我对相容论的反对依赖于我的操纵论证的效力。如果一个像菲舍所提出的那一类反驳指出，这个论证是靠不住的，那么我会同意，第二种隐藏的原因不会危及道德责任。

麦坎纳的强硬回应

按照迈克尔·麦坎纳的定义，一个强硬的回应主张，普拉姆在所

① 以下是另一段来自斯宾诺莎的相关引文：“经验本身教会人们相信他们自己是自由的，因为他们对自己的行动有所意识，但是他们对决定这些行动的原因有所不知，而经验起到的这种作用并不比理性所起的作用要少……”（Spinoza 1677/1985：496）

有的操纵例子里都是负有道德责任的，或者，普拉姆在这些例子里皆不负有道德责任这一点至少是不明确的；而一个温和的回应主张，他在某些例子中是负有道德责任的，但在另一些例子里不负有道德责任（MeKenna 2008a；我的回应出现在Pereboom 2008a；也参见Haji and Cuyapers，2006和Haji 2009对强硬与温和回应所引起的辩证问题的有价值的讨论；以及Nelkin 2011b：55—56对强硬观点的一个评价）。麦坎纳本人对多例操纵论证的强硬回应的中心想法是，不管我们对普拉姆在普通的决定论例子里的责任状态应该理性地持有的态度最初是什么，这个态度应当可转移到操纵的例子中去，因为，毕竟这些例子是被设定为彼此之间不存在关乎责任的区别的。在他的观点中，由于在最开始，对普通的决定论例子（我的例子4，他的例子6）中的普拉姆是负有道德责任的这一点，持有一种不可知论的态度是理性的，鉴于例子间不存在相关的区别，这种理性的不可知论能够不受阻碍地转移到操纵例子中去，因此使得它们无法有利于不相容论。我对此的回应是，如果我们确切地讨论对普拉姆在这些例子中的责任问题的理性态度，就会看到，这个强硬路线的相容论回应的说服力将会受到损害。

对普拉姆在普通的决定论例子里的责任问题，我们所持有的最初的、麦坎纳认为会转移到例子1中去的态度，究竟是什么呢？他在这里
91 进行了具体说明：

> 我的主张仅仅是，尽管普拉姆是在一个因果决定论为真的世界中行动，他在例子6中不自由且不负有道德责任这件事是不明确的。我之后将这一点在这一系列的例子中类推，直至例子1。我试图引导出的一个想法是，从例子6到例子1，普拉姆不自由且不负有道德责任这件事是不明确的。

所以，最初的态度是：

（M）普拉姆不负有道德责任这一点是不明确的。

因此，麦坎纳的观点是，由于在这些例子中不存在相关的区别，在遥远的、局部的（remote and local）操纵例子中相信普拉姆不负有道德责任，这是理性的态度。在这里，人们可能会注意到托德（2011）的主张的一个认识论版本，该主张是：操纵论证的支持者们只需要主张受操纵的行动者的责任被削弱了，因为对于相容论者来说，去解释一个操纵例子中被削弱的责任与去解释无责任是一样困难的。相似地，如果相容论者满足于仅仅主张普拉姆不负有道德责任是不明确的，人们可能会要求一个对这种犹疑的解释，这可能和要求他给出非道德责任的解释是一样困难的。（然而，麦坎纳仅仅把不可知论的立场当作一个论辩的态度，因为他是一个坚定的相容论者。）

麦坎纳的回应预设了在相容论者与不相容论者的讨论当中，（M）表达的是最初对普通决定论例子中的普拉姆所持有的理性态度。正如我早前对斯宾诺莎所述人们为何相信他们是自由的这一点的讨论，我对此处的论辩有一个不同的看法。在每日生活中，我们预设人们可以并且经常是在基本应得的意义上为其行动负有道德责任的。然而，我们通常不会将可能威胁到此预设合理性的关于宇宙因果本性的一般理论应用于它。例如，我们不会因为这样一个理论，即，每个包括选择与行动的事件都是源于能够追溯到行动者存在之前的决定性因果过程，来严肃地质疑这个预设的合理性。

设想一下我们实际上在进行这种严肃的质疑。也就是说，假定我们在更进一步的对不相容论的论证，例如，在直接论证（van Inwagen 1983：188ff）或操纵论证被引入之前，本着行动的因果决定论可能会威胁我们关于道德责任的判断这一点，而对那个预设的合理性进行质疑。可以设想这个质疑在效果上的分歧。一个不相容论者可能会与斯宾诺莎有所共鸣，主张在认识论上理性的回应便是停止相信我们是自由的。

92 一个相容论者可能会在此处主张，在认识论上理性的回应是保存我们通常的预设，即人们可能是并往往是在当下讨论的意义上负有道德责任的。还有些人可能会认为我们应当保持不可知论的态度。

一个格外不妥协的相容论的回应，是去否认在这些条件下，因果决定论对我们的通常预设甚至连初步认定的威胁也没有，并认为理性的态度是拒绝认真去更进一步地考虑存在这样一种威胁（Honderich 1988）。这种想法的支持者会说，对于一个不道德行动的通常的例子来说，若表明这个行动源于能够追溯到超出行动者控制的因果决定过程，这样的因果决定论不会为我们放弃基本应得意义上的道德责任的预设提供哪怕是初步认定的理由，并且，理性的态度是将这种考察视为关闭的。让我们称这为**坚决的相容论的**反应。

一个与此不同的提议声明，因果决定论为放弃我们对责任的预设提供了理由，但同时主张目前这个问题还没有定论。这个提议的支持者会说，对于一个不道德的行动的通常例子来说，若这个行动源于能够追溯到超出行动者控制的因果决定过程，行动者是否在当下讨论的意义上负有道德责任**尚待讨论**。让我们称这为**中立考察的**反应。依照这个反应，最初在认识论上理性的反应是，我们不去相信普通决定论例子中的行动者在基本应得的意义上负有道德责任，也不去相信行动者是不负有道德责任的，而是对阐明会使上述某个信念合理的种种考虑保持开放的态度。

关键的是，中立考察的反应与**坚定的不可知论**的反应有所不同，后者主张，普通的因果决定下的行动者在当下讨论的意义上负有道德责任这一点是不明确的，而他不负有道德责任这一点也是不明确的，但是像坚决的相容论者一样，他们主张理性的态度是将这一问题上的考察视为关闭的，因此，也不对进一步的阐明式的考虑保持开放。

这些反应是处在一个连续体中的点，但是它们对当前的讨论来说是显著的。假定对普通的决定论的例子来说，坚定的不可知论的反应在认识论上是理性的。那么，鉴于在那些例子间不存在相关的区别，我们将会有好的论据说明，对遥远的和局部的操纵例子来说，坚定的不可知论的反应是理性的。因此，如果其回应就普通的例子来说是理性的，我们便可以得出麦坎纳的结论。

但是，中立考察的反应的过程有所不同。最先可以提出的是，如果 93
对于普通的决定论的例子来说，中立考察的反应最初在认识论上是理性的，这些例子间的相似处可能会产生可靠的论据，确立在认识论上理性的态度是，不相信被局部地或遥远地操纵的行动者在当下讨论的意义上负有道德责任，同时也不相信他们是不负有道德责任的，并且对使得这种或那种信念符合理性的的阐明式考虑保持开放。然而，这个提议没有考虑到，引入让人的直觉更加清晰的类比本身就可以算作某种相关的阐明式考虑。如果对普通因果决定的行动者的中立考察反应最初是认识论上理性的，那么接下来可能会是，一个类比的操纵例子能够起到阐明式考虑的作用，它使得普通因果操纵的行动者不负有道德责任这一信念是合乎理性的。坚定的不可知论者排除了这个可能性，而中立的考察者没有。

因此，如果最初的坚定的不可知论的反应可推及遥远的、局部的操纵例子，从这些例子中我们将会得出关于责任的不可知论，那么麦坎纳所指的论证上的僵局将会出现。但是，中立考察的反应对操纵例子可能带来的理性影响抱有开放的态度，因此，我们不能预设原反应会毫无变化地扩展到操纵的例子中去。所以，一个始于对普通决定论例子的中立考察反应的论证，将不会得出对于操纵例子的不可知论的反应。

在我看来，构思操纵论证的最有吸引力的方式是，假设对普通决定论例子抱有中立考察的态度在最初是认识论上理性的。人们可以将这个预设设想为务实的：如果我们想要有成效地进行讨论，这是处在对立立场的讨论者能够做出的最好的预设。坚决的相容论与坚定的不可知论对待普通决定论例子的最初立场，可能会使得讨论更加困难。有成效的讨论要求参与者至少是将某些关键的分歧放置一旁来找到共识。同样言之成理的是，这是一个我们能做的实质上合理的预设。我对这个讨论的感觉是，坚决的相容论与坚定的不可知论对待普通决定论例子中行动者的最初态度是不合理的。我认为，坚决的不相容论的立场同样是不合理的。这些态度之所以是不合理的，是因为它们都不对进一步的阐明式考虑保持开放的态度。因此，这些例子间的相似处将不会论证出，对于处在遥远的和局部的操纵例子中的行动者，这些立场所明确出的态度具有认识论上的合理性。

麦坎纳对这个论证的回应是，最初的立场应当是对阐明式的考虑
94 保持开放的，但是人们在普通例子中的直觉还应当对表述出最终的理性反应起到一定作用，而这具有有利于他的立场的潜力。此外，操纵例子是人造的例子，而我们应当对我们关于普通的、非人造的例子的判断更有自信。但是，我想再次声明，我们通常不会将可能威胁到我们对责任的判断之合理性的、关于宇宙的因果本性的理论，应用到这类判断上。而斯宾诺莎式的顾虑是，在普通的例子中，这些判断会被非决定论的自由意志的预设所塑造。局部的和遥远的操纵例子可能是人造的，但是我们需要这种人造性以使决定论的因果关系显著，而对普通的例子的顾虑是，这关系不显著，因此很容易被抑制住。正如奈尔金（2012）所建议的："有人可能会主张，它们的不实际性帮助保证我们关注那些规定的特征，并且我们不是内在地而又无意识地依赖于我们应用到普通生活中的那些背景预设。通过这种方式，我们可能论证，这些直觉比真实生活中的直觉**更加**可靠。"因此，相容论者所建议的，我们对普通例子的直觉能够严重地削弱我们对操纵论证的直觉，是有问题的。这是因为，操纵的例子之所以被表述出来，就是为了将隐藏在我们对普通例子的直觉中的决定性原因考虑进来，从而在这种意义上，纠正原来那种不恰当性。

一个强硬的回应者可能会主张，他就是没有直觉认为被局部地操

纵的行动者是不负有道德责任的，或者没有直觉认为其责任是被削弱的，而且，那些拥有这些直觉的人是被情绪影响而如此，因此是不理性的。考虑下述纳撒尼尔·埃蒙斯（1745—1840）关于永罚的强硬讲道中的评论，他是一位著名的新英格兰公理会神学家，牧师及神职人员的教育者。讲道中的经文出自上帝在以色列人出逃埃及之前，于不同的场合试图硬化法老的心（《出埃及记》8—14）：

> 我们通常会认为并这么讲，对于上帝来说，为了使法老毁灭，
> 只需对他放任自流就行了。但是上帝知道，任何外在的途径或动
> 机本身都不足以塑造他的道德品格。因此，祂决心作用于他的心
> 意，并导致他从特定的外在动机的角度出发做出特定的恶的行动。
> 当摩西呼吁他让人们走的时候，上帝就在旁推动他拒绝。当摩西
> 为他说情并促成他的缓刑，上帝就在旁推动他为自己的固执欢腾。
> 当人们从他的王国离开，上帝就在旁推动他带着不断增加的恶意
> 与复仇之心追逐他们。上帝在这个特殊的场合所做的事，是祂一
> 直在做的。祂不断地硬化他的心，并掌控着他心灵中的所有活动，
> 从他出生的第一天到他死的那一天。这对于为他最后的状态做准
> 备来说是绝对必要的。所有其他的不是这样来自他的手段，都无 95
> 法使他毁灭……法老是一个堕落的人。上帝永恒地决定使他最终
> 是悲惨的。他最终将这种决定论实现出来。祂将他带入存在之
> 中，塑造他为一个理性的，负有责任的人，用慈悲与报应考验他，在
> 这两种情况下硬化他的心，导致他填满他的罪孽，并最终通过正义
> 的行动对他予以斩断。（Emmons，v. 2，1860，327，330/1987，391—
> 392，395）

有人可能会想到要依照例子1来对这个故事加以补充：法老满足了所有道德责任的相容论的条件，上帝的操纵是脑神经层面的操纵，而

法老从来没有做出不符合他性格的行动。但埃蒙斯仍旧主张法老是负有道德责任的，而上帝公正地罚他为了他的行动入地狱。人们可能会疑惑，鉴于法老的行动的因果历史，他如何会是负有道德责任的呢？埃蒙斯说，“但是从他的整个生活历史看来，看上去他像世界上任何一个人一样自由且自愿地行动”（Emmons, v. 2, 1860, 332/1987, 397）。埃蒙斯拥有坚定的直觉认为被局部操纵的法老是自由的，因此也是负有道德责任的——大概是基本应得意义上的道德责任。除此以外，可以毫不勉强地说，很多人（例如，许多其他加尔文主义者）也分享这种直觉。[①]

一个直觉认为法老是负有道德责任的强硬回应者可能也会担忧他的强硬的直觉不被普遍地分享。一个有野心的提议会追求将与之相对的直觉解释成是不合理地产生的。在他的讲道的结尾，埃蒙斯主张，加剧相反的直觉的是一种不合适的同情心（“支持”），它抑制了那种正确道德责任感与报复正义感：

> 如果上帝对法老以及其余未被选中的人的处置要得到证成，那么，为了获救而赞同永罚的教义是绝对必要的……当永罚的法令被永恒地执行在受到天怒的受体身上，他们所受折磨的浓烟将会在慈悲的受体眼中永恒地上升，他们不会支持那些悲惨的受体，而会说：“阿门，哈利路亚，赞美上帝。”因此，这关切到所有期待天堂的人，他们应当对这种考验有所预料，扪心自问自己是否与上帝在一边，并不仅为了拣选之爱，也为了永罚而赞美祂。这是考验他们的基督教品格的最恰当的课题。他们或早或晚都要被带到这一试金石上，要么成功要么失败。决定的那天即将来临。永恒

① 一个针对相容论的挑战，基于上帝不能公正地惩罚那些由他因果决定而做错事的人，见帕特里克·托德（Todd 2012b）。

> 的场景即将展现在眼前。而那些不能尽情并愉悦地唱摩西与羔羊之歌的人，必被驱逐出至福乐土，无言地坠入绝望的无底深渊。96
> （Emmons v. 2，1860，338/1987，402）

通过类比，在例子1与例子2中合适的直觉将会是，普拉姆对他的行动是负有道德责任的，并且在这些例子里他是可受责备的，而那些没有这种直觉的人被不合适的同情心影响了。

这个提议可以更广泛地应用到不相容论的直觉上。肖恩·尼科尔斯和约书亚·诺比（Nichols & Knobe 2007）援引了这样的数据：当错误行动的例子被设计为能产生微弱的情绪影响时，受试者更经常地提供不相容论的反应，但是当错误行动的例子被设计为能产生强烈的情绪影响时，受试者更经常地提供相容论的反应。他们对此考虑的一个解释是，在强烈情绪影响的例子中，理性的反应被情绪抑制或受到了阻碍，这里的情绪可能是愤慨或报复心。但是与此相对，也可能有人会主张，在微弱情绪影响的例子中，不合适的同情心抑制了理性的反应，而在强烈情绪影响的例子里，不合适的同情心更可能被愤慨平衡掉，从而使得合适的反应出现。

即使将所有这些都考虑进来，我仍旧没有直觉认为法老按埃蒙斯的描述或者例子1和例子2中的普拉姆是负有道德责任的。我并没有在相容论和不相容论的不同直觉中感到冲突——我根本就没有相容论的直觉。为了替自己的直觉辩护，我还能说什么呢？首先，通常同情心会提升我们对道德责任问题的敏感度，而不是使我们感到困惑。在无争议的免责的例子中，同情心通常激发我们做出合适的反应。另一方面，我们的确有时在应当对行动者严苛时对其感到同情，所以，关于不合适的同情心的说法也许有可能是对的。

保罗·罗素（Russell 2010）试图解释掉那些与强硬回应相冲突的直觉，他提出，一个受操纵的行动者不能合理地由操纵者认为其负有道德责任，即使我们假定这个行动者满足了相容论的条件，实际上是负有道德责任的。因此，正如埃蒙斯的论述所说，如果上帝是操纵者，上帝与法老之间存在某种关系，他们之间的这个关系损害了上帝认为法老负有道德责任的合法性。现在，尽管上帝认为法老负有道德责任这一点看上去尤其地不合适（参较 Todd 2012），我的看法是，这件事一点也不能解释掉法老不负有道德责任的直觉。首先，在罗素的观点里，法老实际上是负有道德责任的。而且，即使对于上帝来说，对法老表现出愤慨或出于报应的理由惩罚他是不合适的，上帝去鼓励或因果决定了一
97 个调解人去如此做，这在大体上还是合适的。这个调解人没有导致法老做错事，所以她处在一个能够认为其负有道德责任的位置，上帝导致调解人去认为法老负有道德责任，相当于上帝导致她去做一个可允许（或者甚至是必要）的行动。除此以外，同样合理的是，上帝一方的那种推定出的不合适，是初步认定的，且有限的。在基本应得的概念上认为一个人负有道德责任不仅仅是一个特权，而更是一种道德上的善，它既可能实现，也可能不实现。如果，除非上帝能认为法老对他做的例如二十件严重的坏事负有道德责任，否则，使得法老负有道德责任的善就必须被放弃掉，那么似乎在某个节点上，上帝采取这一行动的善会超越上帝发挥这个作用的不合适。出于这些理由，罗素的策略似乎将不会帮助解释掉被操纵的行动者不负有道德责任这种直觉。

我的立场的一个代价是否定麦坎纳指出的这样一种情况：由因果决定的并且可能是受操纵的美德行动者是负有道德责任的。他引用了这样一个例子，一个女人由极端艰难的环境因果决定，也许还在某种意义上被操纵，而认为她应当充实地过自己的生活，不对其进行挥霍。他的直觉是，她对于自己践行这些价值是负有道德责任的，而我的想法是，这个反应可能是普遍的。对于这一点，自由意志怀疑论者能够回应道，即使她不在基本应得的意义上是负有道德责任的，她还是取得了极其有价值的东西，这种收获应当被恰当地享受和庆祝（见第八章）。更

普遍地说，如果有人追求美德，那么如果这个人成功地具有美德地行动，直觉上来说，这个结果可以是一个人的收获，即使这个人并不为此负有道德责任。如果有人追求做一个好的家长，并且她成功了，她可能准确地感觉获得了她追求达成的东西，即使由于决定论为真，她不在基本应得的意义上为她的努力可受称赞。而且，这样的收获可以享受和庆祝，即使行动者在基本应得的意义上不应得称赞。我们可以就为了她的能动性的特性感到高兴，以及为了存在这样的行动者感到高兴，并表达我们的喜悦。

在这里让我重申，当下讨论的道德责任是包含基本应得意义的道德责任。我无法看到为何埃蒙斯的法老，或者例子1或例子2中的普拉姆，能够在这个意义上是负有道德责任的。但是还存在其他意义上的“道德责任”，而强硬回应者的直觉或可被理解为指示了其中一种意义上的道德责任。例如，行动者可以在一种前瞻的回应性（answerability）的意义上是负有道德责任的，因此我们可以合理地期待他回答这样的问题，如——“你为什么会决定做那件事？你认为那是正确的事吗？”并对于他的决定和行动反映了他的什么道德品格进行批判性地评价，
着眼于他未来的改进（我在第六章发展了这类责任的概念）。关于被操 98
纵的普拉姆是负有道德责任的直觉，可能用他在这种意义上负有道德责任的合理性来解释。不过，尽管这可能是一个关于道德责任的真正的概念，它不是当前自由意志讨论意义上的那个概念。不相容论者甚至不会认为这种意义上的道德责任表面上与决定论不相容。不相容论者相信与超出行动者控制的因素对行动的因果决定不相容的，是在基本应得的意义上定义的道德责任概念。

丹尼尔・哈斯和理性胁迫

丹尼尔・哈斯（2013）在为我对麦坎纳的回应所招致的强硬反应进

行辩护时提出，一个对相容论的道德责任的直觉来说友好的、可替代且合理的最初态度是:“主张决定论看上去并不与责任不相容，但同时承认这一点可能是错误的。”他论证道，通过忽视考虑这一个立场作为合适的最初态度的候选，我不公平地使论局偏向于对相容论不利。为了修复这种忽视，哈斯提出，我们应当考虑这种相容论的替代态度，以及可类比的不相容论的态度，作为对普通决定论例子来说最初的理性的态度：

> **不相容论的中立考察者**：倾向于认为决定论的确看上去为我们放弃对于行动者负有责任的通常直觉提供了理由，但是对能够展示这种直觉可能是错误的阐释性条件保持开放的态度。
>
> **相容论的中立考察者**：倾向于认为决定论看上去不能为我们放弃对于行动者负有责任的日常直觉提供理由，但是对能够展示这种直觉可能是错误的阐释性条件保持开放的态度。

在哈斯的描述中，相容论的和不相容论的中立考察者能够同意，行动者是否为可追溯到超出她控制的因素的因果决定过程导致的行动负有道德责任，这是一个开放的问题。这两个中立的考察者都对通过阐释性考虑而修改关于单个操纵例子的看法保持开放的态度，并且他们都承认，恰当被操纵的行动者是否负有道德责任是一个实时问题。关键的是，哈斯主张，从普通的例子向操纵的例子进行延伸时，没有什么阐释性考虑会理性地限制相容论的中立考察者放弃她的最初态度，并且对于不相容论的中立考察者来说也是这样，并主张说，这与我的立场相冲突。

99 我同意哈斯主张不相容论者不能证明这样一个说法，即相容论的中立考察者将遇到能够**理性地限制**她去改变她最初态度的阐释性考虑。以下是我对当下论辩的看法。麦坎纳预设他能够将一个不可知论的立场从普通的例子过渡到例子1，意即，最初的理性的不可知论的立场能**保证**从普通的例子保存到例子1。对于这一点，我的回应是，这样的一种保证会被以下这一种情况所排除，即在遇到操纵例子后，阐释性考虑会改变其不可知论的立场。中立考察的不可知论立场因此不能保证在从这些例子倒推时，其不可知论将会一直保留到例子1，因为操纵的例子有潜质将不可知论的立场转变为不相容论的立场。但是我没有排除这样一个情况，即一个理性的中立考察者可能理性地抗拒例子1中的非相容论的效力，从而保持其不可知论的立场。

此外，我不认为我能够证明这样一个对相容论立场的指控，即，一个相容论的中立的考察者，其最初的直觉能够在操纵论证的考虑下保存下来，这考察者就是不理性的。针对这个问题，我认为我不能够证明埃蒙斯对法老的判断是不理性的，这并不是说，这些相容论的立场在事实上不是不理性的，我想说的是，我没有方法证实那样的一个评价。在一个先前的推理没能打破僵局的论辩环境中，操纵例子被设计出来以期动摇直觉。不相容论者可以希望对于这些例子的直觉将会大体上顺从他的直觉。他可以通过做这样的论证来强化他的立场，如，给予对普通例子的直觉以某种特权不是不合适的。但是他不能证明，当相容论者的直觉最终没有与他的直觉相一致时，对方是不理性的。因此，不相容论者不能视操纵例子为理性地强制的。但是以上这些并不能削弱我想要给出的观点，即，一个合理的不可知论的或中立的反应不能保证从普通例子一直保存到例子1。

不对称性、可称赞性和操纵

苏珊·沃尔夫（1980，1990）和黛娜·奈尔金（2008，2011b）为不对称性的主张辩护道，即使因果决定论与可责备性是不相容的，我们不能因此得出它同样会瓦解可称赞性。一个能够支持这个论点的观点，是

沃尔夫称为“理由观点”的立场，奈尔金称之为“理性能力观点”，依照
这个观点，道德责任要求那种基于对的理由做对的事的能力。如果一
个人实际上出于对的理由做了对的事，一个行动的因果决定论不会明
100 显地威胁到这一说法：此人在做此行动时拥有讨论中的能力。然而，因
果决定论确实是至少对如下主张构成了表面的威胁：行动者出于错的
理由做了错的行动时是拥有这个能力的。因为，如果一个行动是由超
出行动者控制的因素所因果决定的，那么我们可以论证她本不能不如
此行动，因此在她做出那个行动的时刻里，她不具有出于对的理由做对
的事的能力。

沃尔夫提供了一个能够在直觉上支持应得的称赞与因果决定论相容的观点的例子：

> 拥有同等游泳能力的两个人，站在同样不拥挤的海滩上。两人都看见一个陌生的小孩在远处的水里挣扎，他们都想到“这个小孩需要我的帮助”并直接下水游去救他。在这两个例子里，我们预设行动者进行了正确的思考——这个小孩**确实**需要她的帮助——以及，通过游去救他，行动者做了对的事情。我们进一步预设，在其中一个例子中，行动者有能力做出别样行为，而在另一个例子中，行动者没有这种能力。(Wolf 1990：81—82)

沃尔夫说，尽管依照不相容论的支持者（自主性）的观点，只有第一种行动者是负有责任的，“第一类行动者所拥有，而第二类行动者所缺乏的，似乎不是什么有价值的东西”。也许第二类行动者是因为“她对那个情境有十分好的理解，并且她的道德责任感很强”，而没有做出别样行为的能力。沃尔夫得出结论说，单凭第二类行动者在心理上坚决地要去救孩子的事实本身，无法使她比第一类行动者不值得称赞，因为可能的是，正如这个例子中为真的，她在心理上坚决地出于对的理由做了对

的事。

沃尔夫的论证易受到这样一个反驳的影响，这个反驳由菲舍和拉维扎提出的一个与法兰克福例子（1998：176）相关的观点所启发。鉴于沃尔夫展现她的救生员例子的方式，读者可能会假定，那个不能做出别样行为的游泳者是由因果决定地进行思虑及行动的。如果明确说她的行动源自一个可追溯到她本不能产生、改变或防止的因素的决定性因果过程——也许我们可以补充说她是被脑神经科学家所控制——那么认为她应得称赞的直觉可能会消失。因此，沃尔夫的例子可能说明了，即使一个行动者本不能做出与她所为不同的事，她可能仍旧是可称赞的，但是这并不能清晰地说明，一个行动者即使在她的行动源自一个能够追溯到超出她控制的因素的决定性因果过程时，仍旧是可称赞的。

对于我的立场来说至关重要的是，四例操纵论证是否对可称赞性与可责备性起到了同样的效果。特别是，认为一个被决定性地操纵的 101
行动者出于对的理由做对的事是可称赞的，这一直觉将对我的观点构成挑战。正如奈尔金指出的：

> ……改变这个例子以使得普拉姆表现得好是有教益的。假定，例如我们将例子2替换为这样一个例子：脑神经科学家们创造出普拉姆，以至于他完全理解并能识别出行动的好理由。他能够被处在困境中的人所触动并欲求去帮助他们，以缓解他们的痛苦。假定有一天，他发现自己处在一个情境中，他能够帮助一个孩子，但这会给他自己带来很大的风险。他对相关的考虑进行了权衡并在考虑到所有因素的情况下决定，帮助那个孩子是对的事情，并决心如此行动。这个例子的直觉上的效力在我看来会导向另一个方向。至少，说普拉姆是不负有道德责任的，远没那么具有吸引力。如果我们对这些例子的反应确实存在不对称的情况，这提示

> 了另一种解释，不同于认为当人们的选择由超出他们控制的原因所决定时他们是不负有责任的。在这里关键的是，人们在行动的时候所拥有的能力是什么。这一种回应既质疑了是否例子1到例子3能够作为理性能力观点的独立反例，它还指出了一个对于我们的直觉的替代性解释，能让我们抵制那种反对相容论的一般结论。（Nelkin 2011b）

我同意，相较于原本的例子2，我们在这个例子里称赞普拉姆是在直觉上更合适的。但是对我来说并不明确的是，他在这里所应得的称赞或道德上的荣誉是基本应得意义上的，即，仅仅因为他出于对的理由做了对的事。

在我看来，对于奈尔金例子中的普拉姆，以及沃尔夫的被理解为由超出她控制的因素因果决定的第二个游泳者来说，能够对不相容论立场所做的最佳辩护是这样的。首先，在反思之前，很多人会认为，我们因为人们绝妙的智慧、好的相貌，或天生的运动能力而去称赞他们是合适的，即使他们不在基本应得的意义上为这些品质而应得称赞。因此，我们通常会认为，我们称赞奈尔金例子中的普拉姆，以及沃尔夫的第二个游泳者是合适的，这并不奇怪。我们可能会认为，因为他们以在道德上令人敬佩的方式行动而称赞他们是合适的。但是就像一个智商极高的人在标准化测验中表现很好的例子，我们不需要得出他们在基本应得的意义上应得称赞。其次，我们认为称赞被因果决定的第二个游泳者和奈尔金例子中普拉姆是合适的这种直觉，可以进一步由我们的这样一个想法得到解释，即通常来说，对某个人进行称赞在道德上是正确的，即使我们还没有考虑清楚她是否在基本应得的意义上值得称赞。称赞有时可以被当作一种对行动的善或别人的成就感到赞同或愉快的表达，因此，即使称赞不是在根本上应得的，去称赞仍旧是正确的。与此相对，责备某个在根本上不应受责备的人至少在表面上是错误的。

一个对这种相异性的解释可能是，因为责备通常会导致痛苦或伤害，它 102
必须一般而言是错误的，除非它在根本上是应得的，而由于称赞远远不是痛苦的或有害的，它在不是根本应得的例子中也通常是道德上合适的（Pereboom 2001：139—141）。

出于这些理由，我的看法是，我们觉得称赞奈尔金例子中的普拉姆和被因果决定的游泳者是合适的，这种直觉不能驳倒不相容论的主张，即基本应得意义上的责备与称赞，都与超出我们控制的因素对我们行动的因果决定论不相容。

结 语

因此，在我的观点里，多例操纵论证说明，所提出来的对道德责任的相容论的因果条件都不是充分的，无论它们是彼此独立地被看待，还是结合在一起来看；并且，这一论证针对斯特劳森的相容论路径得出了一个有说服力的内在挑战。我因此总结，我们可以强力支持，当超出行动者控制的因素因果决定了她的基本行动的出现时，她不能在当前自
由意志讨论的意义上是负有道德责任的。 103

第五章

自由意志怀疑论和理性思虑

与自由意志论和相容论的立场不同，自由意志怀疑论不会面临挑战其立场中融贯性的反驳。与之相反，自由意志怀疑论面临的顾虑是实践上的：我们能在相信这个立场正确的前提下生活吗？哲学家们已表达过不少关于硬核决定论的实践上的顾虑，这些顾虑也大体适用于自由意志怀疑论。关于自由意志的种种怀疑论观点威胁削弱我们对于自己是思虑的、理性的行动者的自我认识，使得道德不融贯，让我们没有理由做道德的人，使得我们对犯错者的处置政策无法得到证明，并瓦解对于我们的人际关系来说至关重要的种种情感与态度。这本书余下的部分将致力于回应这些顾虑。

我先讨论怀疑论观点可能对我们视自己为思虑的、理性的行动者这一点造成的困难。我们缺少基本应得意义上的道德责任这一观点本身不与上述的自我认识相冲突——这样一个关于基本应得的信念与我们对理性思虑的大体预设是不相关的。但是，与这些预设可能相冲突的是这样一些条件，这些条件据怀疑论者看来是真实的，并且会排除以上意义的道德责任所要求的自由意志。自由意志怀疑论者能够接受，我们所有的行动都是由超出我们控制的因素因果决定的，但她主张，这会排除讨论中的自由意志。并且，关于我们的行为以这样一种方式被因果决定的信念，确实有可能与我们对理性思虑的预设处于冲突之中。我们理性地进行思虑时会拥有一种自由感，而相信我们一般都由超出自己控制的因素因果决定而行动，是否会与这种自由感不一致，这一点在最初是有待商榷的。相容论者们对这个挑战的回应，是去表述与决定论信念相一致的理性思虑的充分条件。在这一章中，我发展了这样一个立场并为其辩护。 104

下述似乎合理的论点提出了另一个问题：在理性思虑中我们预设，作为行动者的我们能够确定哪个决定会最终出现。我已经论证过，事件因果自由意志论对于自由行动的观念与这个预设相冲突（第二章）。我认为，自由意志怀疑论与以下这样一个观点是相一致的，即，我们作为行动者有能力确定哪个决定会最终出现。这是由奈德·马克西安（1999）和黛娜·奈尔金（2011b：80—97）发展并倡导的决定论的行动者因果观念。在一个决定论的事件因果的能动性理论中，我们作为行动者是否拥有这样一种确定能力，相较之下并不那么明晰，而自由意志怀疑论者对此理论也是保持开放态度的。有可能的是，如果一个决定的出现是由包含行动者的事件所因果决定的，这个决定可以算是由行动者确定的，不过，詹妮弗·霍恩斯比（2004a，b）和玛蒂娜·尼达-吕美林（2007）反对了这样一个提议。也许，当包含行动者的事件因果决定了一个行动的出现，并且这些事件的成因并无其他时，这个决定可能就是这样发生了，而不依赖于行动者是否对此有所参与。如果这么说是对的，那么关于行动的事件因果理论不能说明行动者有能力去确定一个决定的发生。但是，约翰·毕晓普（1989）、大卫·威尔曼（1992）和尼尔·朱迪施（2010）发展了与之相对立的观点。我将不会在这个争论中表达立场，鉴于我的论证目标，我不需要这样做。对于自由意志怀疑论者来说，关于行动的决定论行动者因果理论是可行的，因此有一个对怀疑论来说友好的立场。它有可能事实上是正确的，根据这个立场，行动者确定哪个决定产生的能力是足够可靠的。然而，这个观点中的决定论的方面可能仍旧是令人担忧的，因此怀疑论者有必要去展示，对于行动的普遍因果决定论的信念如何与理性思虑相一致，我们接下来要讨论的正是这个问题。

思虑与开放性

当我们思虑要做什么时，我们通常至少会相信，关于要做的那个行动，我们拥有一个以上的不同选项，每一个选项都是在我们能够或可能能够践行该行动的意义上对我们来说是可获得的。这就是说，当我们思虑时，我们对于一个以上的不同行动选项抱有某种“开放性”的信念。通常来说，对上述这种开放性的信念是思虑所要求的，或者至少是理性思虑所要求的。例如，彼得·凡·英瓦根写道：“如果有人对于要做A还是做B进行思虑，这说明他的行为展现了这样一个信念，即对他来说做A是**可能的**——也就是说他**能够**做A，做A是在他的能力范围之内的——而且，对他来说做B也是可能的”（van-Invagen 1983：155；参较Kant 1795/1981，Ak IV 448；Taylor 1966，ch. 12；Ginet 1966；Stapleton 2010）。[①]

但是有些人主张，关于这种开放性的信念可能会在以下的意义上与决定论的事实相冲突，即，在任何一个思虑的情境中，决定论的事实可能会只给我们留下关于做什么的一个选项，而排除所有其他的选项，因此取消了关于做什么的开放性。因此，理性思虑所要求的这样一个信念将与决定论对行动造成的明显后果相冲突。如果决定论是正确的，那么这样一个信念将是错误的。因此，赫克托-内里·卡斯塔涅达

① 关于这种观点的讨论，见卡皮坦（Kapitan 1986）；瑟尔（Searle 2001）；奈尔金（Nelkin 2004a，2004b，2011b：117—169）；考夫曼和沃菲尔德（Koffman & Warfield 2005）。

评论说，如果决定论是正确的，那么，无论何时我们进行思虑，我们都是在做一个错误的假设："因此，为了做我们从实践的角度所考虑要做的事，我们注定要预设一个错误的前提"。（Castañeda 1975：135）更糟糕的是，一个相信决定论及其对她的行为产生的明显后果的理性思虑者，将会拥有不相一致的信念。[①] 相应地，这种思路会支持这样一种立场，即对于决定论及其明显后果的信念，与理性思虑所要求的信念之间，是不相容的（Taylor 1966；Ginet 1966）：

> **思虑不相容论**：S的思虑及其理性，与S相信她的行动是（由超出她控制的因果前情）因果决定的，这二者不相容。

与这相对的立场是：

> **思虑相容论**：S的思虑及其理性，与S相信她的行动是因果决定的，这二者相容。

在接下来的内容中，我将发展一种思虑相容论并为其辩护。

黛娜·奈尔金对于思虑不相容论做出了这样一种表述：

> （I）那些对于行动A进行思虑的理性思虑者，必定出于他们作为理性思虑者的本性相信，不存在任何会使得她不可避免地做A或不做A的条件。（Nelkin 2004b：217，2011b：121）

一个对行动A进行理性思虑的行动者因此会相信，不存在任何会使得

---

① 凡·英瓦根给出了一个相关的观点，即，"任何拒绝相信自由意志存在的人必将不可避免地由于单一的规律性而落入自相矛盾的境地"（van Inwagen 1983：160）。

她不可避免地做或不做A的条件。但是如果她同时还相信决定论及其
106 明显的后果，那么她将会相信，确实存在能够使得她不可避免地做或不做A的条件。这样的话，她将会持有不相一致的信念。[我们将看到，奈尔金接下去对(I)做出挑战。]

我们通常会预设，对于该做哪个行动，我们拥有至少一个不同的选项，每一个选项对于我们来说都是可获得的，意即我们能够或可能能够做其中任何一个行动，这种预设在我们对该做什么进行思虑时，似乎是合理的。但是在这样的信念中出现的“能够”或“可能能够”或许不总是具备，或基本上从不具备形而上学上的意义。可能，在某一些情况中，它们具有的是认识论上的意义。而在更多的情况中，它们的意义在形而上学与认识论之间摇摆不定。在某些认识论的解读中，这样的信念将不会与决定论的信念相冲突。当我在思虑是否要做A时，假定我正确地相信决定论为真，我将仍旧不知道我实际上是否将做A，因为我缺少做一个预测所需要的对先在条件和自然法则的知识，更不用提时间因素及其他必要的资源。因此，即使我相信我将不会做A是早已被因果决定好的，我还是可以抱有一致性地相信，在认识论的意义上，我做A是有可能的，而我在这种认识论的意义上能够做A。

许多哲学家发展出了这样一个观点，即，对于对思虑来说很重要的行动可能性的信念，在一些关键的方面是认识论层面的（例如，Dennett 1984；Kapitan 1986；Pettit 1989）。但是，现有的这种提议面临着严重的反驳。我将论证，一个更恰当的立场包含了两种相容论的信念——或者更明确地说，两种相容论的认识论状态，并将论证这一双重提议分别应对了不相容论对这类提议的两种不同的反驳。其中一重提议说明了关于做什么的开放性的认识论概念，另一重则说明了思虑有效性的认识论条件。汤姆斯·卡皮坦为一种思虑相容论的必要条件做过论证，而他的论证实际上包含了上述两种条件（1986）。在这里，我通过回应关于他的思虑相容论的一些顾虑来对他的论述加以改进。

另一种思虑相容论吸收了对相容论友好的形而上学解读，来阐释以下观点："做A和做B都在S的能力范围内"，或者说"做A或做B对S来说都是可能的"，又或者，"S拥有做A和做B的能力"。相较于形而上学的解读，偏好认识论的解读的一个动机是，形而上学的解读会面临后果论证的威胁（关于后果论证，见Ginet 1966；van Invagen 1975，1983）。另一个动机是因为，对于这些概念的典型相容论形而上学分析，是条件式的，见以下这一分析样式：

> S仅在以下情形下能够做别样行为，即，如果S选择做别样行为，她将会做到这点。 107

罗德里克·齐硕姆和凡·英瓦根非常有说服力地论证过为什么这样的分析是不可行的（Chisholm 1964；van Inwagen 1983：114—126）。一个我将要论证的与之相关的观点是，开放性概念是一个绝对的概念，而不是一个条件性概念。即，能够理性思虑意味着我所思虑的行动必须是我能够付诸实践的行动，在这个意义上，而不仅仅是在假定某些条件能够满足的意义上，它们对我来说是开放的。认识论的解读能够体现以上的考量。因此，一个能够避免形而上学的解读，而支持认识论条件的思虑相容论，在某些方面是更有优势的。

一些传统的思虑相容论者提出，以上这样的认识论条件是理性思虑的必要条件。但是这些相容论者并不意图仅仅把它们视作必要条件。例如，假定一个思虑不相容论者将（I）作为理性思虑必要条件的补充。思虑相容论者将不会回应说，因为他提出的认识论条件仅仅是必要条件，他的立场能够免于挑战。相反，思虑相容论者主张，连同其他一些无争议的必要条件，他们所提出的必要条件将基本上能够被视作理性思虑的充分条件。对于他们的立场至关重要的是，在通常情况下，理性思虑是可能的，因此我们需要理解理性思虑的充分条件。所以，如果一个例子能够展示出，思虑相容论者提出的条件，结合一些无争议的必要条件，对思虑来说是不充分的，那么思虑相容论这个立场将会面临严重的挑战。

然而，想要击败思虑不相容论，我们需要的是对于理性思虑的一个思虑相容论的充分而非必要条件。[①]这样一个条件应当展示出，行动者能够在相信决定论及其明显后果的同时进行思虑，并且保持理性，而这就足以击败思虑不相容论。这样一种充分条件能够从这一个反例中提取出来：一个思虑者是理性的，并且相信决定论的显要后果。但是假如满足这样一个充分条件需要高度复杂的认知技能，而这种技能只有极少数的一些行动者具有；那么，想要排除这样一个主张，即，我们大部分人在思虑并同时相信决定论的显要后果时，都多多少少是不理性的，我们就需要一个能够使更多数的行动者满足的充分条件。但是，这种思
108 路并不足以支持以下的观点，即，思虑相容论对理性思虑提出的充分条件同时也应当是它的必要条件。这又是怎么回事呢？

在相对的两拨观点的争论中，思虑不相容论者首先提出，理性思虑需要一个“对开放性持有信念”的必要条件。思虑相容论者表示同意，但是继而又争论道，这个必要条件可以从相容论的角度进行解读。不过，开放性条件是理性思虑的必要条件这个想法仍旧未受挑战，尽管它可能会面临挑战。也许，传统的思虑相容论者想的是，所有可能的理性思虑者实际上都满足了相容论关于理性思虑的某些充分条件，因此，再去满足任何明确为不相容论的条件则是多余的了。我将在以下的假定下继续进行讨论，即，我们暂时的目标是提供一个关于理性思虑的相容论的必要条件，这些条件结合其他一些无争议的必要条件，将是理性思虑的充分条件；同时明确在心的是，达成这个目标并不是击败思虑不相容论所必需的。

① 感谢大卫·克里斯坦森和莎拉·麦格拉思指出这一点。

为了达成当下的讨论目标，我们应当如何定义思虑呢？ E. J. 考夫曼和泰德 · 沃菲尔德（2005：28）引用瑟尔（2001：14）和凡 · 英瓦根（2004：217）而论证说，为了与像凡 · 英瓦根和瑟尔这样重要的参与者加入讨论，我们应当采用以下这种对思虑的定义："思虑意味着在特定条件下尝试在各种不相容的行动中做出选择。"[①]但是除此以外，考夫曼和沃菲尔德还主张，瑟尔和凡 · 英瓦根将思虑视为是在 "对各种不同行动的理由进行权衡与评价之后" 出现的，为了当下的讨论目标，他们也认为思虑应当被如此理解（2005：28）。一个关于这种提议的担忧是，这样理解的思虑似乎范围太窄了。也许，这种理解下的思虑就意味着，我们要在不同的选项中形成某种全面考虑的、关于最佳行动的判断，以及形成从以上选择中做出行动的意图。但是这种理解下的对思虑的表述，似乎已经不那么明显地是在定义思虑了，而就算它们能算作是思虑的特征，我们通常认为思虑所包含的内容远不止这些。我们实际上认为对思虑来说最为关键的是，**通过考量和评价各种理由，在各种不同的选项中得出该做什么事的结论。**[②]所以，假如为了当下的讨论目标，我们将思虑照以下的方式进行定义呢？ 109

> （D）仅当S在进行某种活跃的精神活动时，S在思虑。这种精神活动的目标就是在不同的选项，或者说，彼此不兼容的选项中得出该做什么的结论，这样的精神活动可以（但不是必须）理解成包含着对行为选项背后的各种理由的权衡与评价。

---

① 关于行动的不同选项在何时是不相容的，或彼此相排斥的，见凡 · 英瓦根（van Inwagen 1983：240；考夫曼和沃菲尔德（Koffman & Warfield 2005：26）。我旨在用 "不同的行动" 来代表 "彼此不相兼容的行动"。

② 得出该做什么事包含了一个认识论的维度，相较于仅仅包含尝试着去找出将做什么来说，这个认识论的维度具有更强健的实践含义。

考夫曼和沃菲尔德担心的是，当我们对思虑的定义超出了凡·英瓦根和瑟尔的定义时，凡·英瓦根和瑟尔提出的问题将得不到讨论。然而，考夫曼和沃菲尔德（2005：27）对凡·英瓦根的相关引用是："严肃的思虑出现于一个人在不同的选项间进行选择时，并且（当所有纯粹的事实问题都被处理后）在思虑者看来，没有一个支持某个选项的理由明显比支持另一个选项的理由更强。"（2004：217）这个关于严肃思虑的定义似乎与以下的观点相一致：当所有纯粹的事实问题被处理后，全部理由对行动者来说并不明确地支持任何选项。在这里，尚没有处理的是，行动者如何在不同的理由之间做出深思熟虑的抉择，决定该做什么。例如，一个行动者可能完全明白停下来帮助一个受到袭击的人背后的道德理由，并且也明白支持她去准时工作的审慎理由。但是，作为得出该做什么的关键一步，她现在需要确定自己该如何在这些理由之间做权衡——所有这些都是严肃思虑。他们对瑟尔的引用是："当你试着决定自己将要做什么时，理性决定中有一处空缺，它存在于做决定背后的理由，与你实际做出的决定之间。"（2001：14）与这段引文相一致的是这个想法：空缺存在于注意到或理解种种理由与实际的决定之间，而在空缺处发生的就是对各种理由的权衡。

至此，就我所提出的对思虑的定义（D），凡·英瓦根和瑟尔提出的问题看上去仍旧是存在的。除此以外，（D）还有一个优点是，它比考夫曼和沃菲尔德对思虑提出的定义更加自然。

一个认识论上的开放性要求

相容论者对思虑不相容论立场的一种回应方式是主张，理性思虑仅要求相信某种认识论上的开放性——例如，认为相对于人们相信、预设或知晓的，人有不止一种选项。例如，卡皮坦就主张，理性思虑的最低要求是预设有各种开放的可能选择，以及

110

> (PC)对于一个行动者来说，仅在他预设如果S是他的任一信念集合，那么他做某事相对于集合S来说是偶然的时，做这件事对他来说是一个开放的可能选择。(Kapitan 1986：240)

奈尔金同样也考虑了一个认识论的论题，与上述论题不同的是，她认为关于做什么的选项要与行动者知晓的事情相一致：

> (K)[关于要做哪个行动]理性思虑者必定出于他们作为理性思虑者的本性相信，存在不同的可能选择可供他们进行选择，其中，每一个可能的选择都和他们知晓的事情相一致。(Nelkin 2004b：221，2011b：126)

然而，奈尔金主张，貌似确实存在一些理性思虑的状况可以构成论题(K)的反例，她引用了以下这个兰道夫·克拉克的例子[这个例子同样也是论题(PC)的反例]：

> 假设埃德娜正试着决定今年在哪里度假。她向她的朋友艾德提及了这件事，而艾德正好拥有埃德娜尚不拥有的信息。艾德知道埃德娜不久将能够以低于她预期的花销探望她在爱丁堡的朋友艾迪。鉴于艾德了解埃德娜及她拥有的其他选项，他知道在她知道这个机会后，她最终将做决定如此行动。然而，艾德是一个爱开玩笑的人，他没有告诉埃德娜他知道的这些事。他只告诉她，他知道她最终会知晓一些情况，而那些情况会说服她在爱丁堡与艾迪度过假期。假定[埃德娜]知道，每当艾德说这种话时，他都是正确的。那么，她会相信她将在爱丁堡度假，并且这个信念是能够得到证明的。(Clarke 1992；Nelkin 2004b：221—222，2011b：127)

这个例子看上去确实是论题（K）被视为理性思虑的一个条件的反例[以及，如果做出必要的修改，也将是卡皮坦的论题（PC）的一个反例]；对卡尔·吉内特的观点，即，“对一个人来说，在他做决定之前就知道他自己将要做什么，这在概念上是不可能的”（1962：50—51）来说，这个例子似乎也是一个反例。

然而，一个人是可以知道一个命题，但对它不确定的——其中，对一个命题确定指的是，对这个命题的自信或相信程度为1.0。并且，一个人是可以相信一个命题，但对它不确定的。我提出，如果一个行动者对她将要做A这件事不确定，那么（在稍后会讨论的一个限定条件下）她可以对是否做A进行思虑。但是，如果一个行动者确定她将做A，那么尽管她仍旧可能寻找做A的最佳理由，她是不能够对做A进行思虑的。这是因为，思虑的目的就是去从不同的可能选择中搞清楚要做什
111 么，如果一个行动者已经确定她将要做什么，那么，思虑的目标就已然达成了。[①]而且，如果一个行动者已经确定她将不会做A，她也不能就做不做它进行思虑，因为A会是她想清楚要做之事的可能性已经被绝对地排除了。

克拉克提议，就埃德娜在思虑而言，“她并不需要对她将要做什么进行重新发问”或者“悬置她将去爱丁堡探访艾迪的信念”（1992，108—109）。对此他给出了两个理由。一个是，在思虑时她试图做的是考虑并确定支持及反对那个选项的理由。但是，如果这就是思虑这一

① 卡皮坦就“知道”版本的认识论开放性要求提出了一个恰当的顾虑，据他看来这会支持“相信”版本：“例如，我可能相信我明天不会飞去哥本哈根，因此我不会对如此行动进行思虑，但是，我可能不知道我相信的事情（也许不可预见的紧急事件会需要我飞去哥本哈根）。飞去哥本哈根这个行动就我所相信的而言是不可能的，因此对我来说不是开放的，但是，这个行动就我知道的事情而言是偶然的。”（1986：239）但我所说的确定性指的是数值为1.0的可信度，我所设想的确定性这一认识论概念并不嵌含知识。因此，我的观点不会被卡皮坦提出的顾虑所瓦解。

精神活动的唯一内容的话，照我所采用的对思虑的定义，这种精神活动并不能算作是思虑，因为她没有通过考虑这些理由**去搞清楚她将要做什么**。克拉克给出的另一个理由是，她还没有形成去爱丁堡的意图，而思虑能够产生这个意图。假定她知道她将去爱丁堡，如果她还不能确定她会去爱丁堡，那么思虑能够产生这个意图。然而，鉴于思虑就是从不同的可能选择中搞清楚她将做什么，如果她已经确定她将要做什么，那么似乎任何能算作是思虑的活动都没法起到这个作用了。如果一个行动者已经确定她将要做什么，她不可能同时还去搞清楚她要做什么。当一个行动者已经确定她将要做A的情况下，搞清楚自己将要做什么这个活动将不会起到产生去做A的意图这一作用。例如，在这种情景下，对支持或反对做A的理由进行权衡，将不会具有产生做A的意图的作用。相反，至少在通常情况下，这个行动者在不进行更进一步的思虑的情况下，直接形成一个意图。

奈尔金在考虑了克拉克的反例后，给出了一个替代论题（K）的下述论题：

> （C）理性思虑者必定相信，他们拥有能从中做选择的多种可能选项，其中，每一个可能选项都与他们确信的事情相一致。（Nelkin 2004b：222，2011b：127）

对此，她主张论题（C）虽能免于克拉克提出的那类反例的挑战，却丧失了其应有的解释效力，因为，它不能解释为什么我们无法对某些选项进行思虑，尽管我们不确定它们正是可能被付诸实现的选项： 112

> ……就（C）能够允许的而言，能够被算作是思虑的可能选项的事情有非常多。但是，我们似乎在一些情形中，正是因为缺少思虑的可能选项而不能够进行思虑。（C）无法解释这些情况，因为它所排

> 除的思虑的可能选项少之又少。例如：我们似乎不能对是否要从窗户跳出去在空中飘浮这件事进行思虑，尽管我们也许不确定这是否可能（也许我们不排除“奇迹”或甚至是某种完美的风的可能性）。（Nelkin 2004b：222，2011b：128）

奈尔金的观点是，在某些情形下，我们不确定是否做某一行动的选项是可获得的，但是，我们不能对是否要做此行动进行思虑。有一个对这一观点的解释是，对行动可能选项的不确定性，结合对理性思虑来说无争议的那些必要条件，不是理性思虑的充分条件。在这个意义上，对确定性的缺乏不能解释为什么我们在这样的情形中不能进行思虑。那么，什么能够解释这一点呢？

在讨论的这一节点，我提议一个可替代的认识论开放性的条件（奈尔金在2004b：222—224对此进行过讨论）。以下是一个修改版本：

> （S）为了在不同的行动A1……An间进行理性思虑，对每一个行动Ai，S对她将做Ai这一命题不能保持确定，她也不能确定她不会做Ai；要么（a）她将做Ai这一命题，在当下的情形中，与每一个她确认的命题都相一致，要么（b）如果她将做Ai这一命题与某些她确认的命题不相一致，她不能相信这一点。[①]

首先，什么叫一个命题对一个行动者来说是确认的呢？我的提议如下：

> （确认的）当一个行动者相信一个命题，并且为了思虑的目的，无视

① 或者，相较于（a）与（b），一种更加简洁但不那么显而易见的说法是：如果她将做Ai这一命题与某些她在当下情形中视为确认的命题不相一致，她不能相信这一点。

> 任何她对于它的正确性抱有的不确定感，那么，这个命题对这个行动者来说是确认下来的。

其次，分句(b)是由莎拉·麦格拉思提出的以下考虑所要求的：[①] 113

> 假定Ai和当下情形中其他一些我视为确认的命题不相一致，但是这种不一致极其不明显，而且需要非常多的考虑和反思才能识别出来。我对是否要做Ai进行思虑，并在这个思虑过程中识别出上述的不一致性。我因此继而去考虑Ai的替代选项。这难道不算是成功的理性思虑的一个例子吗？很可能的是，理性思虑不需要人在逻辑上无所不知。而这个能导致人识别出不一致性的过程可能就是理性的思虑。

麦格拉思的论证在我看来是对的。我能够对是否做A进行理性的思虑，尽管实际上做A会与我在那个情形中视为确认的其他命题不一致。但关键的是，如果是这样的话，那么我不能相信它们是不一致的。如果我相信它们是不一致的，直觉上看来我就不能对是否做A进行理性思虑。我在这里预设的有关“相信”的正确概念，是一种倾向性的概念，而不要求行动者有一个当下的信念(参较Koffman & Warfield 2005：26)。

条件(S)结合(确认的)可信性，能够为克拉克的那类例子和奈尔金的那类例子提供满意的结果。埃德娜既不确定她将要去爱丁堡的命题，也不确定她将不会去爱丁堡的命题。除此以外，没有任何她相信的和她会无视自己对其的不确定感的命题，是与上述的两个命题不一致

---

① 莎拉·麦格拉思在佛罗里达州立大学的一个专题研讨会上，在对这篇文章草稿的评论中提出了这个观点。我在那个场合展示的论题(S)中没有(b)。

的。因此，她做以上两种行动中的任一行动与她在当下情形中视为确认的每一个命题相一致。但是我不能对我是否将要在窗外飘浮进行思虑，尽管我不能确定我将不会那么做。因为，为了思虑的目的，我无视自己对我将不会在窗外飘浮所抱有的任何不确定感（因为我无视自己对我不能够在窗外飘浮抱有的不确定感），所以，我将会这么做的命题与当下情形中我视为确认的一个命题不一致，我至少在倾向性的意义上相信这点。[①]

在捍卫我的整个立场中起到了至关重要的作用的是，在另外一种例子中，我也不能进行思虑。我不能够对我将要放弃当下的一切去非洲做雇佣兵这件事进行思虑，尽管我不确定我将不会这么做。但是，我放弃一切去非洲当兵与一个我相信并在当下的情形中无视自己对其的不确定感的命题，即，我将不会放弃一切去非洲当兵，是不一致的。我同样是至少在倾向性的意义上相信这点。因此，（S）和（确认的）能够
114 解释为什么我在这种情形中不能进行思虑。

卡皮坦合理地主张，一个关于开放性的认识论条件不应当要求行动者的所有信念间具有一致性——例如，它不应当要求当下情形中那些仅仅是倾向性的信念之间具有一致性（1986：239）。基于这个理由，在他的论点中

（PC）对于一个行动者来说，仅在他预设如果S是他的任一信念集合，那么他做某事相对于集合S来说是偶然的时，做这件事是一个对他开放的替代选择。

① 我们将会看到，认识论的思虑有效性条件也能处理这个例子，但是存在一些其他的例子，例如即将在下一个段落中出现的例子，它们同时还要求满足认识论开放性条件。在奈尔金的例子中，因为我们想象行动者有身体质量，这要求她摇动双腿飘浮，所以漂浮算是一个行动。

他把限定条件“相对于集合S来说是偶然的”置于态度动词“预设”的范围内。如考夫曼和沃菲尔德所建议的(2005：37)，一个反对这个观点的理由是，我们应当避免给出对于认知复杂度有着过高要求的条件。但是，也许用“每一个在当下情形中她视为确认的命题”置于态度动词的范围内，所包含的认知上的复杂度将不会过高，因为即使是思虑的动物们也能注意到不一致性，况且，当下讨论中的条件是针对理性思虑的。

为了支持他对态度动词的处理，卡皮坦举出了这样一个例子，早上十点，霍金斯先生在决定下午三点带他的儿子去打保龄球后，获得了一个关于彼时带儿子去打保龄球的信念。他要求秘书在下午两点半提醒他这个安排。下午两点二十九分时，他忘记了先前做好的决定，开始对在三点打高尔夫球这件事进行思虑。但是在两点二十九分时，他仍旧相信他将在三点带儿子去打保龄球。这是因为，人可能会在持有一个信念的同时忘记自己所相信的事情。当秘书在两点半提醒霍金斯他先前带儿子打保龄球的安排时，他并没有获得一个新的信念。相反，他的注意力重新回到一个他已经拥有的信念上(Kapitan 1986)。

如卡皮坦所描述的，霍金斯在两点二十九分时相信他将不会在三点打高尔夫球，因为他相信那时他会带儿子去打保龄球，他并没有不相一致的信念。但是，我并不确定这是一个可能的情况。即使我们承认他在两点二十九分时相信他将不会在三点打高尔夫球，(S)结合(确认的)可以解释他为什么能够对在三点打高尔夫球进行思虑。这是因为，在两点二十九分时他不确定他将不会在三点打高尔夫球，对他来说，他不会去打高尔夫球这件事是尚未确认的。尤其是，他没有无视他对自己将不会在3点打高尔夫球的不确定感。在这个情况中，可能的是，由于他已经忘了三点带儿子去打保龄球的计划，即使他在早前对此是确定的，他由于忘记了这件事而能够对三点打高尔夫进行思虑，从而使得他对打保龄球的信念不那么确定了。因此，在三点打高尔夫球与在两点二十九分时他视为确认的情况是一致的，并且这解释了他为什么能够进行思虑。因此，这个例子并没有强加会要求额外的认知复杂度的
115 条件。

此外还要求对思虑有效性的信念

如果(S)结合(确认的)能够为理性思虑的相容论提供一套完美的说法——一个相容论的必要条件，它与无争议的那些必要条件一起，构成了理性思虑的充分条件——那么，满足(S)并且相信决定论及其显著后果的思虑者应当是能够进行理性思虑的。尤其是，他们应当能够在没有不一致的信念的前提下进行思虑。与这一点相悖，存在一种情况，它最初由凡·英瓦根提出来引起我们的注意，在这种情况中，一个满足(S)的行动者将不能够进行理性思虑。他通过以下这个例子阐释这一点：

> ……想象(行动者)在一个有两扇门的房间里，他相信有一扇门是没有上锁的，而另一扇门是锁上无法通行的，不过他不知道它们分别是哪扇门。他尝试去想象自己对从哪扇门离开进行思虑。(1983：154)

关于这个例子，奈尔金在我看来十分正确地评论道："虽然看上去我能够对于我要**尝试**去打开哪扇门进行思虑，甚至对决定去转动哪扇门的把手进行思虑，但是如果我知道其中一扇门是锁上并无法通行的，那么我似乎不能够对**打开哪扇门**进行思虑——或者对**决定**打开哪扇门进行思虑。"(Nelkin 2004b，2011b：130；参较Kapitan 1986：247)但是，我既不确定我将打开一号门，也不确定我将不去打开一号门，而这同样适用于二号门。并且，我去打开一号门与前述意义上我视为确认的行动选

项是相一致的，我去打开二号门也是如此。因此这个例子对（S）结合（确认的）作为相容论表述中思虑所要求之信念的充分条件来说，构成了一个威胁。

此外，如果一个行动者相信决定论及其后果，那么在任何一个思虑的情境中她会相信，在所有的行动选项中，除了一个之外，全都是关闭的，就好比，“锁上无法通行”（尽管通常来讲她不会拥有关于究竟哪个没有关闭的信念）。如果在这个例子中，行动者无法对去打开哪扇门进行思虑，并且她相信决定论及其后果，那么似乎她根本无法对该做什么进行思虑。相容论的观点将需要解释为什么理性思虑在两扇门的例子中是不可能的，却在决定论的例子中是可能的。

卡皮坦（1986：247）主张，这个例子说明，理性思虑需要一个对思虑有效性的信念：理性思虑者必须相信，对于考虑中的每一个行动选项来说，对这每个行动选项进行思虑，在正常的条件下，会有效地产生对 116
那个行动的选择以及那个行动本身。奈尔金对此也表示同意。关键的是，使得对打开哪一扇门进行思虑不可能的，不是缺少对认识论上开放性的信念。使得思虑不可能的是，鉴于行动者的信念相信两扇门中有一扇门是上锁的，如果她是理性的，那么她将相信她的思虑最终不会对打开任意一扇门来说是有效的。

奈尔金（2004b）继而正确地指出，条件（S）没有捕捉到对思虑有效性的信念的要求。然而，合理的是，思虑有效性与开放性是两码事——后者指的是，拥有超过一个选项。因此，将（S）视为相容论针对开放性设定的条件是有道理的。但是现在的问题是：是否存在针对思虑有效性来说独特的、可行的相容论条件呢？如果存在这样的条件的话，我们就不需要认为（S）得承担相容论者回应两扇门的问题这一任务，而仅将它视为针对开放性的条件，因为，两扇门的例子提出的问题应当由另一个不同的条件来处理。

那么，我们该如何表述相容论关于思虑有效性的条件呢？卡皮坦对此的第一个尝试是：

> （PE）当且仅当一个行动者会选择去做一件事时，他将去做那件事；仅在他对自己如此预设时，做那件事对他来说是一个开放的可能选择。（Kapitan 1986：234）

一个对于他这个提议的顾虑是，思虑有效性是一个因果概念（如卡皮坦自己注意到的，1986：234）。因果关系是单向的，它从思虑到选择再到行动，而不能从行动到选择。但是在（PE）中，选择和行动之间的关系是双向的——这个关系是以双条件的方式表现出来的。此外，有效性的因果本性应当是明确的，而双条件的定义却不能满足这一考量。

更近些时候，卡皮坦（1996：437）提供了一个针对思虑有效性条件的替代表述，它指出，行动者的信念具有以下的形式：如果她在t时间承诺从事行动A，那么她将在t践行A；如果她在t不承诺从事A，那么她就不会在t践行A。与上述问题一样，我认为思虑有效性的因果本性应当在这个条件中明确表达出来，然而它在这个表述中并不明显。另一个顾虑是，如奈尔金有说服力地论证的，信念中关键的有效性，并不是在一个关于做某一行动的承诺（例如一个选择）与某一行动本身之间，而是在行动者的思虑与她的实际行动之间（2004b）。有人可能会想象这样一个例子：我的思虑
117 可能不会产生一个选择，因为做出那个选择于我的心理状况来说是不可能的，尽管如果我能做出那个选择，那么我将做出相应的行动。这样说来，直觉上看，思虑在这个例子中将不是有效的。（与此同时，在卡皮坦的新的表述中，有一些方面我想要保留，这在下述讨论中会变得明晰。）

克拉克提出了下述对思虑有效性信念的要求（但并没有支持它——他并不承认思虑需要任何关于人的能力的信念）（1992：103）：

> （CF'）为了思虑，一个行动者必须相信至少存在两种不同的行动，

> A和B，其中，(i)如果她选择做A或B，她能够基于这一思虑做A或B。

我们可以指明，“基于”应当被理解为因果性的——这样，(i)将被解读为“如果她选择A，她的思虑会(同样)导致她做A”。除此以外，克拉克还规定了行动者最多必须相信：

> (ii)如果她找到了做A或B的更好的理由，她能够对A或B做决定，以及(iii)如果存在一个做A或B的更好的理由，她能够找到这个理由。

我认为这接近一个正确的要求了。但是我不能被下述观点说服，即，为了对做A或做B进行思虑，行动者必定相信如果存在一个更好的理由去做A，她**能够**找到这个理由。因为，看上去，如果行动者只是相信她**也许能**找到一个更好的理由去做A(假定存在这样一个理由的话)，那么她就能对是否做A进行思虑——假如这样的情况比她相信她实际上会找到那个更好的理由(若是有的话)要常见，我是不会对此感到惊奇的。除此以外，假定有人要求我在两扇门之间做选择，能打开的那扇门背后有奖品，如果我选择了那扇门，我将得到那个奖品：在这个情况中，我知道有一个理由支持我选择两扇门中的一扇——在那扇门背后有奖品，而另一扇门背后没有——但是我也相信，这个理由对我来说是不可获得的。尽管如此，我还是可以进行某种精神活动，其目的是搞清楚要选择两扇门中的哪扇门，即使最后我是通过抛硬币来选择的。因此，根据我们现在考量的定义，我能够对选择哪扇门进行思虑，尽管我相信，如果存在一个更好的理由去选择其中一扇门，我也不能找到这个理由。

假定对去做A1还是A2进行思虑时，决定前的结果是判断哪个行动是最佳行动，那么，我对于思虑有效性的信念提出的条件是：

> (DE)为了对做A1还是A2进行理性思虑(其中，A1和A2是不同的行动)，行动者必定相信，如果她对做A1或A2进行思虑的结果是
> 118 判断出A1是最佳行动，那么在正常条件下，她将在思虑的基础上做A1；A2亦然。

几点说明：首先，“在……的基础上”应当被理解为因果性的概念。其次，有可能在某些情况下，思虑的直接结果不是判断出最佳行动。也许有些时候我们确定某些行为是更合适的，但不将它视为是最好的。或者，当一个行动者判断出做A1和做A2一样好，并且没有其他的选项了，那么，思虑的直接后果就会是一个平局的后果，就像抛硬币一样。我们可以对(DE)进行更精细的处理，从而容纳下以上那几种直接的后果。

第三，我将再一次预设，对于这个条件来说，对信念的正确理解是将其视为倾向性的概念。另一种对它的可能理解是奈尔金提议的，即某种弱意义上的**理性承诺**：“如果一个行动者对此进行反思，她会相信可能的选项对她来说是开放的，以及她的思虑是有效的。”[①] 与倾向性的信念不同的是，在理性承诺的情况中，可能的是，没有实际的信念**被溯回**；相反，信念可能最先是在行动者的反思中产生的。也许，仅有对思虑有效性的理性承诺对于理性思虑来说就已经足够了。

现在需要注意的是，两扇门例子中的行动者没有满足条件(DE)，但是，在一个通常的思虑情境中，这个条件是得到满足的，其中思虑者相信决定论为真，并且因此仅拥有一个决定和行动的可能性——只是

① 在第二届网上哲学会议上，奈尔金在对这一章的草稿(Pereboom 2008b)的评论中提出了这一条件。

她不知道是哪一个。如果她相信下述的两个行动中

(i)在思虑的基础上做A1

和

(ii)在思虑的基础上做A2

有一个鉴于决定论成立而是她不能够做的，但她不知道是哪个，那么她仍旧能够满足条件(DE)。因为，她可能仍旧相信如果她判断出A1是最佳行动，她会在思虑的基础上做A1；对A2也是这样，并且她理性地相信这一切。

(DE)还可以在以下这个方面更加精确。奈尔金主张，一个人能在仅相信她的思虑**可能**是有效的情况下对是否做A进行思虑。[①]卡皮坦指出，我可能意识到我偶尔意志薄弱、不自制的情况，而这不会阻止 119
我进行思虑。[②]在我的定义里，存在一些灵活的空间来应对上述的考量：它言明，"在正常的条件下，她会在思虑的基础上决定做A1，并且做A1……"某些非最佳的活动需要这样的灵活空间，而不自制可能是当前情形中最显著的例子。但是，也许更好的做法是修改(DE)以明确提及不自制的状况。

另一种对这个条件的可能的修改是，用"可能会"(might)替代条件中出现的"将会"(would)；这样一来，这个条件将会包含："在思虑的基础上，她**可能**会做A1……"但是这个条件可能没法处理下述对两扇

① 在第二届网上哲学会议上，奈尔金在对这一章的草稿(Pereboom 2008b)的评论中给出了这个建议。

② 在第二届网上哲学会议上，卡皮坦在对这一章的草稿(Pereboom 2008b)的评论中给出了这个观点。

门的例子稍作修改的情况，在改后例子中，我知晓那扇上锁的门有千分之一的可能性会自发地打开（路易·德罗塞特在一次交谈中向我建议了这个两扇门例子的概率版本）。但即使在这样的情况下，我似乎仍旧是不能够对去打开哪扇门进行思虑的，尽管在思虑后我相信我可能会打开任一扇门。

卡皮坦（在我们的通信中）提出了一个包含某些灵活空间的有效性条件（他并没有支持这个条件，而仅作为建议提了出来）：

> 在时间t1，S预设仅在他于t1做如下假设的情况下，在t2做A对于他来说是开放的：(i)如果他在t2承诺做A，那么他将会在t2做A的可能性更大，以及(ii)如果他在t2不承诺做A，那么他不在t2做A的可能性更大。

但是在我看来，德罗塞特提出的一类例子挑战了这个条件——这类例子中只有一扇门。想象一下你相信这扇门的锁被打开的概率是0.51。我认为在这种情况下，人不能对是否打开它进行思虑，尽管你预设如果你承诺打开门，你将会打开它的可能性大过你不这么做的可能性，以及，如果你承诺不去打开门，那么你不去打开它的可能性大于相反的可能性。与此同时，很明确的是，如果你相信这扇门的锁被打开的概率是0.99，那么你就能够对是否打开这扇门进行思虑。很多就是否去做某件事进行思虑的通常的例子（多多少少）都符合这个模式。所以，在0.51和0.99之间，可能存在某种下限区间。理解这个下限的结构能够帮我们得到一个更加精细的（DE）。我们既需要认识论开放性条件（S），也
120 需要对思虑有效性的信念这一条件（DE）。

有人可能会试探说，由于（DE）帮助得出了凡·英瓦根的两扇门例子的正确结果，并且由于这个例子不包含认识论上的开放性，因此，在（DE）之外我们就不需要一个认识论开放性的条件了。但是这么想是

不对的——这两个条件都是必需的。一个行动者可能在满足（DE）的情况下不能够进行思虑，因为认识论开放性的条件没有得到满足。我不能对我是否要放弃一切去非洲当兵进行思虑。但是我对此进行思虑是满足（DE）的，因为我相信，如果我对我是否要放弃一切去非洲当兵进行思虑的结果是，我判断出最佳行动就是如此行事，那么基于我的思虑，我当如此行动；对于不去当兵这个行动来说也是这样。因此，（DE）单凭自身是不完整的。但是在这个例子中，（S）结合（确认的）没有得到满足。因为，我现在放弃一切去非洲当兵与我相信的，并在当下情形中无视自己对其的任何不确定感的命题，即，我现在不会放弃一切去非洲当兵，是不一致的，并且我相信这点。关键是，（DE）需要由认识论的开放性条件予以补充；并且我建议的是，这个开放性条件需要（S）和（确认的）相结合。

许多思虑相容论者在此处提出，"没有对能力的信念"这一论点能够在这个节点提供思虑所要求的内容：

> （NB）为了在可替代的行动A1……An之间进行理性思虑（其中A1……An皆是彼此不相同的行动），S必定不能相信她不能够做A1到An之间的任一行动。①

有人可能会主张，（NB）恰当地说明了理性思虑所要求的开放性条件，并且，相较于（S）结合（确认的）赋予行动者的认识论上的负担，它在这方面给行动者提出的负担相对小，因此它应当是更合适的条件。但是，首先，我们仍旧需要思虑有效性这一条件来应对两扇门的例子，因为，

① 考夫曼和沃菲尔德（Coffmann and Warfield 2005：38）提到，博克（Bok 1998：110）、克拉克（Clarke 1992：110）、卡皮坦（Kapitan 1986：235—241）、佩迪特（Pettit 1989：43）、瑟尔（Searle 2001）、泰勒（Taylor 1966：ch. 12）以及沃勒（Waller 1985：4）支持"没有对能力的信念"这一论点。

在那个例子中，她既不相信她不能打开一号门，也不相信她不能打开二号门。因此，（NB）无法解释为什么她在这个情境中不能进行思虑，而（DE）可以对此进行解释。因此，有人可能会提议，（NB）和（DE）结合在一起是一个完整的说法。然而，我不相信我现在不能放弃一切去非洲当兵，因此（NB）不能解释为什么我现在不能对此进行思虑。并且，正如我们刚刚看到的，（DE）也不能解释我这种不能。但是，（S）结合
121 （确认的）可以对此进行解释。十分关键的是，尽管我不相信我现在不能放弃一切去非洲当兵，我将不会如此行事是我视为确认的。因此，就我们目前所讨论过的观点，只有（S）结合（确认的）以及（DE）能够解释为什么我在当兵以及两扇门的例子中不能进行思虑。

除此以外，还可能有人会论证（DE）是不完善的，因为一个行动者可能由于相信做A是没有效果的，因为他相信他不能判断做A是最佳情况，从而不能进行思虑，但同时他满足（DE）这个条件。[①]我实际上相信在当下的情形中，在思虑的基础上判断出最佳行动是放弃一切去非洲当兵，这对于我来说在心理上是不可能的，因此我不能对是否要如此行事进行思虑，也不能在这个思虑的基础上如此行事。即使如此，我这样思虑能够满足（DE）。但是，在这个讨论的节点，我们又可以把（S）结合（确认的）放入到讨论中。在这个例子中，尽管（DE）不能解释为什么我不能进行思虑，（S）结合（确认的）没有得到满足这一点却可以对此进行解释。

有人可能会认为认识论开放性和思虑有效性这两个条件并不是彼此不同的，因为，前一个条件可以将后一个条件的内容吸收进来，反之亦然。我们有一个理由来理解为什么这么想是不对的。思虑的有效性是关于思虑在产生出选择和行动上的因果有效性。基于这个理由，“对思虑有效性的信念”中信念的内容恰当地以假设的或条件式的形式予

---

① 克拉克在与我的通信中提出了这个论证思路。

以表达：为了理性地思虑，我必定相信，如果我的思虑有如此这般的直接后果，那么我能够基于我的思虑产生与这个结果相对应的选择和行动。与此相反，如卡皮坦实际上论证的，合理地看来，开放性不是条件性的：情况不应该是，每一个行动选项在某种意义上，都必须在某个条件被满足的条件下对我来说才是开放的（Kapitan，1986，241）。例如，我们可以考虑以下这个关于条件性的认识论开放性的要求：

（CO）为了对做A还是做B进行理性思虑，行动者必须相信，如果她选择做A，她将做A，如果她选择做B，她将做B。

假设里奇相信，从他的心理事实出发，他不能选择跳进大海（例如，去救一个溺水儿童），但是他同时也相信，如果他实际上选择了跳进大海，他将会跳的。在这个例子中，直觉上来说，跳进大海对他来说在认识论上是不开放的。但是他跳进大海可以满足（CO）。任何条件性 122
的认识论开放性要求都可能会受到类似论证的挑战（Chisholm 1964；Lehrer 1968；van Inwagen 1983，114—126；van Inwagen 认为有一些与"选择"类似的说法，如"受到意志驱使"、"尝试"、"让他自己"或者"想要"，但这些并未改进条件性分析，115）。关键的是，认识论开放性条件的内容恰当地被表达为绝对的。由于思虑有效性的认识论条件与认识论开放性条件在逻辑结构上是不同的，我们有理由相信它们都无法被对方的内容吸收。

几点反驳

如上文提到的，考夫曼和沃菲尔德（2005，40—41）对思虑所要求的特定认识论条件表示顾虑，认为它们可能在概念或认知的复杂度上有着过多的要求。例如，他们举出"对选择的反事实情况的信念"这一论

题[①],并指出它要求思虑者对反事实的情况有所掌握。这个论题可以做如下表述:

> (BCC)只有当S相信,对于任一行动,如果她选择做那个行动,她就将做那个行动时,她是在不同的行动间进行思虑的。

他们反驳道:

> BCC蕴含了这样一个观点,即,仅当一个人有掌握反事实情况的认知能力时,她才是在进行思虑。这貌似有些过分了:似乎存在一些动物,它们进行思虑,但是它们同时缺少掌握反事实情况的认知能力。(这种能力可能包含如下这样的能力,即"在心理上假装"达到了某些条件,并继而在那些"心理假装"条件下对一个特殊命题的真值做出判断。)某些高级的非人动物可能在这个意义上是缺少掌控反事实情况能力的思虑者。小孩子可能也是这样的思虑者。(2005: 40—41)

首先,我们是针对理性思虑的条件进行检验,而思虑的理性能力本身很可能对某些认知上的复杂度有所要求。的确,(DE)所明确的信念类型会包括在认知层面处理虚拟性条件式的能力。此处讨论的条件式准确地说不是反事实条件,因为它们不包含与事实情况相悖的假设,与此不同,它们包含的是对各种没有实现的行动选项的假设(其中某一个
123 选项可能会变成事实上的选项)。这一点可能是很重要的,因为,更有可能的是,儿童和动物能够对没有实现的行动选项进行模仿,但不那么

① 如考夫曼和沃菲尔德指出的,卡皮坦(Kapitan 1986: 241)和博克(Bok 1998: 112—113)支持这个论题。

可能模仿出与事实情况相悖的假设。然而，我们可以合理地认为，如果在这里讨论的思虑者是有认知能力的（而不仅仅是例如一些应激反应机制），有人可能会期待他们同样具有处理虚拟性条件式的能力。理由是：所有思虑的情况可能都体现了基本程度的因果推理，它包含了处理虚拟性条件式的能力。一只猫可能处在这样一种心理状态中，我们可以将其表达为："如果我往左边跳，那只老鼠可能会逃走，如果我往右边跳，那只老鼠可能会被困在墙边。"需要明确的是，这只猫不具有用语言将这些条件式报告出来的方法，但是内心模拟，以及非语言的或非概念性的表征可能就够了。所以，可能的是，即使是基本程度的因果推理也包含处理虚拟性条件式的能力，而小孩和思虑的动物拥有这种因果推理的能力。[①]

考夫曼和沃菲尔德有一个反向论证："即使每一个实际的思虑者都拥有BCC所说的思虑所要求的认知复杂度，缺少这种复杂度的思虑者似乎也是可能存在的"（2005：41）。但是，一个人似乎不可能在不认为自己能够有效实现各种行动选项的前提下进行思虑——就像猫的那个例子中提到的——同样，一个人似乎也不可能将自己视为能够实现各种行动选项的，却不能够处理这个例子中那种虚拟性条件式。

与许多其他的认识论开放性条件不同的是，（S）结合（确认的）不要求行动者具有关于一致性的概念。[②]这个条件说明，对于每一个她要对其进行思虑的行动Ai，要么她要做Ai这个命题实际上与当下情

---

① 关于为动物认知的大体辩护，见科恩布利思（Kornblith 2002），尤其是第二章：28—69。

② 考夫曼和沃菲尔德（Coffman and Warfield 2005，38）就"认识论上可能性的信念"的论题给出了如下的表述：

> 仅当S相信做每一个行动都与某些她相信的特定命题一致时，她才在不同的行动选项间进行思虑。

援引丹尼特（Dennett 1984）、琼斯（Jones 1968：260）、卡皮坦（Kapitan 1986：241）和米勒（Mele 2002：906—907）。

形中的每一个她视为确认的命题相一致——这并不要求她相信这种一致性——要么如果这个命题与某些其他命题不相一致，她不相信这
124 一点。[①]

考夫曼和沃菲尔德认为“没有对能力的信念”这一命题能够排除他们所说的“两念思虑”，也就是，在对一个行为选项进行思虑时，思虑者既相信自己拥有这个选项，又相信自己没有这个选项（2005：37）。他们对这个论点的表述如下：

> （NBI）在不同的行动选项中，仅当S不相信其中某些行动是她不能做的时候，她能对那些行动进行思虑。

他们主张，两念思虑的可能性排除了思虑者必须不相信他没有替代选项这样的提议。但是我们首先要注意，（S）结合（确认的）并不排除以下这一种两念思虑，其中，行动者相信两个选项中的一个对她来说是不可行的，但它是不可行的这一点不是她视为确认的。尽管如此，它们确实排除了对于A的两念思虑，如果行动者确认她缺少两个行动选项之一的话。但是这样一种两念思虑不能算作是理性的，而我所提议的条件是针对理性思虑的。[②]

考夫曼和沃菲尔德对于认知复杂度要求过高这一点的顾虑，其效力能够被以下这一事实削弱，即，我们只需要一个思虑相容论的充分条

---

① 即使是这样说，我估计有很好的理由能够说明，所有的理性思虑者都能察觉到一致性与不一致性，即使他们不具有“一致性”的概念。科恩布利思（Kornblith 2006）指出小孩和动物具有对逻辑概念的敏感度，但是很可能对它们缺少相应的概念。

② 感谢路易·德罗塞特指出这一点。有人可能还会补充道，如果思虑不相容论者担心那些相信决定论为真的思虑者将拥有不一致的信念，而思虑相容论者提出的信念条件能够避免思虑者拥有这样不一致的信念，那么，思虑不相容论者反驳说相容论者的提议未能允许包含不一致信念的思虑，这种反驳在论辩上是有问题的。关于这个话题的讨论，亦可参考尼尔·列维（Levy 2006）。

件就能击败思虑不相容论者。我们于是可以对（S）和（DE）的内容做重新表述，以构成理性思虑所要求的充分条件的要素。首先要注意的是，这些条件所指出的复杂性针对范围非常广泛的行动者。它们因此可能由这类行动者所满足，并且如果它们是正确的，这类范围广泛的行动者能够在一个他们承认是决定论的世界里进行理性思虑，而不具有错误的或不一致的信念。除此以外，还要注意的是，对于不一致性的顾虑仅仅适用于那些相信决定论及其显著后果的行动者。非常有可能的是，那些不具有处理虚拟性条件式能力的行动者，或者不具有关于一致性的概念的行动者，或许不能够相信决定论是正确的。该充分条件为这些不那么复杂的行动者在思虑时一定抱有错误的信念留有空间，不过，这一点似乎不是特别令人担忧。我还怀疑他们是否真的一定拥有错误的信念，因为，很可能，在他们能够做什么的信念中的“能够”，不 125
确定是形而上学的。

总　结

理性思虑很可能既要求认识论上的开放性条件，也要求对思虑有效性的信念条件。我提出的认识论上开放性的条件是：

> （S）为了在不同的行动A1……An之间进行理性思虑，对于每一个行动Ai来说，S对她将要做Ai这一命题不能确定，对她将不做Ai这一命题也不能确定；并且，要么（a）她将要做Ai的这个命题与当下情形中每一个她视为确认的命题相一致，要么（b）如果它与其中某些这样的命题不一致，她不能相信这一点。

与之相结合的是：

（确认的）仅在行动者相信一个命题并为了思虑的目的而无视任何她对其真实性的不确定感时，这个命题是她视为确认的。

尽管（S）结合（确认的）无法给出一套关于相容论的思虑有效性的说法，但是思虑有效性与开放性的差异足以要求我们提供另一个不同的条件。我于是提出：

（DE）为了对去做A1还是A2进行思虑（其中A1与A2是不同的行动），行动者必须相信，如果她对于是去做A1还是A2进行思虑的结果是判断出最佳行动是A1，那么，在正常情况下，她应当基于思虑做A1；A2亦然。

（S）结合（确认的），再加上（DE），看上去能经得起对其他相容论关于思虑所要求的信念条件提法的反驳，这又给了我们理由认为，思虑不相容
126 论，例如包含条件（I）的那种是可以被成功抵抗的。

第六章

不包含基本应得意义的道德责任

自由意志怀疑论者不承认我们有道德责任所要求的基本应得意义上的自由意志。正如我一直在强调的，道德责任还有其他的概念，它们的关键特征能够得到怀疑论者的支持，例如，那些由乔治·舍尔(2006)和T. M. 斯坎伦(2009)提出的道德责任概念。在这一章里，我将为这样一种责任概念提出一个积极的论述，这个论述与舍尔的和斯坎伦的论述相比，在本质上是彻底地前瞻性的。我将主要关注责备，但是我也会对这个论述如何能延伸到称赞进行说明。在发展这一概念时，我主张，道德的价值判断能够作为这种前瞻意义上的责任的根基，并且，这样的判断不会被那些瓦解基本应得意义上的道德责任的考虑所威胁。义务论的判断也许是无法处理那些考虑的，但是我主张，价值上的道德判断和前瞻意义上的责任是充分的——鉴于我们关注的道德利益来说。

自由意志怀疑论和责备

自由意志怀疑论质疑所有预设行动者在基本应得意义上负有道德责任的责备行为。需要再一次重申的是，行动者对一个行动在此意义上负有道德责任意味着，这个行动在这样一种性质上是她的行动，即，如果她理解这个行动是道德上错误的行动，那么她就应受责备，如果她理解这个行动是道德上的楷模行动，那么她就应得称赞。当前讨论中的应得概念是基本的，意即，一个行动者仅仅因为她做了那个行动，并理解其道德价值，而不是仅仅出于例如后果论的或契约论的考虑而应受责备或称赞（Feinberg 1970；Pereboom 2001）。这个定义为这样一种
127 情况留有余地，即一个行动者即使不应得责备或称赞，仍为其行动负有道德责任，例如，假定这个行动是道德上中立的。由于大多数实际中的责备都包含了这种对基本应得的预设，任何一个对责备的怀疑论观点都会是变革性的。

一个自由意志怀疑论者还会质疑这样一种实践，它在使得行动者成为道德愤慨或义愤的对象的意义上让行动者负有道德责任，这种道德愤慨指的是，因行动者对自己做的错事而带来的愤怒；而义愤，在最重要的例子中，是因行动者对第三方做的错事而引发的愤怒。在过去，我支持一个认知主义的立场，认为持有这样一种反应性的态度本质上包含了一个信念，即这态度的对象在基本应得的意义上为一个行动可受责备（Pereboom 2001，2007a；参较 Wallace 1994）。基于这个观念，对于一个自由意志怀疑论者来说，持有这样的一种态度会是在信念上不理性的，因为她同样相信的是，没有行动者在基本应得的意义上为任何行动应受责备，因此她会拥有相互冲突的信念。与此相对，泰德·洪德里奇反对如下的立场，即持有反应性态度在本质上包含持有这样的信念，大体上说，他支持关于这些态度的一种非认知主义的立场，认为它们在本质上不包含持有任何信念。不过，他承认，拥有一个反应性态度在法理学的意义上与关于责任的信念相关联；如果一个人失去了对行动者（在基本应得意义上）的责任的信念，那么坚持相关的反应性态度在心理上是不可能的（Honderich 1996：856—859）。因此，在洪德里奇的立场上，一个自由意志怀疑论者持有反应性态度，将会造成信念上的不理性，因为它与和这个态度相关联的信念在法理上相冲突。奥斯

汀·达根和贾斯汀·科茨(在对话中)提出了一个与洪德里奇相似的非认知主义的观点,但是认为反应性态度与信念的关联要更加微弱,并且,在心理上可能的是,一个人彻底不持有行动者是负有责任的信念,但同时持有反应性态度。比如,如果有人在大体上反对从基本应得意义出发的证明理由,她可能在道德上感到愤怒,却没有任何包含了基本应得概念的信念。

我偏向继续支持认知主义的观点。在我看来最合理的观点是,道德怨愤与义愤包含了以下两个要素:由于一个行动者所做或没能做到的事而对他产生愤怒,以及相信这个行动者仅仅因为他所做或没能做到的事,而值得成为这种愤怒的对象。如果一个态度不具有这些特征,那么它就不能算作愤慨或义愤。动物和小孩有类似于愤慨与义愤,但不包含这些认知成分的态度,它们不能算作愤慨或义愤。我的看法是,无论何时我感到道德上的愤慨或义愤,我保留包含基本应得概念的信念,尽管我确信没有行动者在基本应得的意义上应受责备。在这样的情况下,我是不理性的,因为我持有相冲突的 128
信念。

我认为,接下来这个提议是可靠的,且应当被所有人接受。当一个成熟的、正常的人将某个行动者作为她真诚的愤慨或义愤的公开表达的对象时,她同时不相信这个行动者在基本应得意义上应受责备,并且在事实上应当受到公开地责备,这至少在心理上是接近于不可能的(参见McKenna 2012: 64—74)。[①]有些例如出于理论上的理由而不承认基本应得概念的人,她可能默默地对另一个人感到义愤,但并不相信他在基本应得意义上应受责备,并且不公开地表达她的义愤,我们可以对这

① 这个提议产生于与奥斯汀·达根的一次讨论之中。麦坎纳给予反应性态度的公开表达以某种特权,因为他认为,使得别人负有道德责任在根本上是某种交流性的实践。我拥护的关于道德责任的实践不支持对反应性态度的公开表达,出于这个理由,我并不支持这种观点。

种状况保持开放的态度。的确，公开的但是假装的义愤通常不会伴随着这样的信念，但那就不是对真正的义愤的表达。小孩和动物可能会公开地表达与义愤在一些重要的方面有现象上相似的态度，却不持有包含基本应得概念的信念，不过他们不是正常的成年人类。鉴于这个提议的合理性，自由意志怀疑论将会挑战任何一种使得别人负有道德责任的、将公开的反应性态度的表达作为其核心特征的实践。相应地，它容易支持人际关系中不包含与那些基本应得概念相关联的态度的交流模式。

在一种我不会追随的修正性观点中，我们那种认为别人在基本应得意义上负有道德责任的实践应当被保留下来，但这并不是因为人们事实上在这种意义上是负有道德责任的，而是因为这样做会给我们带来好的后果，而不这样做会是有害的。丹尼尔·丹尼特（1984）持有这种观点的一个版本，对曼努埃尔·瓦加斯（2007）观点的一种解读也可以作此理解。[①]例如，有人可能会支持**实践后果论**，基于这样一个理论，我们要对各种候选的道德实践的后果进行比较，然后论证当前的实践是最好的，这个论证包含了对基本应得性的证明。还存在一些与这个提议相类似的契约论的观点（Lenman 2006; Vilhauer 即将发表）。这种立场可能是可辩护的，但是它涉及我们在思考和行动时要好像行动者在并不存在的意义上负有道德责任那样，因此它涉及好像错误的信念是正确的那样去行动，而这似乎是不公平的（Waller 1990：130—
129 135）。似乎在初步看来更为合适的是，我们还是不抱着这样的幻觉生活，而我提出的观点能够满足这个目标。哲学上的方法不适用于决定抱着这样的观念生活对我们来说是否可行。因此，我所提供的仅仅

① 关于对瓦加斯就这一话题的立场的一个批判性讨论，见佩里布姆（2009c）和史蒂芬·莫里斯（Morris 2012）。关于另一种鉴于自由意志怀疑论而证明应得责备的方法，见沙博（Shabo 2012c）。

是一个提议。但是我们确实拥有一些相关的来自社会和个体的经验上的证据，它们采用了这个提议的很重要的方面，我在下文会对此有所提及。

近来有一些关于责备和可责备性的分析，不会被不相容论者视作是与决定论相冲突的，并且自由意志怀疑论者也可以对此予以采纳（Pereboom 2009a）。在舍尔的观点里，责备在本质上是一种信念-欲望的组合：相信行动者错误地行动或者有不好的品格，以及相信他没有错误地行动或没有不好的品格（Sher 2006：112）。自由意志怀疑论者可以融贯地支持关于恶的信念与欲望。有人可能会反对说，如果我们放弃人们在基本应得意义上可受责备的信念，我们将不再能合理地评价任何行动为好的或坏的。但是，不承认基本应得意义上的可责备性不会威胁到关于道德上的坏与恶的价值判断，并且，与这点一样，不承认基本应得意义上的可称赞性或可嘉许性也不会危及关于好与美德的评价（Spinoza 1677/1985；D'Angelo 1968：58；Slote 1990；Watson 1996；Vilhauer 2004，2008）。即使我们相信一个犯下种族灭绝罪的犯罪者由于某种变异的脑疾而不在这个意义上是可责备的，我们仍旧能够合理地主张，他如此做是极端坏的，并且他的品格恶劣。因此，就目前为止，自由意志怀疑论者可以接受这种对责备的分析。舍尔主张责备包含一套情感上的与行为上的倾向性，有人可能会在此处认为他的观点与自由意志怀疑论是相冲突的。但是，他没有主张这些倾向性对责备来说是本质性的，他所主张的仅仅是，这些倾向性与责备在一种微弱的意义上有关联。鉴于这种关联的宽松性质，自由意志怀疑论者可以接受舍尔所说明的那种责备。不过她或许不会支持可能与责备相关联的所有情感上的倾向性——尤其不会支持那些由基本应得概念而得到理证的表达道德愤慨与义愤的倾向性。但是，有两种舍尔提出的引起我们注意力的倾向性，是与自由意志怀疑论者的观点相容的——“为了我们自己的过失和

130 恶道歉，以及训诫别人的过失和恶”（2006：108）。①

在斯坎伦的分析中，去为一个行动而责备行动者，就是去判断这个行动展现了行动者对自己及/或其他人的态度，这个态度破坏了他可以与那些人拥有的关系，并且，责备者认为自己与行动者的关系出现了变更，而这种变更是因前述关系破坏的判断而证明为恰当的（Scanlon 2009：128—131）。以这种方式被定义的责备是否能与自由意志怀疑论相容，取决于这个定义中所指的恰当性作何理解。如果这种恰当性被理解为要引入基本应得的概念，那么这种责备想法将会受到质疑。斯坎伦（2013）的确论证过，他的恰当性概念有一个方面能够支持对于有限伤害的基本应得证明。对犯错者的错误的公开承认，在不包含过度羞辱时，“由于那些错误本身而是恰当的（它仅在那些错误的基础上是应得的），因此犯错者无法在道德上要求反对这一点”。但是，关于恰当性，还有认识论的或证据的方面与自由意志怀疑论是相容的。斯坎伦的一个例子展现了这一点。你信任比尔，但是你注意到，他反复地以不令人信任的方式行动，由于这一点，你可以恰当地认为你与他的关系被破坏到了能够反应这一信任消减的程度。在这里，关于恰当性的证明是证据上的。你对比尔的信任程度很高，但是你之后又获得了关于削弱这个信任的很好的证据，因此你有了一个好的理由去判断，他的态度对于你们的关系是具有破坏性的。现在你做出了这个判断，并且视你与他的关系已经被破坏到能够证明你做出的这个判断是恰当的程度。对于自由意志怀疑论者来说，这一点是不可反驳的。但是让我说明以下一点，人际关系中的责备貌似只是偶尔与对关系损害的判断相关联。很大一部分责备是在道德教育过程中由父母和老师指向孩子的，而仅

① 这并不是说，我认为舍尔的理论是完全的对责备的怀疑论观点。关于进一步从其他角度对舍尔的观点的批判性评论，见麦坎纳和瓦达金（McKenna and Vadakin 2008）、雷斯–丹尼斯（Reis-Dennis 2010）和詹姆斯·霍布斯（Hobbs 2012）。

仅在很少的情况下，这样的责备包含着关于一段关系已经被损害的判断。①

尽管自由意志怀疑论者能够接受舍尔的和斯坎伦的责备概念，我将提出一个具有更加明确的前瞻性面向的责备概念。像约瑟夫·普里斯特利（1788/1965）那样的自由意志怀疑论者们，以及与他们具有亲缘性的修正性的相容论者们，如莫里茨·施里克（1939）和J. J. C. 斯玛特（1961）所主张的，鉴于决定论，能够被保留下来的责备概念一定是前瞻性的：这种对决定论友好的责备的理由以及其目标是去缓解或消除错误行动的倾向性。这些倾向性已经存在，并且在那些最重要的例子中由过去的行动所展现出来，并且可以被合理地预设为会继续存在， 131
除非我们对它们采取一些矫正性的处置措施。因此，这样的责备指向过去的不端行动，作为针对这样一种持续的倾向性的措施（Hieronymi 2001）。②当一个行动者已经错误地行动了，有人可能会问他："你为什么决定那样做？或者，你认为那是正确的事吗？"在这里，问这些问题的关键，是让他识别出并承认不道德的行为倾向。如果在他对这些问题的回应中所提供的理由表明他确实有这种不道德的行为倾向，那么要求他付出努力消除这一倾向将是恰当的。参与这样的互动将会因有助于这个行动者的道德发展而是合理的。这种模式是一种得到斯坎伦（1998）和希拉里·博克（1998）辩护的**应答性**（answerability）意义上的道德责任。

---

① 关于斯坎伦的提议的这一类评论由沃尔夫（Wolf 2011）和霍布斯（Hobbs 2012）发展出来；关于更进一步的评论，见奈尔金（Nelkin 2011a）、舒梅克（Shoemaker 2011）和华莱士（Wallace 2011）。

② 帕梅拉·希罗尼米（Hieronymi 2001：546）主张，愤怒最好被理解为一种抗议；"愤怒是对作为一种威胁持续到当下的一个过往行动的抗议"。尽管愤怒并不是我在这里提出的前瞻性责备概念的一个特征，在这个观点里，责备某人的一个核心作用是抗议他的某个作为威胁持续到当下的过往行动。

迈克尔·麦坎纳（2012）近期发展出了一种观点，这种观点经过某些修改，能够适用于这些目标；他称之为**对话性**的道德责任理论。在他的观点中，一个负有道德责任的行动者的行动可能是某一类含义的载体，因为它们表明行动者在行动时所怀有的意志品质（2012：92—94；也见Arpaly 2006）。我对某人的责备是某种如道德愤慨或义愤的情绪或态度的表达，它的作用是与她交流我鉴于上述意志品质的道德反应。当一个负有道德责任的行动者行动时，她理解，道德社会中的成员可能会赋予她的行动以某些含义。当她的行动在道德上受指控时，她意识到她可能为这样一种与他人的对话性互动提供了有意义的贡献。这一最初阶段麦坎纳称作**道德贡献**。第二个阶段他称作**道德对话**，其中，行动者被回应者责备。在第三个阶段，**道德说明**中，被责备的行动者通过提供一个借口，一个辩解，或一个道歉来延伸对话。在这时，回应者可能通过原谅或惩罚来继续这个对话。在另一个新的阶段，被责备的行动者可能会恢复其在道德社会中的完整身份。这个**道德责任的对话**以自然语言的使用者间的普通对话交流为其类比模型。不是所有的责备行为都符合这一模型；例如，责备死去的人就不适合这个模型。在这里，麦坎纳（在我看来合理地）援引了一个关于概念的意义和外延的
132 “范式–相似性”模型（Rosch 1972，1973）。责备的对话是责备的最重要的例子，而其他类型的例子之所以被算作责备，是因为它们与最重要的例子足够相似。

我们需要对这幅图景做出某些调整。[1]我偏向于在典型的例子中，不去将第一个阶段定义为要求认知上如此复杂的概念，如“为这样一种与他人的对话性互动提供了有意义的贡献”。即使是成年人，他们中

① 麦坎纳对某些修改是保持开放态度的（在通信中，参考McKenna 2012：90—91），但是对于他的提议来说关键的是，在第二阶段，回应者持有责备的态度，这种态度可能在第三阶段被消解。我的观点是，尽管在实践中，人们常常在第二阶段持有责备的态度，这样做往往包含了道德上的错误。

的大多数也不会以这种方式看待自己的行动。在第一阶段中，重要的是行动者至少含蓄间接地将自己的行动看作是在道德上可被指控的，并且就某个特殊的意志品质而与他人进行交流。此外，当我们要讨论的是公开的责备时，在第一阶段里，通常的情况是，一个可以被合理地解读为不道德的行动被做出了。但是这并不符合所有的责备的实例，因为，行动者经常由于被错误地认为做了错事，或者由于粗心的或蓄意的错误解读，或者直接的谎言，而被公开地责备。现在，在麦坎纳的设想中，责备出现在第二阶段，而其他一些理论家——例如，菲恩伯格（1970）——提出，责备是惩罚的一种形式，这在麦坎纳的模型里出现在第三阶段之后的某个阶段。公开的责备可能实际上出现在任一时刻，也就是说，要么先于对借口、辩解，或其他类型的免责解释的要求而出现，要么在这个要求之后出现。但是如果责备在这样的要求之前出现，那么它通常（但不总是）在道德上是错误的。如果在第二个阶段里，借口或辩解在很大程度上是认识论可能的（有时候不是这样，例如，当行动者明确地被发现做了坏事时），一个告知那个行动者他做了错事且没有借口与辩解的对话——也就是，指控——将通常是不道德的。如果一个指控是在第二阶段做出，并且一个有效的辩解或借口能够提供出来，那么我们应当明确地建议回应者那一方做出道歉。但是，即使在认识论上看行动者有一个有效的借口或辩解是很可能的，而实际上这个行动者没有这样的借口或辩解，一个在先的指控也是道德上不好的。在规范性的例子里，如果在第二个阶段明确了解到行动者确实做了所讨论的行动，那么回应者将询问他是否有借口或辩解，但是如果行动者有没有做那个行动还是不明确的，那么回应者将试图确定他是否做了那个行动。

如果在第三个阶段，行动者承认自己做了这个行动，而没有任何
借口或辩解，那么，在下一个阶段，回应者可以用表达道德愤慨或义愤 133
的方式，通过说下面这一番话与行动者进行对话："你做的事是错的！"

这可以说是一种可算作惩罚的责备，因为它包含了意图通过回应一件视为已做出的错事来施加心理上的痛苦（参较 Wallace 1994：51—83；Nelkin 2011b：31—50）。如果行动者不承认自己做了那个行动，但是很明显他确实做了，并且他没有借口或辩解，那么回应者可以指控他做了错事。这个指控可以是一种形式的责备，如果它以表达了愤慨或义愤的反应性态度的方式交流出来，那么也可以说它算作惩罚的一种形式。但是需要注意的是，回应者还可以在不同时表达愤慨或义愤的情况下，通过表达失望和悲伤的情感与行动者进行对话，还可以建议道歉和改造。

正如我说过的，自由意志怀疑论者能够支持一种**应答性**意义上的道德责任概念，并且她可以在不具有不一致性的前提下，接受麦坎纳更具体观点的一个修改过的版本，只要它避免对基本应得概念的要求，以及对那些与基本应得信念相关联的反应性态度的表达。麦坎纳有力地主张，他的大体上的模型既与支持基本应得概念的观点相容，也与拒绝基本应得概念的观点相容。为了与自由意志怀疑论相协调，我提出不将这个关于责备的模型建立在基本应得概念之上，而是将其建立在三个不引发应得概念的要求上：对潜在受害的保护，与私人关系及更广泛的道德社会的关系的和解，以及道德改造。不道德的行动通常是有害的，我们有权利保护自己和他人不被那些倾向于做出有害行动的人所伤害。不道德的行动还可能会破坏人际关系，我们对通过和解来取消这样的破坏有着道德上的兴趣。并且，由于我们重视道德上的好品格以及相应的行动，当道德品格的塑造被做错事的倾向性所殃及时，这对我们来说利害相关。

基于这样一个对话性模型的责备能够对实现上述的这些目标起到作用。假设有人做了错事，例如，传播关于他的政治对手的诽谤性谎言。人们可以通过质问他能不能为所做指控拿出好的证据，来与他对证，假设他拿不出来，人们可以向他指出他的行动是不道德的，并且他应当停止继续倾向于如此行动。如麦坎纳在援引菲恩伯格时指出的，这个过程可能对犯错者在不同的方式上是有害的——例如，它可能为其带来心理上的痛苦（McKenna 2012：125；Feinberg 1970：60—74；参较Zimmerman 1988：155）。但是，施加这样的痛苦是可以得到合理证明的，这首先是因为，被诽谤的人有权利保护自己和受到保护，免于被这种侵犯及其后果所伤害。此外，与犯错者和解可能对人们来说是利害相关的，要求他为其行动负责能够起到推进这一目标的作用。最 134
后，我们还对他的道德改造抱有兴趣，而上述的道德对话自然地作为这改造过程的一个阶段而起作用。建立在这种方式上的责备在本质上是前瞻性的，因为它的目标是带来未来的保护，未来的和解，以及未来的道德改造。责备的直接目标通常是针对一个过往的行动，但是只要责备的目的是出于保护和道德改造，那么这个过往的行动将会被表述成为纠正一个持续的错误行动倾向的方法。只要责备的目标是和解，过往的行动也将会由于其自身而得到处理。①

可能存在一些例子，其中，一个不道德的行动被做出，但是不包含一个持续的如此行动的倾向性，或者不包含一个构成真正威胁的持续倾向性。责备仍旧能够在这样的例子中起到和解的作用。还存在一些例子，其中，存在错误行动的持续倾向性，但是这个倾向性还没有在行动中表现出来。②这样的行动者能够被合理地责备吗？显然，行动者不能够因做了这类不道德的行动而被责备。但是一个行动者能够由于有这种持续的倾向性而被责备，而且，更普遍地说，在我所提倡的前瞻性的概念上，持续的倾向性是责备所关注的焦点。

与这种责备的观念相对应，还存在关于称赞的观点。在关于责备的三个目标——道德改造、保护以及和解中，最明确地能够被修

---

① 感谢黛娜·奈尔金指出这一点。

② 感谢克里斯·富兰克林让我注意到这一类的例子。

正以适用于称赞的是道德改造。我们为一个行动者所做的道德上楷模的行动而称赞他，是为了鼓励他强化产生这一行动的倾向性。这能够起到一个保护性的作用，因为强化这样的倾向性能够有助于减少危险行为。与和解相对应的概念是庆祝人际关系中的成就。称赞一个行动也能起到这方面的作用。

与这种对话性模型相符合，对于设想的责备和称赞过程来说，参与其中的是行动者的理性。在责备的例子中，在道德对话的阶段，我们抱着想让行动者承认错误行动倾向性的意图要求得到一个解释，如果他事实上在没有借口或辩解的情况下错误地行动了，我们就会力图让他知道这个行动所出自的倾向性最好被消除掉。在那类标准例子中，这种改变产生于行动者对道德理由的识别。相应地，正是行动者对理由的回应性（参见 Fischer & Ravizza 1998），加上我们对保护、对犯错者的
135 道德改造，以及对我们与他的和解抱有道德上的兴趣这一事实，一同解释了为什么他是前瞻意义上的责备的恰当承受者。关于称赞也可以给出相似的说法。

事实上，在我的观点里，这种前瞻意义上的道德责任关键的必要条件是对理由的回应性与敏感度。这种条件通常作为基本应得意义上的责任的必要条件被提出来，提出这点的哲学家们主张，这种类型的责任与对行动者的因果决定论相容，并且正如法兰克福类型的论证所成功地指出的，它不能通过有无替代可能性得到解释。我所提倡的这种前瞻性的道德责任也与行动者的行动由超出他们控制的因素因果决定相容，因此在一个恰当地建构出来的决定论的操纵论证中，受操纵的行动者将以这种方式是负有道德责任的。例如，普拉姆在例子1中（见第四章）将在这种意义上负有道德责任，部分是因为他是在道德理由影响下的道德改造的对象。在我的观点中，行动者在法兰克福的例子中（见第一章）将也是在前瞻的意义上负有道德责任的，因此，正如菲舍和拉维扎发展出的立场，行动者的这种道德责任所要求的自由意志将是事关

这个行动的实际因果历史的。萨托里奥（即将发表）最近提出一个理由敏感度的观点，依照这个观点，行动者关于一个行动的自由随附于这个行动的实际因果次序中的元素，尤其是随附于行动者的自由所基于的那些元素上。我支持这个观点，并视其为前瞻性的道德责任概念的一个条件。在这个讨论的节点，我还没有确定下来一个对理由回应性或敏感度条件的精确表述，但是我认为，给出正确条件的过程始于菲舍（1982，1987，1994）、菲舍和拉维扎（2008）、沃尔夫（1982，1990），直至麦坎纳（2000）、奈尔金（2011）和萨托里奥（即将发表）。

这些哲学家们都认为，某种与理由的相适应性是基本应得意义上的或包含反应性态度的道德责任的关键条件；与之不同，我将这一点视为是对以保护、和解，以及道德改造为重心的责任概念来说最重要的条件。很重要的是，在理由敏感度与前瞻性的责任概念之间，存在着显而易见的关联，而在它与基本应得意义上的和包含反应性态度的道德责任概念之间，却缺乏这种类似的关联性。例如，一个行动者基于理由的陈列而作为道德改造的对象，这明显地要求行动者对理由具有敏感度，而理由敏感度与关于基本应得性或反应性态度的预设之间的关联就不那么明显。我们人类可能恰好被建构为，当能够回应理由的行动者错误地行动时，我们会去预设基本应得性，或去抱有反应性态度；但是，136
我们能够从前瞻性的责任概念中看到的更加清晰的关联，在这里是缺失的。

麦坎纳可能会对此表示不同意，因为他主张，建立在对话性模型之上的责备与基本应得性之间有着紧密的联系。在他的观点里，这种联系可以通过以下的原则得到阐明：

> 作为对一个行动者的可责备行动中所表达出来的含义之回应，在他与他人的模式发生改变的人际关系中，他人传达出在道德上对他的要求、期望，以及不认同，行动者会在这时体验到伤害，而

> 这是一种非工具性的善。由于这是一种非工具性的善，责备一个可责备的人是可允许的。(2012：150)

由责备带来的伤害包含进行道德对话所带来的情感上的痛苦，以及人际关系变得更加糟糕这样的后果。麦坎纳提出了在三个方面，伤害可以理解为一种非工具性的善，并且因此是在基本意义上应得的。对于这每一个方面，我的想法是，那种好结果仅仅是辅助于实现某些其他的善，因此不是在基本意义上应得的。第一个善"在于可责备的行动者对于道德社会的成员资格的承诺"。在基本应得的观点里，可责备的行动者以上述方式被伤害是一种善，这仅仅是因为他明知故犯，在当前讨论的语境中，这正说明了这种伤害为何是一种非工具的善。与此相反，以一个道德社会中的成员资格这种善为目标的伤害是工具性的，因为伤害本身没有被视为一种善，而是被视为服务于这种成员资格的善。第二个方面有赖于舍尔的观点，"当一个人责备另一个人时，她欲求那个人本可以不有负于道德的忠告而行动，而这可以由她对道德的这些方面的普遍关心得以解释"。麦坎纳主张："我们可以说，通过责备一个犯错者来与之对话，是由对道德的承诺所驱动的。这应当被重视；这是一种善。"(2012：168)但是在这里，我要再一次说，伤害是工具性的，因为它本身并不被视为一种善，而是被视为有助于对道德的承诺。即使道德的善是一种非工具性的善，伤害也将是一种工具性的善，因为它的目的是促动犯错者不有负于道德的忠告。麦坎纳引用的第三个方面是"责备这一活动的善……事关这样一个过程的非工具性的价值：它始于某个被犯下的错误行动，之后经由某种责备活动以对话性的方式回应了那个错误，并要求以一种重视可持续的道德社会纽带的方式延伸这展开的对话"(2012：169)。存在两种将伤害解读为一种工具性的善
137 的方式。一个解读方式是，被称为非工具性的善的不是伤害，而是对话性的过程；因此伤害应当被理解为一种有助于整体过程那一更大好处

的工具性的善。另一个解读方式是，伤害服务于道德社会的可持续纽带这一非工具性的善，但是这就又会使得伤害变成一种不是就自身而言的善，而是服务于这些纽带的工具性的善。自由意志怀疑论者可以支持上述任何一个解读方式，其中，由公开的责备引起的伤害是一种有助于更进一步的好处的工具性的善。任何一种解读方式都可以被理解为，责备服务于道德改造的善。

麦坎纳的回应是，他主张责备带来的伤害部分地构成了他所援引的那些不同的非工具性的善，因此不仅仅有工具性的价值（于通信中；参较McKenna 2012：123—124，n. 18）。但是，尽管合理的是，某些不具争议的善的例子，例如精神上的与身体上的健康，部分地构成了例如人类幸福这样的非工具性的善，至少一般来说不那么可信的是，伤害——作为伤害自身——也部分地构成了非工具性的善，并且出于这个理由而本身算作是非工具性的善。疫苗接种可能是身体健康的先决条件，而健康构成幸福，但是说疫苗接种的痛苦也是幸福的构成部分，而不是作为达成幸福所必要的某种工具，就是不合理的。我的看法是，提议中基于对话性模型的道德责任与伤害作为一种非工具性的善之间的关联，并没有被证实，因此基于这种模型上的责任与伤害作为基本应得意义之间的紧密联系也就没有得到确立。

责备和义务

针对这种怀疑论的观点，有人可能会反对道，一个行动者因做出了行动A而成为责备的对象，即使是在前瞻的概念上，这也要求她应当不去做A，而这继而会要求，依照“应当”意味着“能够”的原则（OIC），她本能够不去做A，而这与决定论不相容。虽然我的自由意志怀疑论不支持决定论，但是它承认决定论是一个严肃的可能性。依照后果论证，决定论与做出别样行动的能力至少在一个重要的意义上是不相容的，在这样的一种理解之上，我认为这个论证是有吸引力的（van Inwagen 1983；Ginet 1990：95—117）。因此，这个反驳对我的提议构成了威胁。

以下是黛娜·奈尔金对这一反驳进行支持的论证版本：

N1. 如果S对于A是可责备的，那么S本应当不去做A。

138 N2. 如果S本应当不去做A，那么S本能够不去做A。（来自OIC）

C. 因此，如果S对于A是可责备的，那么S本能够不去做A。（Nelkin 2011b：100—101；参较Coppe 2008）

我们必须谨慎地评价这个论证，因为“应当”有着一系列正确的用法，正如C. D. 布罗德（1952）所提出的，有可能的是，不是所有的用法都与一个OIC要求相关联，而有些甚至与这样的要求一点关联都没有。首先，露丝·巴坎·马库斯（1966）、劳埃德·亨博斯通（1971）、吉尔伯特·哈曼（1977）区分了应用于行动的“应当”和应用于事态的应当。[①]哈曼提出，“应当去做”“意味着行动者有理由去做一个行动，而‘应当是’所评价的是一个事态，它本身不意味着任何一个具体的行动者有理由致力于导致那个事态出现”（Harman 1977：87；参较Humberstone 1971；Manne 2011）。但是正如詹姆斯·霍布斯（2012）指出的，某些“应当是”的主张将会对行动者的行动理由有所启示。他给出了以下的判断：如果X**应当是**，那么相关的考虑所适用于的行动者就有理由以尊重X的价值的方式行动。但他仍旧主张，这种对行动理由的预设不意味着存在一个行动者可获得的途径去意识到什么是应当的情况，在我

① 参见凯特·曼恩（Manne 2011）。马克·施罗德（Schroeder 2011）区分了与行动相关的**思虑**意义上的“应当”与**评价**意义上的“应当”，就像在“拉里应当赢下这个彩票”中的一样，其中，拉里已然经历了一系列不应得的厄运。曼恩在我看来合理地论证道，认识到评价性的“应当”不仅应用到非行动者的事态上，还应用到行动上，是十分重要的。

看来这个主张是合理的。然而，如果与此相对，一个行动者**应当做**某件事，那么该行动者就有理由去做它，并且存在这样一个她应当如此去做的途径。与此相类似，奈尔金（2011b：111）主张，明确出一个行动者应当去做什么的“应当”命题在本质上是行动导向的，因此，如果“S应当不去做A”是正确的，那么就“应当”命题的含义而言，或者，就义务的本质而言，S被导向不去做A，并且这蕴含着S能够不去做A（也见Copp 2008；Stapleton 2010）。一种对这个区分进行思考的方式是，“应当是”是一种对“应当”的**价值上的评价**，或者有时也是一种**价值上的理想**，这并不（至少不是直接地）蕴含一个关于“能够”的主张，而“应当做”表达了在一个具体的环境中对行动者的要求，它蕴含着这个行动者能够做出那个要求所指的行动（参较Humberstone 1971；Manne 2011）。有人可能会称这第二种类型的“应当”为**特定行动要求**意义上的。

对于由行动导向的“应当”所蕴含的能力，霍布斯的一个更加精细的相容论提议是，如果一个人在考虑到所有因素的情况下应当去做某件事，那么她就拥有身体上的和精神上的能力、技能，以及所需的专门 139
知识，并且她处在对于做那件事来说恰当的环境中。然而，她可能没有做这件事所要求有的动机。[①]相应地，如果一个行动者在考虑到所有因素的情况下应当去做A，那么她在如下意义上能够做A，即做A与她的能力和机会相容，而不必与她事实上如何被促动相容。重要的是，在他的观点中，决定论意味着做别样行为与一个情境中所有的因果相关的特征不相容。但是，在所有因素都被考虑到的情况下，行动者应当去做一个行动，仅仅意味着她做这个行动与她的能力和机会相容，而不是与余下的特征关键且因果相关的特征，也即她的动机相容。因此，“S不应

① 在霍布斯的论述中（Hobbs 2012），当且仅当S在本质上是如下这样时，S拥有做A的基本能力：如果S被充分地促动去做A，并且S有机会做A，那么S相对有可能去做A（考虑到做A的困难）。

当做A”可以在决定论的情境中是正确的，其中S做了一个不道德的行动A，因为他没有被恰当地驱动。

霍布斯通过一个反驳来检验他的观点，这个反驳说明，相关的“应当”的要求实际上在行动者身上施加了一个更强的要求，这样的要求如果不是更加敏感于行动者如何可能被驱动，就施加在行动者身上，那会是不公平的。他通过主张说这种更强意义上的“应当”究竟指什么并不是很明确，来对这个反驳进行回应：“我脑中有的实际的，指导行动的‘应当去做’的主张通常表达的是义务，只有在一种意义上‘应当’表达了某种更强的规范性的要求，并且会因为它不能考虑动机上的障碍而是不公平的，这样一种意义上的‘应当’与可责备性联系在一起，从而使得‘A应当去做某件事’大致蕴含着，如果A没有去做那件事，那么他就是可责备的。这不是我所熟悉的对于‘应当’的用法，也不是我认为尤其有用的用法。”(Hobbs 2012)但是我的看法是，如果因果决定论排除了动机的替代可能性，并且因此排除了行动的替代可能性，那么关于“应当去做”的一个核心的意义将会被危及。如果我知道，在某个时刻，行动者本不能避免缺少做某些道德上的楷模行动所要求的动机，那么，让我去要求她本应当在那个时刻做那个行动就是不公平的，并且我认为，这样要求同时也是错误的。

不过，让我去建议那个行动者在将来的某个时间里做那一类的行动，则不会是不公平的，鉴于她将会在那时培养出必要的动机，这在认识论上是开放的，尤其是，如果我们可以合理地提前认识到，这建议能够在因果上致力于产生那个动机。为了向她建议如此行动，我可能会告诉她，她应当在未来的某个时间里做那个行动，并且我可以恰当地，
140 不犯任何错误地这样做。因此，在这里引出的“应当”的含义，可以合理地与那种特定行动要求意义上“应当”具有不同的含义。我提议，鉴于决定论以及决定论排除替代可能性这一点，当人们告诉行动者，他在未来应当不要去做某一种类型的行动时，在这里被合理地引出的“应

当”是价值判断意义上的应当，而不是特定行动要求意义上的“应当”。这种用法上的“应当”向行动者提出，他不去做那个行动的一种事态是在道德上有价值的，并建议他不要去做那个行动。我们可能称这里的“应当”为**价值建议**意义上的。与特定行动要求意义上的“应当”有所不同，这不是义务上的“应当”。鉴于决定论以及它排除相关的替代可能性这一点，仅当行动者实际上被因果决定而做了这个行动，并且人们能够合理地对此感到确定时，在特定行动要求的意义上使用“应当”才可能是正确及公平的，但情况一般不是这样，与此相对，价值建议意义上的“应当”则不会被如此瓦解。虽然像前者一样，价值建议意义上的“应当”也必然地考虑行动者及其可能会做出的行动；但是就如所有关于“什么应当是”的主张，这种用法上的“应当”不应被理解为预设了行动者合理可获得的以相关方式行动的途径。人们可能会对这样的途径是否可获得保持不确定的态度，但是“应当”这种用法仍旧是合理的。

“应当”的这种用法与建立在保护、和解及道德改造的善之上的前瞻性概念的责备相契合。如果在

N2. 如果S本应当不去做出A，那么S本能够不去做A

中的“应当”被解读为特定行动要求意义上的“应当”，那么如奈尔金一样，我接受N2。但是这并不排除这样一些情况，即在基于决定论的情况下，行动者在没能做出某件事的时刻里，本不能做出那件事，但是对“应当”的价值建议的前瞻性用法仍旧是合理的，尤其当行动者可能会培养出做那件事所必要的动机时。[①]

① 尽管如此，有可能在有些时候，在这些条件下使用这样的“应当去做”的阐述是具有误导性的，因为它们被合理地解读为特定的行动要求。那些更清晰地表达（转下页）

这些反思如何与可责备性和“本能够做出别样行为”之间的关系
141 有所关联呢？在这里，我将再一次呈现奈尔金的论证：

N1. 如果S对于A是可责备的，那么S本应当不做出A。
N2. 如果S本应当不做出A，那么S本能够不去做A。（来自OIC）
C. 因此，如果S对于A是可责备的，那么S本能够不去做A。

首先，由于我反对道德责任的替代可能性要求，而为法兰克福的例子辩护，因此我在一个重要的解读上不接受那个论证中的结论（第一章；Pereboom 2001，2012a）。尤其是，我不承认基本应得意义上的可责备性，如果S对于A是可受责备的，那么S的可责备性将会由她本能够不去做A这一事实得以解释。[①] 但是我在“应当”一词的特定行动要求意义上，接受第二个前提，N2。因此，鉴于基本应得意义上的可责备性和对“应当”的特定行动要求意义上的解读，我不得不否定第一个前提，即N1。

这是如何可能的呢？当一个行动者想要去做一个不道德的行动

（接上页）为价值建议的表述，例如，“去做A对你来说是好的”，将会排除这种误读。但是，正如尼尔·托格纳吉尼和贾斯汀·科茨（于通信中）指出的，“你知道，你真的应当去做A”中的“应当去做”，似乎是具有某种价值上的含义的。

① 菲舍（Fischer 2003）论证过，法兰克福例子成功地挑战了关于可责备性的替代可能性原则（PAP-B）和OIC。我同意菲舍说的这些例子成功地挑战了PAP-B（第一章），有人可能会期待，任何持有这种观点的人可能也会认为这些例子瓦解了OIC。如果法兰克福（Frankfurt 1969）的例子中的琼斯对杀害史密斯负有道德责任，尽管他没有能力不去做这件事，这难道不也说明，他本应当不去杀害史密斯，尽管他没有能力不去做这件事吗？但是再一次重申，我觉得哈吉（Haji 1998，2012）论证得对：法兰克福的例子没有瓦解OIC，在我的观点里，这是由于关于义务的“应当做”的判断在其本质上是行动导向的，对此奈尔金（Nelkin 2011b：111）进行了论证（见上文）。我对法兰克福的例子的直觉使得我认为，对一个行动的可责备性的判断并不以相似的方式指导行动者去做或不去做某件事。关于另一种反对OIC的相容论的论证，见彼得·格雷厄姆（Graham 2011）。

A，有人可能会用特定行动要求意义上的“应当”对她说：“你应当避免去做A！”假定她还是做了A。如果根源论的不相容论者（一个法兰克福例子的辩护者）是正确的——我主张他是正确的，那么倘若一个行动者是她自己的行动的非决定性的根源，即使她本不能不去做那个行动，她还是在基本应得的意义上可受责备。但是那个“应当”的判断指导她不去做A，而如果她本不能不去做A，这样的一个判断就包含了一个错误，并且对她来说是不公平的。因此，对于根源论的不相容论者来说，

N1. 如果S对于A是可责备的，那么S本应当不做出A

将是错误的，假定可责备性是基本应得意义上的，并且“应当”是特定行动要求意义上的。

但是在伊什提亚克·哈吉（1998）之后，并且在汉瑟（2005）的修改下，根源论的不相容论的决定论者能够支持 142

N1*. 如果S对于A是可责备的，那么S出于他那种理由而做A是坏的

作为基本应得的可责备性与不道德行动之间的关联的另一种说法。[①]N1*说明了可责备性在价值上的先决条件，与在N1中不一样，它不是一个义务论上的限定。S出自一些理由做A是坏的，这一点并不要求S本能够做出别样行为。

① 之所以加上“出于他那种理由”，是因为在一些例子中，行动者做了一个好的行动而是可责备的，但是他行动所出自的理由是坏的。行动者因出于某些理由（而不是其他理由）做一个行动而是可责备的这一想法出自马修·汉瑟（Hanser 2005）；也见奈尔金（Nelkin 2011b：104—105）。同样感谢E. J. 考夫曼针对这个话题的讨论。

此外，如果将其解读为价值建议意义上的“应当”，与此相联系的认识论意义上的“能够”，以及我们说的前瞻性意义上的可责备性，那么根源不相容论的决定论者和自由意志怀疑论者能够支持N1，以及下述论证的合理性：

> N1’. 如果S对于A是在前瞻性的意义上可责备的，那么一个处在相关立场的回应者T告诉S，在价值建议的意义上他应当不去做A那类行动，就是在道德上适当的。
>
> N2’. 如果对于T来说，告诉S他在价值建议的意义上应当不去做A那类行动是在道德上合适的，那么对于T来说，S将来能够不去做A那类行动就是开放的。
>
> C’. 因此，如果S对于A是在前瞻性的意义上可责备的，那么对于T来说，S将来会不去做A那类行动就是开放的。[①]

我接受以这种方式提出的这个论证。前瞻性意义上的可责备性允许正确的那类回应者告诉有错误行动者他不应当以那种方式行动，其中“应当”具有的含义是价值上的建议，这继而要求对于回应者来说，行动者将会依照这个建议行动是在认识论上开放的。尽管我们可以合理地说，行动者在基本应得意义上的可责备性本质上不会由他本来能避
143 免做那件事而得以解释，对于行动者来说，如果他为了一个行动而在前瞻性的意义上可责备，他在将来不再去做那一类行动则必须是开放的。

---

① 有人可能会问，在这种观点中，究竟还有没有对行动者的真正的道德要求。答案有可能是否定的，因为合理的“应当”的判断将会是价值上的建议。一个怀疑论者可能会因此不承认我们还在特定行动要求的意义上对做任何事负有义务，而因此为一种纯粹的价值论上的伦理学辩护。阿拉斯泰尔·诺克罗斯（Norcross 2006）提出了这样的一种观点，它否定了一切义务论，甚至是经典功利主义立场的最大化要求。与此相对，可达成的事态被依据价值排序，行动者被鼓励以排序相当靠前的事态为目标而行动。

法兰克福的辩护者可以接受这个结论。直觉上来说，一个典型的法兰克福例子中的行动者是在基本应得的意义上可责备的，但也在前瞻性的意义上是可责备的。但是这样一个行动将保留不去做那个行动的综合能力（Smith 2003；Vihvelin 2004；Fara 2008；Nelkin 2011b：66—76），即使由于被设定好的干涉，他不能在那个时刻中行使那个能力（Clarke 2009）。这样，他在将来会使用那个能力是开放的。当一个法兰克福的例子被建构为永久地排除了对这一能力的实践时（Pereboom 2001：27—28），显而易见的是，这个行动者将在前瞻性的意义上也不为做出那个行动而可责备了。

价值建议意义上的应当与行动的客观理由概念自然地相联系：如果行动者应当以某种方式行动，那么他就有一个客观的暂定的（pro tanto，不是将所有情况都考虑到的）理由如此行动。哈吉（2012）则要对这个观点提出挑战，他主张，客观的暂定理由与义务意义上的"应当"紧密相连，并且由于OIC，决定论不仅会瓦解义务概念，也会瓦解客观的暂定的理由。对于哈吉的论证来说，至关重要的是客观的暂定理由与义务之间的联系。他说："如果行动者有道德义务去做某件事，那么她就有理由去做这件事"（2012：235；参较7）。然而，这仅仅明确了一个单向的联系。的确，正如哈吉所说，非常合理的是，"如果一个人从客观理由的角度应当做某件事，那么这个人就能够做这件事"（2012：19ff.），并且这种理由类的"应当"因此就意味着"能够"。但是，难道说无论何时一个行动者有客观的暂定理由去做一个行动，义务与那个理由之间就一定存在某种关联吗？哈吉指出，如果S有一个客观的暂定理由去做A，并且那个理由没有被不做A的客观的暂定理由所压倒，那么S就应当去做A。然而，S也可以有一个被压倒的去做A的客观暂定理由。这就支持了主张说，可能存在这样一种不与义务联系的理由。也许由于A实现了某种善，某人会有一个客观的暂定理由去做A，并且这种善独立于任何义务论的概念（Slote 1990；Vilhauer 2008；参较Norcross

2006）。

假定如果我助捐乐施会，它就会为饥饿的人们提供食物和救助。对于我来说，我将会助捐乐施会在认识论上是开放的，尽管，因为我相信决定论是正确的，对于我来说，我将会被因果决定不去助捐在认识论上也是开放的，并因此不能够（在相关的形而上学的意义上）助捐。在
144 这个情境中，对于我来说，我将会助捐乐施会在认识论上是开放的这一点，足够充分使我理性地考虑：我捐助乐施会带来的好结果对我来说是一个去助捐的理由。这因此会是一个我可以在思虑中考量的理由。它也可以是一个客观的暂定理由：不管我的欲望与偏好是什么，助捐乐施会真的会帮助到别人。最后，还有一个可能的情况是，这个客观的暂定理由概念是与价值建议意义上的“应当”的判断相联系的。看来合理的是，在所明确描述出来的情境中，应当的情况是，我助捐乐施会，并且一个身份适当的对话者来把这点告诉我也是适当的。

一个足够坏的行动何时能够在前瞻性的意义上受到责备呢？关于这一点，自然的想法是，当行动者做这样一个行动在道德上是不正当的时候，这样的一个行动能够合理地引起这种责备。然而，哈吉（1998，1999，2002）主张，由于在道德义务与道德不正当之间存在着紧密的联系，对于道德义务的判断的威胁同样也会危及道德不正当性的判断。对于他的论证来说，关键的是以下这个原则：

> 当且仅当对于S来说不做［或做］A是道德上不正当的时，S有一个道德义务去做［或者不做］A。

如果这个原则是正确的，那么如果关于道德义务的判断被因果决定论所排除，那么关于道德不正当性的判断也将会被排除。

尽管这个双条件的原则可能在抽象考虑下是有吸引力的，我的看法是，它仅仅捕捉到了道德不正当性的复杂概念的一个面向。这一点

可以通过反思这样一个事实而得到合理阐释：虽然这个双条件原则的一半，即

> 如果S有道德义务去做[或不做]A，那么S不去做[或做]A就是道德上不正当的；

明显是正确的，但是这个双条件原则的另一半，即，

> 如果S不去做[或做]A是道德上不正当的，那么S就有道德义务去做[或不做]A。

看上去则没有那么明确。我现在想不到这样一个例子，其中，直觉上来说，行动者有道德义务不去做一个行动，但是对于他来说，去做那个行动不是道德上不正当的。不过存在这样的情况，其中，合理的是，去做一个行动对行动者来说会是道德上不正当的，但是，他有义务不去做它是不那么合理的。设想一个连环杀手出于他的心理障碍而本不能不做他所做的事。即使我们会基于OIC而否认他有道德义务不去杀人，但是他所做之事是道德上不正当的这一点仍旧是符合直觉的（关于相反的观点，见Haji 2002和Stapleton 2010）。 145

另一种非义务论的道德不正当的概念，不是在双条件的意义上与道德义务相联系，它则能够适用于这个直觉。阿拉斯泰尔·诺克罗斯（2006）对于一种纯粹价值论的伦理学的提议之核心，包含了在每一种与行动相关的环境中明确可能的行动选项，并且按照它们所能实现的价值排序。当一个行动选项的价值在排序中处于足够低的位置，从而（基于任何一个对于自由意志怀疑论友好的规范伦理理论）无法在道德上得到证明的时候，这个行动选项就会被算作是在道德上不正当的，此时一个身份适当的对话者可以在前瞻性的意义上去责备行动者。这个

提议对于不正当性的定义，没有独立于何时在这个意义上去责备是道德上恰当的，因此它不能为对不正当性进行责备的合宜性做奠基。出于这个理由，这个提议不能体现我们对于不正当性与责备的合宜性之间关系的一个重要的直觉。但是这个提议确实能带来这样一个结果，即，仅当行动者是出自道德上不正当的理由去行动时，责备是恰当的，在这一方面，它满足了另一个我们关于上述关系的重要直觉。

不包含反应性态度的责备

不包含公开表达道德愤慨与义愤的责备将会是什么形式的呢？它将会是有效的吗？我们通常认为，责备行为仅仅会在它包含对这些反应性态度的表达时，才是在道德上最佳的。我主张，首先，存在另一些不与关于基本应得性的信念相关联的态度表达，这种交流可以在道德上与对愤慨和义愤的表达一样有效。其次，在某一些重要的方面，不表达这些反应性态度的责备应当被我们所偏好（Pereboom 2001, 2009a；参较Hunderich 1988）。

有人可能会注意到，这些对愤慨与义愤的表达在我们的个人和社会关系中，起到了重要的交流性的作用，这个人因此会反对，如果我们要努力改变或去除这些表达，那么这些关系也会随之变得更糟糕。但是，当有人在一个关系中被不正当地对待时，通常还存在一些其他的情绪，对于这些情绪的表达并不会受到怀疑论观点的威胁，并且同样能够就相关的信息进行交流。这些情绪包括对冒犯者所做的事感到失望、受伤，或者震惊，还有对他产生道德上的关切，以及如果他的行动所造成的伤害很严重时，这种道德关切还会产生出道德上的悲伤与悲哀（Pereboom 2001, 2009a）。父母可能会对儿子醉酒驾车并伤及路人这件事感到极度的失望和悲伤，并且对他的道德承诺感到担忧，但是他们不会对他感到义愤。普通的人类体验表明，对这样的失望、悲伤，或者担

忧进行交流，可以有效地促动对未来错误行动的规避。通常来说，我们 146
不需要额外表达愤慨与义愤来达成这种效果。假装的失望和道德上的悲伤有时可能会被用来操纵其他人，但是我脑中想的是那种真正的失望与悲伤。与表达愤慨和义愤不同的交流方式通常不会像表达愤怒那样激烈，并且通常不会带来表达愤怒时会带来的令人胆怯的后果。

我同意，有时环境会要求一种更加激烈和令人胆怯的情绪性态度。我们有权利在自卫和为他人防卫的过程中伤害袭击者，并且，在伤害袭击者是危险的时，我们需要能有那种情感来驱动我们践行伤害袭击者的权利。狂怒便是其中一种情绪。如我所理解，狂怒是一种我们与熊和狼共有的情感，它不具有包含应得概念的认知成分或预设，或相关联的信念。如果它具有关联的内容，那么这个内容很可能是：存在一个需要被暴力摧毁的威胁。这个内容不会受到自由意志怀疑论者的论证的挑战。有人可能会主张，在威胁性的环境中，义愤在道德上比狂怒更为合适，因为它仅仅驱动暴力地对抗那些不道德地行动并且应得惩罚的威胁者。但是，在自卫和为他人防卫的权限内所针对的很多种威胁，在任何一个合理观点中，都不被视为是应得惩罚的。精神失常的屠杀案犯就是一个例子。并且，有些这样的威胁并不是出于不道德的行动，如患病的动物带来的威胁。相较于将狂怒替换为义愤，更好的办法是，训练人们只在能以自卫和为他人防卫的权利证明正当的情况下践行狂怒，这是我们实际上在做的。

如果对愤慨与义愤的表达被替换为对悲伤和失望之类情感的交流，那么这些情感本身就合理地需要得到鼓励与发展，而这样做会以牺牲愤慨与义愤为代价。肖恩·尼科尔斯（2007）论证道，我们有良好理由相信这种提议是行不通的。他主张，悲伤在个人与社会关系中，大体上来说，是对愤慨与义愤的一种不恰当的替换。他的证明始于这样一个观点，即，经验研究表明，愤慨与义愤中包含的愤怒在某些关键方面对人际关系是有益的。他接着又论证道，同样是基于经验研究，在获得那些益处上，悲伤起到的作用远远不如愤怒有效。对于这一点，我的回应的关键是，首先，相较于那些被提出的替代情绪，尼科尔斯的论证忽略了对愤慨与义愤的代价进行计算；其次，他所引用的研究并没有表明，受过教育且有决心的成年人类，整体上不能通过那些替代性情绪在
147 他们的人际与社会关系中获益（Pereboom 2009a）。

首先，尼科尔斯论证，存在充分的证据说明愤慨与义愤中包含的愤怒会阻碍欺诈、叛逃和虐待的出现，而悲伤趋向于不产生任何行为。在这里他引用了理查德·拉扎鲁斯的主张："悲伤中似乎不存在任何明确的行动倾向性——除了不作为或自我封闭"。（Lazarus 1991：251）拉扎鲁斯引用的证据来自对于婴儿的研究，依据这个研究，"当被阻止获得一个欲求的目标时，婴儿在感到悲伤或愤怒的倾向性上展现出了个体差异——有些婴儿更容易感到悲伤，而另一些则更容易感到愤怒"。尼科尔斯还主张，"研究者已发现，当婴儿将悲伤展现为主导情绪时，这往往与放弃是相关联的（Lewis and Ramsey 2005：518），并且，这似乎与习得性无助相类似（Abramramson et al. 1978）"，并且"与此相对，那些以愤怒作为回应的婴儿则更容易克服障碍"（Lewis and Ramsey 2005：518）。

对此进行回应，我想要说的是，悲伤与悲哀作为愤慨与义愤的替代态度的恰当性，关乎成年人，而不是婴孩，并且我们是通过与错误行动者就我们的悲伤进行交流，从而达到欲求的效果。现在让我们考虑在没有愤怒的情况下成年人对于本不能防止的事态，例如对飓风摧毁了村庄，或者对一个孩子的恶疾，所感到的悲伤。明确的是，成年人可以并且通常在这样的情况中由于那些驱动的因素而采取行动。与此相似，当一个母亲对于她的儿子醉酒驾车并伤及路人过于悲伤以至于无法对此感到愤怒时，经验告诉我们，这个态度可以驱动她就自己的悲伤与她的儿子进行沟通，并且通过这种沟通达到促使他改变行为的目的。我的主张是，通过这样的方式，道德上的悲

伤与悲哀——同时伴随着对公平与正义的决心，或者伴随着改善人际关系的目标——将会有助于社会的和个人的关系，正如愤慨与义愤所做的。当我们在危险的情况中践行自我防卫和为他人防卫的权利时，狂怒是合适的，并且不与自由意志怀疑论相冲突。

由卡拉·巴尼奥里所建议的另一个要点是，我们可以在两种悲伤间做出区分，一种是作为道德对话形式的悲伤，另一种是不能起到道德对话作用的悲伤。[1]当婴儿对某些事态感到悲伤时，我们不能确定其悲伤能够起到就另一个行动者的错误行动及其不道德的倾向性而与之进行对话的作用。婴儿的认知发展还没有达到一个能够进行此种道德对话的程度。相反，婴儿的悲伤就像当我们不得不由于下雨而取消野餐时可能会感受到的悲伤一样，或者像我们由于生病而错失很重要的比赛时一样。当一个人的悲伤——更确切地说，是对悲伤的表达——是 148
道德对话的一种形式时，它由于一个行动者的错误行动而指向那个行动者，我会说，明确的是，这种类型的悲伤能够有效地引出道德改造与和解。

尼科尔斯（2007）考虑了我将悲伤与决心作为补充态度的提议，但是在这里他主张，决心不太有可能为大多数人提供充分的动机。“毕竟，”他说，“很多青少年认为性行为会让他们冒进地狱的险，但是这通常不能够为不进行性行为提供充分的动机。”他还引用了一个马克思主义的想法，即“努力工作会为整个国家带来利益，而这反过来有益于每一个人”，他认为这是“对人类动机的可塑性过于天真和乐观”。他认为用悲伤和决心来替换反应性态度的提议也是这样的。对这一点进行回应，我认为，尼科尔斯的下述看法可能是正确的，即，对性爱的欲望和对工作的出自个人利益的激励没能够由决心及替代性动机或对抽象原则的认同均衡匹敌（需要注意的是，在他的青少年性爱的例子中，即

① 于通信中。

使是对最严重的惩罚所带来的威胁进行想象，都不是尤其有效的）。但是，我们有理由相信，我们可以有效地通过使得世界更加公平和正义，或者促进一个人对人际关系的决心，并结合那些不是愤慨和义愤的态度，以及由这种愤怒所驱动的惩罚以外的其他措施，来抵制会妨碍好的个人关系或社会关系的行为。圣雄甘地和马丁·路德·金通常被援引为不通过表达愤慨与义愤来抵制不正义的尤为成功的典范（Nelkin 2011b）。在世界上的很多地方，相较于一个世纪以前或者更早的时候，对当今孩子们的培育和教导包含了更少对愤慨与义愤的表达。例如，像查尔斯·狄更斯所描述的，十九世纪的小学生生活包含了比当今远远更多的对愤慨与义愤的表达，而现在的结果至少没有更糟糕。我们还应当注意，很多世纪以来，人们发展出了一些社会形式，其中，训练与教学的方法被应用去减少愤慨与义愤，以及通过其他方式来发展道德与宗教上的优异；佛教和基督教的修道士社会，以及如阿米什人的激进改革群体，正是这样的。尤其重要的是，我们应当对这样的社会进行审查，来看这些替代的方式是否能够成功。

我的第二个主张是，在某些方面，不表达愤慨与义愤的责备是更合适的。我已经论证过，对关系具有破坏性的愤怒被这样一个信念所滋养，即愤怒所针对者对于所干的错事是应该受责备的。加剧种族冲突的愤怒通常就是部分地由于相信对立的群体为某些暴行而应该受
149 责备。自由意志怀疑论主张，由于这些信念是错误的，我们应当撤回这样的信念，由此，相关的愤怒可能会消减，而对它的表达也会减少（Pereboom 2001）。而且，对愤慨与义愤的表达比道德关切以及这种关切容易产生出的道德悲伤与悲哀的表达，更有可能引发具有破坏性的抵抗力。萨沙·萨利文（于对话中）指出，强大动物的训练师尤其小心避免表达愤怒，因为表达愤怒可能引发的反应是非常危险的，并且它不如其他的可行的表达有效。人们可能会合理地相信，对于人类之间的关系类似主张也是正确的（Pereboom 2009a）。（我们需要注意的是，训

练师避免表达愤怒的能力可以反驳这样一个担忧，即我们在人际关系中缺乏避免这样的愤怒的综合能力。）

此外，可以得到论证的是，由愤慨与义愤所加剧的公开责备可能会使得这种责备容易出错，并且这些错误会威胁瓦解道德对话的完整性与有效性。我们看到，那些当自己的孩子行为产生坏的结果时就对孩子生气的家长们，倾向于相信这些后果是有意造成的，即使它们可能仅仅是意外产生的。对我们认为其观点卑鄙的政治家生气时，我们也更容易相信那些指出他们不道德行事的报道。对于某些我们认为做出过不道德行为的群体的成员，如果存在一些针对他们的指控，我们也会轻易地相信。在过去的几十年中，可观的实验证据指明责备行为普遍存在这种问题，并且证据数量一直在攀升（Nadlehoffer 2006）。由马克・阿里克和他的同事所进行的调查指出，那些自发地对行动者的行为做出不利评价的实验对象容易夸大行动者的因果效力，以及任何可能有利于这一点的证据，而淡化相反的证据（Alike, Davis, and Pezzo 1994；Alicke 2000；Alicke, Ross, and Bloom 2011）。阿里克将这种倾向性称作“责备验证”。由约书亚・诺比（2003）设计的研究和由托马斯・纳德尔霍弗（2004a, 2004b）设计的研究指出，实验对象更有可能将一个坏的副作用判断为有意造成的，而在一个结构上相似的例子中，他们不会将一个好的副作用判断为有意造成的。一个纳德尔霍弗进行的调查提供了证据说明，关于行动者的可责备性与可称赞性的最初判断，对于意图归因有着相似的影响（Nadelhoffer 2004b）。

有人可能会质疑，愤慨和义愤是否真的对产生这些调查所指出的臆断起到了重要的作用。可以设计一些研究来确定情况是否如此。我的假设是，情况的确常常是这样的，有些其他的情绪上的冲动，如削弱别人力量或支配别人的欲望，或者当一个人受到责备或惩罚时所感到
的纯粹的欢乐，它们都可能会产生那些效果。但是，我的想法是，通常 150
来说，是愤慨与义愤起到了关键的作用。对于这一点的证据包括，当某

人以表达愤慨与义愤的方式责备另一个人时，我们通常警惕他会赋予责备的对象某种意图和因果效力，并且这种赋予会以一种歪曲事实的方式助力于证明那个责备。合乎情理的是，如果这些反应性态度被替换为对行动者的真挚的道德关切，以及当罪行尤其严重时，这种关切所产生的道德悲哀，那么上述后果可能会消减。值得注意的是，在显示这种后果的不同调查中，很大一部分受调查者没有展现出那种臆断。如果能确定实验中的成员是否更不容易感到愤慨与义愤，或者是否能够通过理性的或情感上的策略克服它们，会是有意义的。

结束语

对于这个观点，有人可能会反驳说，除非一个对坏行为的回应表达了愤慨或义愤的态度，否则它就不是真正的责备（参较 Wallace 2011）。作为回应，我认为，当一个家长对孩子指出这个孩子所做之事是不道德的，并建议他不要在将来再做类似的行动时，这个家长没有表达义愤，而只是表达了失望，在这样的情况下如果我们说这个孩子被责备了，这样说似乎明显并没有犯任何语言学上的错误。让我再次说明，很可能这个世界中出现的大部分责备都是来自父母和老师对孩子的责备，而且，在很多当今的语境下，这样的责备不包含愤慨和义愤。大多数的家长仅仅在不当行为尤其严重的时候才会感到愤慨或义愤。

此外，与责备验证的现象及其与反应性态度的联系相一致，我们似乎经常会在责备包含了愤慨与义愤的时候，对意图与因果关系做出错误的判断。某类儿童故事有时会包含这样一种父母，他们的愤慨与义愤的表达从来不或并不经常出这种错，但是我的看法是，这只是虚构出来的东西。我猜想，儿童对这一问题有着敏锐的意识，因此很可能不将这种表达了这些反应性态度的公开责备视为合理的。儿童可能会为这种责备感到被恐吓，就像他们会为身体上遭受暴力的威胁感到被恐吓

一样，但是这与一种理性的道德对话的模式相背离。因此，我们倾向于
认为，那些在相信自己的孩子做了错事，即使是以相对轻微的方式做了 151
错事时会表达愤慨或义愤的父母，他们在重要的方面是不能满足理性
对话的理想模式的。

与此同时，去影响某些类型或某种程度上的愤慨与义愤，可能不是我们力所能及的，因此，即使假定自由意志怀疑论者承诺做对的事和理性的事，她可能仍旧不能消除这些态度。尼科尔斯引用了一个狭隘的情感反应与宽泛的情感反应之间的区分，前者是对情境的局部或即刻的情感反应，后者不是即刻的反应，并且能够包含理性反思（Nichols 2007）。自由意志怀疑论能够接受，某种程度的局部的和即刻的愤慨与义愤是不可避免的。但是长远来看，我们可能还是要能够采取措施缓解或消除愤慨和义愤，尤其是对它们的公开表达，并且鉴于自由意志怀
疑论的信念，我们这样做是为了道德和理性。 152

第七章

自由意志怀疑论与犯罪行为

也许对自由意志怀疑论最常见的、最有力的批判是，自由意志论正当允许的对犯罪行为的种种回应，对于能够令人接受的社会政策来说是不充分的。的确，对罪犯进行惩罚的最重要的理由之一，即报应，是与自由意志怀疑论不相容的。而其他的没有被自由意志怀疑论观点本身排除的理由也面临种种重要的、独立的道德反驳。但是，自由意志怀疑论能够完好地保留其他对犯罪行为的回应方式，尤其是，预防性拘留、改过自新，以及对相关社会条件的改变，我主张，这些方式既是在道德上正当的，对于好的社会政策来说也是充分的。

犯罪学与自由意志的讨论无涉吗？

在刑事处罚的讨论中，一个通常的预设是，自由意志的讨论对于处罚是否正当，以及如何证明正当，是不相关的。正如我们在第四章所看到的，P. F. 斯特劳森（1962）主张，使得人们负有道德责任的整个实践是不受普遍的形而上学的反驳以及科学的反驳影响的，因为这些挑战是来自外在的挑战，所以是不合理的。与之相似的是，史蒂芬・莫尔斯将自由意志怀疑论者对这种实践的批判，尤其是对其犯罪学上的元素的批判，界定为外在的批判，并出于这个理由将这种批判置于一边；怀疑论者的观点“仅仅提出了一个对责任的外在批判，它与法庭的实践是不相关的，并且会将责任的可能性一并清除”（Morse 2007：104）。虽然他承认，怀疑论的立场“可以产生一个内在融贯的、前瞻的后果主义系统，它以特殊的方式处理人类行动，并且有可能鼓励好的行为、阻止坏的行为”，但是他仍旧主张，它“不能够解释或证明我们当下对责备和处罚的实践，这些实践在本质上是在回顾的意义上具有评价性的”，更准确地说，它“不能够解释或证明行动和应得之间的关系”（Morse 2004：433； 153
参较Alexander，Ferzan和Morse 2009：13—15）。我之前就主张过，自由意志怀疑论者对于使得别人在基本应得的意义上负有道德责任这一实践的挑战，事实上是内在的挑战（第四章；参较Pereboom 2001：123）。我现在要将这种思路扩展到怀疑论者对我们处罚罪犯的实践的考量上。

一个属于外在挑战的合理的例子是大卫·休谟的论证，它主张我们的归纳实践是不正当的。他指出，经验归纳依赖于这样一个预设，即，未来与过去是相似的，或者，更加宽泛地说，未观察过的事物与已经观察到的事物是相似的，但是对于这种预设，我们没有任何先天的或非循环论证的经验证明（1739/1978，1748/2000）。这个怀疑论的挑战是外在的，因为它基于一个对证明之恰当性的高度概括的标准，而这个标准并不是具体针对归纳实践的。回应休谟的种种尝试尚未得到广泛的接受，因此他的这个反驳仍旧是有力存在的。在我看来，反对外在挑战的人还没有表达清楚，这些挑战的哪些部分是有缺陷的。但是我们可以指出，就归纳问题的这个例子来说，从没有人退出过归纳实践，尽管存在一个未被回答的挑战，休谟合理地主张，退出这种实践对于我们来说在心理上是不可能的。因此，对归纳的怀疑论挑战不仅是外在的，它还可以说仅仅是学术上的，因为它对于我们如何行动不会造成任何严重的影响。相似地，有人可能还会认为，自由意志怀疑论者的主张也在这个意义上来说仅仅只是学术上的。斯特劳森(1962)就做出了这个主张，或者一个与此紧密相关的主张。我主张，这种想法是错误的。自由意志怀疑论提出的挑战将会对我们使人们负有道德责任的实践产生影响，并且，这个影响可能还会对普遍的道德理由来说是有益的。

对于这一点，我们可以在这里引入本·维豪尔(2012)在两种怀疑论之间做出的对比。我们应当严肃对待自由意志怀疑论的理由是，它以一种方式捕捉到了一个基本的道德理由，从而使得它与对归纳法的怀疑论是相区别的，并且也与对外部世界的怀疑论是相区别的。这个基本的道德理由是，我们必须反对有意伤害别人。如果我们以一种与外部世界怀疑论或归纳法怀疑论相一致的方式生活，很多符合直觉的对这个理由的应用将会被削弱。但是自由意志怀疑论否认的，仅仅是关于伤害的基本应得证明可能会对这个基本道德理由所带来的推翻。因此，自由意志怀疑论对于道德的观点并不如此具有威胁性，也许它根本就不会将其置于危险之中。

要反驳这一主张，即我们使别人负有道德责任的实践不受怀疑论
154 挑战影响，最好的一种论证包含了华莱士所称的概括性策略——从一个普遍接受的借口或豁免理由，最终得出结论说因果决定论排除道德责任(Wallace 1994; 参较第四章)。构成了这种论证之基础的借口和豁免理由需要是普遍接受的(但也许不是不受质疑的)，因此它们是使人们负有道德责任的实践的合理内在特征。操纵论证正是这样一种概括性策略。我在四例论证中所应用的那种豁免理由是由于决定性的操纵而存在的，而我们的实践的一个特征就是，如果行动者是以这种方式被操纵的话，那么我们认为行动者免于基本应得意义上的道德责任。同样是我们的实践的特征之一的是，如果在两个情境中的行动者之间找不到道德上相关的区别，那么若是一个行动者能够合理地免于上述意

义上的道德责任，则另一个行动者也当如此豁免。在决定论的操纵例子中的行动者与普通决定论情境中的行动者之间，我们找不到在道德上相关的区别。因此可以得出结论，正是这种实践自身——尤其是，统领这个实践的关键规则——使得这种意义上的道德责任受制于行动者由超出他们控制的因素所因果决定这一点。这当中的每一个规则都是我们的公平概念的元素之一，出于这个理由，操纵论证质疑了莫尔斯主张的“我们当前所遵守的公平原则与决定论的正确或错误不相关”（2004：442）。

此外，正与我在先前一章中所论证的，自由意志怀疑论所针对的目标不是使人们负有责任的整体实践——不是责备和称赞这一整体实践，而是引发基本应得预设的那一部分（Pereboom 2001；S. Morris 2009）。与此相似，怀疑论者所挑战的不是使罪犯负有责任的整体实践，而仅仅是诉诸基本应得性的对刑事处罚的证明。关于处罚的报应论证明，是最密切地引出基本应得意义上的道德责任以及所要求的自由意志的，根据这个证明，对罪犯的处罚基于这样一个理由而是正当的，即他有意地犯下一个严重罪行，因而应得处罚。这在伊曼努尔·康德对处罚的报应论论述中，以及在莫尔斯和迈克尔·摩尔的论述中，都得到了明显的体现（Kant 1797/1963；Moore 1987，1998；Morse 2004）。这里的联系是：行动者就一个严重的罪行在基本应得的意义上可责备，这一判断包含了这样一个预设，即，行动者在基本应得的意义上应受处罚。[1]然而，正如我们将会看到的，对犯罪处罚的报应论证明的主要替 155

---

①　感谢黛娜·奈尔金对这一点的讨论。对于轻微的罪行来说，也许一个关于行动者在基本应得的意义上可责备的判断包含了一个预设，即，他同样在基本应得的意义上应受处罚，因为这里对可责备性的判断包含了预设行动者在基本应得的意义上应当作为愤慨或义愤表达的接收者，而将这样一个人视为这种接收者包含了一个对其施加心理痛苦的意图。见华莱士（Wallace 1994：51—83）和奈尔金（Nelkin 2011b：31—50）对相关话题的讨论。

代证明要么在关键的地方依赖于报应论，并因此仍旧受制于自由意志怀疑论者的挑战，要么就会受制于其他种类的严重的道德反驳的挑战。这些其他的反驳受到使人们负有道德责任的实践的一些特征所驱动，因此，这一实践本身的一些元素已经威胁要清除这些证明刑事处罚的尝试。

存在一个预防尤其危险的罪行的，在直觉上合理的理论，它既没有被自由意志怀疑论所削弱，也没有被其他的道德反驳所削弱。这个理论在对危险罪犯的处理和对危险疾病携带者的处理之间进行了类比(Shoeman 1979)。自由意志怀疑论者主张，罪犯不为他们的行动在基本应得的意义上负有道德责任。显然，很多危险疾病的携带者也不在这样的意义上或任何意义上为自己得病负有责任。我们通常同意，有时还是要对他们进行隔离，而这是可允许的。但是，即使一个危险的罪犯不在基本应得的意义上为他的罪行负有道德责任(也许因为没有任何人在这种意义上是负有道德责任的)，那么对他进行预防性拘留，就如同我们对不负有责任的危险传播疾病携带者进行隔离一样是合理的。除此以外，正如不那么危险的疾病仅仅能够适用不如隔离那么严格的预防性处理措施，不那么危险的犯罪倾向就仅仅能够适用更适中的限制。另外，来自这个类比的关于剥夺能力的论述，要求我们对于改过自新以及犯罪者的幸福有某种程度的关切，而这会对当前的处罚实践构成很大的改变。正如公平建议我们治愈隔离的患病者，公平也会建议我们试图帮助拘留的罪犯改过自新(参较D’Angello 1968：56—59)。如果一个罪犯不能改过自新，那么我们的安全要求他被无限期地禁闭，这一说法不能证明我们应当使他的生活糟糕到超过了规避他带来的危险所要求的程度。最后，存在一些更加普遍的预防犯罪的措施，诸如，提供合适的教育以及心理健康保健，而这些是自由意志怀疑论者乐意支持的。

这就是我所辩护的观点。虽然对于普遍的及历史性的处罚实践来说，它是修正性的，但是相似的观点经常基于独立的理由被倡导（例如，Menninger 1968；Montague 1995；Boonin 2008；Boonin 2009），并且，它与传统上的政策以及当前的政策是足够连贯的，可以算作是使人们负有道德责任的普遍道德实践的一部分。让我再补充一点，莫尔斯主张自由意志怀疑论不应当在某些具体的犯罪例子中被作为相关的话题提出来，因此不应当改变实践中的这一部分，这一点是正确的（Morse 156
2007）。相反，与这个立场相关的是，对罪犯的哪些普遍处理可以是正当的，并因而确定哪些关于刑事处罚的、拘留和改过自新的法律是合理的。

报应理论

根据报应论的立场，对犯错者的处罚理由是，坏的事情发生在他身上是他所应得的——例如，痛苦、贫困或死亡，而这就是因为他做了错事（Kant 1797/1963；Moore 1987，1998）。因此，一个犯错者应得伤害，不能被还原为一个仅仅基于其后果的方案的组成部分。这个主张通常有各种限制条件，例如，行动者做错事必须是有意的。但是对于自由意志怀疑论者的挑战来说，关键的是，根据报应论的观点，正是附属于罪犯的行动上的“基本应得”单独地为处罚提供了证明。报应论不诉诸社会安全这样的善，或者罪犯的道德进步这样的善来对处罚进行证明。相反，报应论在证明处罚时所依据的善，是行动者就因为明知故犯而是被处罚伤害的对象这一点。

鉴于自由意志怀疑论，报应论的这一立场应当被瓦解，因为，如果行动者不因为明知故犯而是应受责备的，那么他也不应当仅仅因为明知故犯而应受处罚。报应论仅仅基于基本应得性来证明处罚，而怀疑论的立场与报应论不相容，这正是因为，怀疑论主张基本应得这一概念是不适用于我们的。自由意志怀疑论因此建议我们放弃对处罚的报应论证明。[①]

莫尔斯主张，自由意志论是不合理的，而在剩下的选项里，我们应当拒绝自由意志怀疑论，接受相容论，因为在这些选项中，只有相容论与我们的实践相一致。但是重要的是，他在没有回应对他立场的反驳
157 的情况下提出了这个主张。莫尔斯主张，鉴于对自由意志论的拒绝，只有相容论主张保留了报应论。这一点上他是对的。但是对刑事处罚的报应论证，能在没有对相容论面临的反驳做出令人满意的回应前，被恰当地建立在相容论之上吗？例如，考虑一下康德（在他的《正义的形而上学原理》）所想象的，在即将自我消亡的岛屿社会中监狱里的最后一个谋杀犯。康德竭力主张，仅仅因为他所犯下的罪行，这个谋杀犯应当被执行死刑，也就是说，单单出于报应的应得这一理由，他应当受到如此对待（1797/ 1963, Ak VI 331—333）。但是设想这个罪犯抗议说他是被自然原因决定而去做他所做出的行动的，而这可以合理地削弱他在基本应得所要求的意义上负有道德责任这一个主张。如果是这样的话，下面这一个回应能算作是在道德上可接受的吗？即，“我们出于报应的理由来处罚罪犯的实践，预设了他们是在基本应得的意义上负有道德责任的，而为了理性地主张这样的预设，我们需要相信他们拥有与决定论相容的那种责任所要求的自由意志”。这在道德上不能算作是可接受的。如果存在于我们实践中的对处罚的报应论理由，要求相容论正确这一信念是合理的，但与此同时，对这个立场还遗留有一些严肃的和未被回应的反驳，那么我们就不能通过仅仅说它是相容论所支持

① 艾琳·凯利（Kelly 2009：446）在不支持自由意志怀疑论的情况下表达了一个类似的想法：“据我理解，报应论是这样一个观点，即，正义要求对罪犯进行处罚，不管一个处罚系统可能带来的（进一步的）社会福利是什么。这样一个正义观念的例子是建立在反应性态度上的，这种态度预设了犯错者按照道德的要求去行动的道德能力。如果我们放弃犯罪者总是有这样的能力的预设，就必须重新评价处罚的目标。”也见马里奥·德卡罗（DeCaro 2011）。

的，来合理地回应对实践的这一部分的挑战。处罚施加了伤害，并且普遍上来说，对伤害的证明必须满足一个认识论上的高标准（Pereboom 2001：161；Vilhauer 2009b）。如果有显著的可能性去判断伤害另一个人的理由是错误的，那么**在初步认定的意义上**，那个伤害行为就是严重错误的，而人们必须不参与那样的伤害行为。一个针对相容论面临的反驳的有力且可信的回应，需要满足这个标准。

有人可能会认为，将自由意志怀疑论者的挑战放置一边，报应论可以为处罚提供一个有效且有力的证明。我相信这是不可行的。我将不会在这里试着为我的这个主张提出一个全面的论述，因为这对于我的计划来说不是必需的。但是让我提及下面这一点，即，存在一些实质性的论据可以主张，即使不考虑怀疑论者的那些想法，报应论也是不可接受的（例如，Ten 1987，38—65；Braithwaite and Pettit 1990，156—201；Montague 1995，11—23，80—90）。也许对这个理论最深刻的道德反驳是，驱动报应论立场的那些直觉在根本上是被报复的欲望所煽动的，因此，从一个对待罪犯在道德上合理的政策来说，报应论并不比复仇更具合理性（Moore 1987）。在报复的欲望之上采取行动大体上来说是不道德的，而这是因为下述理由：虽然基于报复的欲望而行动可以带来快乐和满足，但是，将它视为道德的情况，就如同将基于施虐的欲望而行动视为道德的例子一样。基于施虐的欲望而行动也能够带来快乐，但是 158
在这两个例子中，基于欲望行动的目标是伤害那个行动所指向的人，并且在这两个例子中，除了对这些欲望的满足所带来的快乐之外，基于欲望行动在本质上不包含其他的善。但是这样的话，根据这个反驳，由于报应论的直觉以报复的欲望为其根源，出于报应而行动同样也是道德上错误的。

一个反驳的策略包含着指出，在报复与报应之间存在着重要的区别。例如，与报复不同的是，报应在原则上就其严重性来说是有限的，报复通常会产生更进一步的报复，但是报应带来的是某种终结。有人可能会回应道，因为报应的直觉是被报复的欲望所煽动的，从报应的角度证明的处罚根本上相当于一种得到控制的报复形式。另一个报应论的回应是，在重要的例子中，报复的情绪是报应论的正义感的一种情感表达。[1]在这样的例子中，报应论的正义感在解释力上先于报复的情绪，因此，如果我们对报应有一个独立的证明，它将不会受到针对报复的反驳的威胁。我的想法是，这些代表报应论者的回应不足以具有说服力地满足对于一个处罚理论来说恰当的认识论上的高标准。

此外，并不存在明确有力的积极的理由来主张，对处罚的报应论证明反映了一种真正的道德上的善；同样不明确的是，在一个认为正当先于善的观点看来，报应论的证明反映了一个真正的关于正当的原则。当康德在《正义的形而上学原理》(1979/1963)中引入他对处罚的报应论证明时，它与各种形式的绝对律令中表达出来的全面的道德理论之间，没有任何明显的关联。将人们身上的人性本身视为一个目的，会要求我们将他们考虑为由报应论所证明的处罚的对象吗？答案不明显是肯定的。引入纯粹的后果论或契约论的观点，将不会优化这种证明，最好的情况仅仅是能够为其保证一个脆弱的副本。

最后，假定存在控制所要求的能力，并且基本应得能够正当地被保证为一种善，或者能够从一种正当的原则中引出，那么我们可以问，国家是否有权利在证明处罚理由的时候诉诸它。国家的合法功能通常被视为包括从严重的伤害中对其公民进行保护，并为人类互动在不受
159 到严重损害的情况下持续进行而提供一个框架。这些功能可被论证支持一种首先诉诸对犯罪的预防的刑事处罚。但是国家的这些功能与基本应得性之间没有直接的关联。通过考虑这样一个提议，即国家建立一套基金充足的机构来全面且公平地基于基本应得性来分配报酬，我们可以生动地看到这一点（参较Husak 2000：973—974）。要求国家

① 乔治·舍尔曾在对话中提出这一点。

提供这样一个机构的政治理论并没有得到广泛支持。除此以外，正如道格拉斯·胡萨克（2000：974—975）在针对摩尔（1998）的论证中所说，一个国家机构被设计为给罪犯他们所应得对待，这会是十分昂贵的，其效益并不明显地超过其成本，而这些资源也许可以应用到更加有价值的项目上。正如人类历史所展示的，这样的机构会遭到严重的和频繁的失误或滥用，并产生了大量不值得的痛苦。

如果怀疑论者的挑战是一个好的挑战，那么对处罚的报应论证明将会被削弱。此外，反对报应论处罚理论的独立理由也被提出，尽管我还没有彻底地对它们进行辩护，它们指出，针对这个立场做出一个有力的普遍的道德反驳，是有重要可能性的。再者，反对报应论的理由援引了种种道德上与政治上的考量，它们是无争议地内在于使人们负有道德责任的实践中的。我们已经看到，反对相容论的自由意志怀疑论的例子所基于的那些考量，事实上是内在于那个实践的。现在同样明确的是，由于那些无争议地内在于那一实践的理由，怀疑论者所直接针对的对于处罚正当性的证明，已经处在威胁之中了。因此，将报应论视为其论证目标，自由意志怀疑论者所反对的，不是一个在其他方面与普通道德实践的元素毫不冲突的观点。[①] 160

① 维豪尔（Vilhauer 2009a，即将发表）发展了一个引人入胜的想法，即，存在一种与自由意志怀疑论者的挑战相容的应得概念。他主张，这个挑战危及了以应得为根基的行动（或者至少以基本应得为根基的），因此削弱了（在基本应得意义上的）道德责任，但若是人们自身作为应得性之根基呢？我们说，我们应得尊重，仅仅因为我们是人，而不是因为任何我们所做的事。他有力地主张，尽管（包含基本应得意义的那种）道德责任意味着人格性（personhood），人格性并不意味着道德责任，因此，以应得为根基的人格性可以不受到反对道德责任所带来的影响。维豪尔（即将发表）利用了这个想法来论证，罪犯应得处罚这一点是与自由意志怀疑论相容的。他的例子依赖于下述原则：建立在人格性这单一事实上的人们所应得的事物，就是指，如果人们的观点所包含的就是他们的人格性这一事实，那么他们理性会同意被如何对待。他主张，鉴于这样的一个限制条件，我们会理性地同意的是我们在罗尔斯（Rawls 1971）的原初主张下会理性同意的。在那个立场中，我们会引出威慑理由来证明处罚方案。维豪尔主张，这种为处罚的威慑理论辩护的（转下页）

道德教育理论

存在一些不诉诸基本应得概念的对刑事处罚的证明方式，它们因此不受到自由意志怀疑论的威胁。道德教育理论就是这样的一种证明。这类观点通常会在这个证明与处罚儿童的理由证明之间做出类比。对儿童的处罚通常不以报应为目的，处罚他们的目的是对他们进行道德教育。由于道德教育是一个普遍接受的目标，建立在这样一个类比上的对刑事处罚的证明，是自由意志怀疑论者可能会接受的。

在对这个立场的发展中，道德教育理论的支持者们提出过种种明确的方式，依照这些方式，处罚或是处罚带来的威胁能够帮助对儿童进行教育。赫伯特・莫里斯主张，处罚能够通过告知犯错的孩子其错误行为给自己和他人带来的后果，从而对其进行道德上的教育。用他的例子来对此进行说明：如果一个孩子作弊了，家长可能会禁止她在一段时间内玩游戏，从而明确让她知道作弊对自己和他人可能带来的破坏游戏的后果（Morris 1981：160）。与此相似的是，简・汉普顿提出，可以让一个犯错者“忍受一段设计好的不愉快经历，从而在某种意义上

（接上页）方式会避免“利用”反驳，因为，当对待人们的方式，是他们自己在观点中只有人格性这一事实时会同意的方式时，他们就不是仅仅作为手段而被利用。

对此进行回应，我质疑鉴于这个论述，说罪犯应得处罚是不是对的。由于我们是人，我们值得生活在一个由我们在原初主场中会选择的原则所调节的社会中。但是，我仍旧反对得出这样的结论，即，我们应该以这些原则所说明的方式被对待。我们在原初主场中可能会同意，如果除了杀死一人之外，不存在其他拯救一亿人或者更多人的方法，那么我们就应当这样做。但是不合理的地方似乎在于，这个被杀死的人就因此而是应该被杀的。此外，我不认为仅仅因为我们都在假想的意义上同意这样的方案，当那一个人被杀死的时候，她就不是在仅仅作为手段被利用。与此相反，非常符合直觉的是，她正是在作为手段被利用。这个顾虑也适用于在原初主场中同意的普遍的威慑方案。

来‘体现’她的行为之下受害者所承受的痛苦”(Hampton 1984：227)。她还主张，处罚可以通过向孩子传达其错误行为的严重程度，而在道德上教育一个孩子(1984：225—226)。不同程度的严厉可以传达错误行为的不同程度的严重性，并且部分由于这一点，处罚可以传达重要的道德界限。莫里斯还指出了另一种考虑方式，那就是，处罚还可以说明家长对被违背的道德规则的依附度。最后，强迫一个孩子依照道德行事可以帮助他了解道德的益处，而这可能会使得他逐渐重视道德自身的价值。

对这种理论的一个严肃的担忧是，远远不明确的是处罚一个成年罪犯，可以通过相似的方式为他们带来道德上的进步。儿童犯错者和成年罪犯在重要的方面有所区别。与儿童不同的是，成年罪犯通常理解他们身处的社会所接受的道德准则。尤其与汉普顿的观点相对立的是，我们不能基于处罚可以向这些罪犯传达出他们的行动在道德上 161
是错误的，并且可以与他们沟通“针对这种类型的行动，存在一种非常明确的界限”这种认识，来对处罚进行证明。确实有些成年罪犯不理解他们的行动在道德上是错误的，但是出于能力丧失这一理由，我们倾向于不对他们进行处罚。事实上，在很多当代的司法裁决中，正是当一个罪犯不知道他的行动在道德上是错误的时，他会被判决为不受处罚。

有人可能会主张，即使一个罪犯已经理解他的行动是不道德的，处罚仍旧可能会促动他在道德上进行自我改善。但是，儿童与成年罪犯之间存在着相关的区别，对这一建议构成了威胁。儿童通常在心理上比成年罪犯更可塑造。就一个更加偶然的区别来说，为了达到对儿童进行道德教育的最佳前景，对儿童进行的处罚，通常会发生在一个友善的环境中。没能发生在这样的友善环境内的处罚，则更容易激发带有愤恨的态度及行为，而难以激发道德改善的动力。在这里，在儿童和成年罪犯之间的类比再一次在重要的方面是微弱的。因此，认为处罚可以在罪犯身上产生道德改善的动力的想法,似乎还不够合理。

处罚在某些行动者身上能成功引起的道德教育或改善可以被合理视为是已经确定的,由于罪犯在相关的方面与那些行动者有区别,我们需要一些有力的经验证据来证明罪犯也可以通过相似的方式被教育或改善。如果没有这样的证据,我们就不能基于处罚可以达到这样的效果来证明刑事处罚。再一次,如果有人提出通过伤害某个人来达到有益的结果,那么这个人必须给出伤害她可以带来这个效果的有力证据。

汉普顿提出了处罚可能实现对罪犯的道德教育的明确方式:

> 道德教育家们可以为犯罪设立处罚的一种方式是,去考虑"适宜"(fit)这一概念。不管一个罪行是多么严重,有时仍会存在似乎与之自然相适宜的处罚;例如,让一个从邻居家里偷钱的青少年受到一段时间的处罚,强制要求青少年在监督下去邻居家里提供服务,或者处罚让一个欺骗政府医疗保险系统的医生受到强制去州立医疗机构提供无偿服务。(Hampton 1984: 227—228)

但是汉普顿提出的这种服务要求并不是典型的处罚。有人可能会合理地质疑它们是否应当被列为处罚,因为相反,它们应当被视为道德改过自新的项目。汉普顿可能会回应说,这种类型的服务包含了惩罚性的
162 方面——对犯错者的自由的限制(1984: 224)。确实,这样的一种项目可能经常会包含心理上的不适,甚至是痛苦。但是,强制的改过自新项目也包含了对自由的限制,并通常包含心理上的痛苦。

除此以外,服务要求中有什么可能合理地产生道德上的改进呢?有可能是它的惩罚性的方面吗——对自由的限制或者履行服务时的痛苦?更可能的是,也许能够产生有益的道德改变的,是让罪犯与他们所伤害的人,或者至少是所伤害的那一类人进行接触。这样的项目所包含

的对自由的限制和服务的痛苦，最多能被看作是这种对待方式的副作用，而不是这种方式的目标或手段。这是另一个理由，让我们将这种途径视为道德改造的项目，而不仅仅将其视为处罚能够提供道德教育的例子。

假设我们拥有有力的证据证明，处罚将会在道德上教育罪犯。即使是这样，如果存在非惩罚性的手段可以达到相似的道德教育，那么，假定其他一切都保持不变的话，这些手段应当为我们所偏好。例如，如果一个罪犯可以通过人道的改过自新项目而受到有效的道德教育，那么，相较于能够达到同样结果的惩罚性手段来说，这种人道的项目应当得到我们的偏好。比方说，如果一个不充分的血清素产生的神经问题可以解释行动者为何缺少道德动机，那么，相较于能够达到同样目标的惩罚策略来说，有效的药物治疗应当得到我们的偏好。假定其他一切条件都保持不变，如果两个手段都能够在行动者身上达到同样的目标，但是其中一个手段伤害了行动者，而另一个手段没有，那么，没有对行动者造成伤害的那个手段应当受偏重。

威慑理论

社会在对罪犯进行处罚时，其中一个目的是预防他们及其他有可能犯罪的人犯案。依据威慑理论，对犯罪行为的预防是一种善，而基于这种善，处罚的合理性得到证明。最开始，似乎自由意志怀疑论者的观点中不存在任何特征使得威慑理论对于她来说，要比对于自由意志论者或相容论者来说更加不可接受。但是，正如我们将要看到的，至少有些威慑理论不能明显地免于怀疑论的挑战，因为这些理论预设了一个诉诸基本应得性的原则。此外，正如报应论一样，对典型处罚的威慑论证明，还面临着独立于自由意志怀疑论的种种挑战性反驳。

经典的威慑理论是杰里米·边沁的威慑理论。在他的观念中，国

家对犯罪行为的政策应当以最大化功利效果为目标，当且仅当这样的
163 情况会出现时，处罚才能够被合法地执行。由处罚引起的痛苦或不幸福，来自处罚威胁带来的对自由的限制，被判决的人对处罚的预料，实际的处罚所带来的痛苦，以及其他人例如犯罪者的朋友或家人出于同情而体会到的痛苦（Bentham 1823）。来自处罚的最重要的快乐或幸福，则衍生于那些从处罚的威慑力中获益的人们的安全。自由意志怀疑论的立场中不存在任何特征与这个立场相矛盾。

然而，功利主义的威慑理论引起了一系列普遍的道德反驳（Ten 1987：7—37；Montague 1995：6—11）。其中，有三个反驳尤其具有威胁力。第一个反驳是，威慑理论会支持那些在直觉上看太过严厉的处罚。因为似乎在某些例子中，严酷的处罚会比更温和的处罚更加有效地具有威慑力，而这些严酷的处罚在直觉上看来太过严厉，以至于是不公平的。例如，如果社会被一波犯罪所威胁，执行严酷的惩罚措施可能会最大化功利效果。功利主义者可能会回应说，如果我们谨慎地在计算中包含处罚的痛苦，那么，以此得出的处罚的严厉性将通常或总是在直觉上不可接受。他可能还会主张，在某些不寻常的危险情境中，非常严厉的处罚可能确实是正当的。但是有人可能还是会合理地害怕功利主义的建议通常不能与我们对公平的直觉相一致。

第二个反驳是，威慑理论似乎支持处罚无辜者（McCloskey 1965）。如果在一系列的恐怖的罪案出现后，实际的犯罪者没有被抓到，那么潜在的犯罪者可能会相信，他们也可以犯下严重的罪行而逍遥法外。在这样的环境中，去诬陷并处罚一个无辜的人可能会最大化功利效果。功利主义者可能会回应说，这样一个计谋被揭穿的概率总是相当高的，因此，处罚一个无辜的人不太可能会在任何情况下最大化功利效果。为此，约翰·罗尔斯代表功利主义提供了另一个回应。存在好的功利主义理由要求一个处罚政策是普遍的、稳固的、公开的，简而言之，是制度化的。因此，存在有力的功利主义理由来反对欺骗性地处罚一个无

辜者(Rawls 1955)。[1]从实践上的事实来说,一个允许欺骗性处罚无辜者的普遍、稳固并且公开的策略能够达到所设想的对功利的最大化,这是可疑的。这样的一个制度会轻易地在社会中产生负效用。一个对罗尔斯的回应的担忧是,相较于他所呈现的反对这种制度的功利主义理由,这种实践似乎在更深刻的意义上是错误的。 164

另一个针对功利主义威慑理论的严肃疑虑,是"利用"反驳。功利主义的一个普遍的问题是,它有时候在不经人们同意的情况下要求他们为了别人的益处而受到严重的伤害,而这通常在直觉上来说是错误的。为了社会安全而处罚罪犯似乎正是这样的一种实践。即使这个问题没有能够决定性地瓦解功利主义威慑理论,它仍旧应当会挑战人们对这个立场的信心。在评估对处罚的证明时,关键的是,一个理论要在实践中具有合理的应用性,我们必须合理地相信,它能够承受针对它提出的反驳。刑事处罚包含了严厉地对待人们——通常它会给受处罚的人带来短效伤害,或长远的伤害。如果我们仅仅对这种处罚证明抱有轻微的信心,那么施加这种处罚在道德上就是错误的。我们因此有好的理由不去将这种经典的功利主义威慑理论应用到支持实际的处罚政策当中去——不管自由意志怀疑论者是正确的还是错误的。

---

① 罗尔斯(Rawls 1955)讨论了"telishment"("慑罚"),一种允许处罚无辜者的制度:

> 一旦一个人意识到自己参与到对一个**制度**的建立当中,这个人就会看到,其中的风险是很高的。例如,对官员有什么约束?我们怎么知道他们的行动是合法的?我们如何能够对允许这样的系统性欺骗会带来的风险进行限制?人们如何能够避免无异于给出全面自由裁量权让官方出于威慑目的任意处罚任何人?除了这些考量之外,明显的是,当出于威慑目的处罚无辜者与此紧密相连时,人们将会对刑事系统抱有非常不同的态度。他们将会不确定一个被定罪的人是受到了处罚,还是由于威慑目的无辜地受到了处罚。他们将会疑惑是否应当对这个人感到抱歉。他们将会疑惑自己的命运会不会在什么时候也变成这样。如果一个人去设想,这样的一个制度会在实际上如何运作,以及其中所包含的巨大的风险,那么,貌似明确的是,它不会有助于任何有用的目的。对这种制度的功利主义证明几乎是不可能的。

由自卫中的伤害权所证明的处罚

据我看来，自由意志怀疑论者对于证明一项对待罪犯的政策的最佳选项，援引的是自卫以及为他人进行防卫的权利。我不认为怀疑论者应当以证明处罚有理为目标，尤其是，通过诉诸这种权利来对此进行证明，但是，对于危险的情况来说，我们需要一项以隔离防疫为模版的剥夺能力的政策。但是，有不少理论家已经论证过，刑事处罚可以基于这样的理由而得到证明。丹尼尔·法雷尔发展了一套这样的优秀理论（Farrell 1985；参较Quinn 1985；Kelly 2009）。由于自由意志怀疑论者也可以支持在自卫以及为他人进行防卫中施加伤害的权利，他同样可以期望接受法雷尔所发展的那种对处罚理由的证明。然而，正如我们将要看到的，还是存在一些独立于怀疑论者立场的普遍的道德理由
165 对这类观点进行质疑。法雷尔的论述强调了在特殊的威慑——以预防罪犯自身再参与犯罪为目标的处罚，与普遍的威慑——以预防犯罪者之外的其他行动者犯罪为目标的处罚，这两种处罚之间的区分。在他的观点中，特殊的威慑要比普遍的威慑更加显著地容易基于自卫以及为他人防卫中的伤害权。法雷尔还区分了**直接的**自卫的权利，也就是，你去伤害一个不正当的侵犯者以预防他伤害你或其他人，和**间接的**自卫的权利，也就是，你以施加合理程度的伤害来威胁一个不正当的侵犯者，从而预防他伤害你或其他人。

概括来说，法雷尔对作为特殊威慑的处罚的证明是这样的。我们每一个人都有直接的自卫的权利，并且我们每一个人都有非直接的自卫的权利。由于我们有直接自卫的权利，我们就有权利在一个潜在的不正当的侵犯者身上施加合理程度的伤害，从而预防他伤害我们。由于我们间接的自卫的权利，我们同样有权利威胁施加这种程度的伤害。一旦威胁的条件被触犯，我们的直接自卫的权利允许我们将这种针对

他的威胁付诸实践。但是同样地，由于我们拥有这样的权利，作为我们的代理人行动的国家，可能会以恰当且普遍的方式威胁会伤害不正当的侵犯者，并且一旦这样的条件被触犯了，它同样可以将这样的威胁付诸实践。通过这样的方式，自我防卫的权利可以为一个把处罚作为特殊威慑的合法国家制度打基础。①

这种特殊威慑理论避免了某些对功利主义威慑理论的关键反驳。就对于支持在直觉上看过于严厉的处罚的担忧而言，基于间接的自卫，人们可能因而不会威胁施加比有效威慑犯罪所需的最低程度更多的伤害。因此，如果拘留一年的威胁对于一个汽车盗窃犯来说是足够的了，国家可能不会发出对其拘留十年的威胁。就对于惩罚无辜者的担忧来说，自卫的权利支持的是仅仅伤害不正当侵犯者。例如，这个权利不会支持伤害一个不正当侵犯者的无辜的孩子，即使这样做可能会对他起到威慑的效果。

与此同时，在自卫或为他人防卫中伤害一个不正当侵犯者，确实包含了在不经他同意的情况下，为了除他以外的其他人的利益，而伤害 166
这个人，而这可以说是为了他人的利益将他作为手段利用的一个实例。也许这是一种合理的利用，因为它是由被利用对象自己的不正当侵犯所带来的。但是，这个提议似乎援引了基本应得的概念。重要的是，法雷尔主张，正确的自卫预设了一种类型的报应论，尽管它是弱意义上的那种报应论。在他的观点中，在直接的和间接的自卫权利背后，以及在他的论述中的特殊威慑权利背后，是一个关于分配正义的"弱意义上的报应"原则：

---

① 沃伦·奎因（Quinn 1985）的理论与此相似，但是在以下方面同法雷尔的理论有所不同。法雷尔主张，在特定的情况下，威胁伤害一个侵犯者是合理的，因为在这样的情况下人们可以伤害他；而奎因主张，人们可以伤害他，正是因为人们可以威胁伤害他。相应地，奎因致力于确立的是，正因为威胁处罚犯罪者是合理的，处罚犯罪者才是合理的。艾琳·凯利（Kelly 2009：447—448）支持法雷尔的证明。

> 如果一个侵犯者强迫某人去在伤害该侵犯者和允许自己或其他人被伤害之间做出一个选择，那个人可能会选择伤害这个侵犯者，伤害到能够预防自己或他人受伤害所要求的那种程度。（Farrell 1985）

（法雷尔合理地主张，这个原则仅仅在一定界限之内才能得到应用——如果侵犯者威胁做出的伤害是轻微的，但是预防伤害所要求的是杀死侵犯者，那么杀死侵犯者就是错误的。）如果这个原则在事实上是报应性的，并因此预设了基本应得，并且它确实构成了自卫的权利的根基，那么出自怀疑论立场的论证会危及这种权利，以及基于这种权利的处罚理论。然而，我认为，如果在称这种原则为“报应”时就援引了基本应得概念，那么称它为报应是不正确的。因为这个原则，以及更普遍意义上的在自卫中的伤害权，可以非常合理地适用于不在基本应得的意义上负有道德责任的侵犯者身上，例如那些被洗脑的人，受到严重的精神损伤的人，以及动物。

但是现在，“利用”反驳再一次出现了。考虑一个威胁要重重地伤害我，并随后被我在自卫中伤害的侵犯者。我难道没有将他视为仅仅是确保我自己安全的手段进行利用吗？我认为答案是肯定的，但是在这样的例子中，如果我所施加的伤害是在预防严重伤害所合理要求的最低限度以内的，那么“利用”反驳的效力就被自卫中的伤害权压倒。“利用”反驳在针对更普遍意义上的处罚威慑理论时更有效力。法雷尔主张，他所提出的那种理论将不会扩展至完全的威慑理论，因为这意味着伤害某人不仅仅是为了预防他所做出的侵犯，还为了预防潜在的他人的侵犯行为，而这会引起一个具有说服力的“利用”反驳。但是，他主张，有些普遍的威慑可以在他的分配正义原则基础上得到合理证明。当行动者以一种方式对你做了错事，以至于你比遇到其他人的侵犯后可能会变成的样子更加脆弱，那么你就可以正当地通过伤害他来回应这一额外导致的脆弱性。我的看法是，在这样的例子中，相较于完全的普遍威慑的实践，“利用”担忧的效力同样可以被自卫中的伤害权合理压倒。 167

至此，法雷尔似乎提出了一个自由意志怀疑论者可以支持的刑事处罚合理性证明。我确实接受这个证明中的某些核心特征，但是我认为法雷尔的思路可以支持在危险罪犯事例中的预防性拘留，却不能支持处罚。看上去处罚可以用这种方式得到证明的是这样一个模型，其中不正当侵犯者处在一个国家的执法和刑事司法机关不起到任何作用的情况中——就让我们称这种情况为“自然状态”。一个侵犯者于其中构成了直接危险的自然状态，与我们社会中，国家对犯罪者的处罚得到执行的环境，是非常不同的。罪犯因此是处在法律的监管之下的。关键的是，自卫和为他人防卫的权利在自然状态的情况中所支持的种种伤害，与这种权利在侵犯者受到法律保护的情况中所支持的那些伤害，也是不同的。

一个类比将会有助于表明为什么在罪犯构成直接伤害的环境中可以合理执行的威胁，不应当在罪犯处于法律监管之下的环境中执行。对一个构成直接危险的潜在侵犯者做出的能够合理执行的威胁，说明了人们可以合理地相信的、能够预防其侵犯的最低限度的伤害是什么。假设有人明确地要杀掉你，而要预防他这么做，你要用一根棒球棍把他打晕。通过这种程度的伤害你可能对他构成威胁。假设他确实试图要杀掉你，但是在这个过程中他被地板上的玩具绊倒了，而这使得你可以将他困在地上并把他绑起来。在这一刻，用棒球棍将他打晕还是合理的做法吗？这样做是不会得到自卫中的伤害权支持的。因为这个权利支持的仅仅是人们可以合理相信的、预防侵犯者威胁要施加的伤害所必需的最低限度的伤害。或者设想一个侵犯者明确地要杀掉你的同伴，为了保护她，你可以用棒球棍将他打晕，并且威胁他说你会这么做。设想尽管你就此付出了努力，他还是杀掉了她，但是随后他被绊倒了，你将他绑了起来。这时候，你用棒球棍将他打晕是合理的做法吗？至少基于在自卫和为他人防卫中的伤害权来说，这不会是合理的，因为这时他已不再构成直接的威胁了。你仍旧拥有保护你自己和其他人的权利，但不是通过将一个为预防已经发生的伤害而设计出的威胁付诸实践。

因此，在自然状态中执行为了防卫而设计的针对侵犯者之威胁的合法性，不能合理地传递到侵犯者受到法律保护的环境中去。对此的理由是明确的。针对一个在自然状态中构成直接伤害的人进行防卫所
168 要求的最低限度的伤害，通常比在罪犯受到法律监管的情况下所需要的严重得多。如果证明理由就是在自卫中的伤害权，那么我们针对一个处在监管下的罪犯为保护自己所能够合理地做的事，是由我们针对实际情况中的他进行自卫所要求的最低限度措施决定的。如果有人主张对他进行程度更加严厉的伤害，例如，为一套威胁体系提供可信度的那种，那么在自我防卫中的伤害权将不会为此提供必要的证明理由，而这个人将支持一个会受到“利用”反驳的立场。

针对一个受到法律监管的罪犯来保护我们自己所要求的最低限度的伤害是什么呢？很明显的似乎是，不会是比将他与受其威胁的那些人隔离开来更加严厉的要求。因此，法雷尔的思路似乎不能证明对罪犯的处罚，尤其是，如果处罚包含了有意施加严重的伤害，例如死刑或严重的身体上或心理上的痛苦。与此相对，在暴力和危险罪犯的例子中，这种思路最多仅仅能够支持通过预防性拘留而导致剥夺能力。自由意志怀疑论者可以接受这种类型的立场（D’Angelo 1968：56—59），我们马上会对此进行探讨。

剥夺能力的理由

相较于对刑事处罚的道德教育理论或者威慑理论，关于处置罪犯

的理由有一个更加灵活并且与自由意志怀疑论相容的提议，会援引我们保护自己以及确保自身安全的权利，但这个提议所应用的是一个与防疫隔离的类比。费迪南德·舒曼（Schoeman 1979）论证道，如果自我保护的权利证明了对严重的传染性疾病携带者的隔离合理，那么它也能证明对危险罪犯的隔离合理。假定有人通过威胁自杀构成了危险，那么，即使他在通常的意义上不是一个负有基本应得意义上的道德责任的行动者，国家似乎仍然有足够的权利像隔离（并不在基本应得的意义上负有责任的）严重传染疾病的携带者一样，对他进行隔离。对于将人们仅仅作为手段去利用的担忧，在这个语境中是有效力的，而这再结合上普遍的自由权利的重要性，应当能够将预防性拘留限制在尤其危险的例子中。关键的是，相较于反驳建立在防疫隔离类比之上的剥夺能力，这些相互抗衡的因素能够更加有力地反驳在后果论基础上得到证明的处罚政策。这是因为，就隔离类比来说，在抵消疾病携带者构成的危险所必需的措施之外，对他们进行额外的伤害是不合理的，同样，在保护社会的必要措施之外更加严厉地对待有暴力犯罪倾向的人，也是不合理的。此外，疾病越不危险，正当的预防措施就应当越不具有侵 169
扰性，与此相似的是，罪犯越不危险，正当的剥夺其能力的处置就应当越不具有侵扰性。对于某些轻微的罪行来说，也许只有某种程度的监视能够得到辩护。

舒曼探讨了对那些还没犯罪的人进行预防性拘留的可接受性问题，对此的反思导致了对隔离观点的下述担忧。如果通过这个类比而对拘留做出的合理证明是成立的，那么，如果通过某种方式，我们确定了那些还没犯下暴力罪行的人很可能会犯下罪行，对他们进行隔离是否就一定不是合理的？舒曼主张，自由权利必须在这个情况中发挥作用，对于仅仅把人们当作手段利用的担忧也适用于此。我同意这个观点。此外，允许对非犯罪者进行预防性拘留的国家政策所构成的风险，也需要被严肃地考虑。在一系列不同的社会中，允许国家拥有这样的选择很可能会导致更多的伤害，而不是更多的善，因为对政策的滥用是非常可能发生的。舒曼还主张，尽管判定一个人是不是传染性疾病携带者所要求的种种测试可能通常不会具有不可接受的侵扰性，判定一个人是否具有暴力犯罪倾向所必要的那种筛查，可能会是具有侵扰性的，以至于严重的道德难题会就此出现。而且，对于识别一个行动者是否可能会成为暴力罪犯来说，可行的精神病学的策略也不是特别可靠，正如莫尔斯指出的，在经常会导致伪阳性的筛查方案基础上拘留某个人，应当被严肃反对（Morse 1999；Nadelhoffer et al. 2012）。

然而，我们有理由认为，对于暴力倾向的高效神经测试正在得到发展（Nadelhoffer et al. 2012）。我们可能很快就能够依据神经因素，以合理的精确性，确定一个人是否可能会犯下暴力的罪行。即使一个人还没有表现出暴行，假设这个暴行会非常严重，并且非常可能出现在他通常的环境中，而诸如有效的监视或药物治疗这样的不那么具有侵扰性的手段并不可行，那么，基于隔离类比的剥夺能力论述可以支持对他进行预防性拘留吗？也许是可以的。但是，这不应当算作是对于所提出观点的有力反驳，因为几乎所有人都会同意，对非犯罪者的预防性拘留在某些可能的条件下是合理的。设想有个人在不知情的情况下被下了药，使得他几乎一定会在药物影响下的那一周时间里残忍地谋杀至少一个人。不存在任何我们知道的解药，并且由于他尤其强壮，仅仅对他
170 进行监视是不够有效的。我敢说几乎所有人都会肯定，对这样一个人进行预防性拘留一周至少在初步认定的意义上是可以允许的。如果你也同意这一点，那么原则上你就是接受，在某些可能的条件下对非犯罪者进行预防性拘留是合理的。现在，假定可靠的脑神经筛查揭示，一个行动者如果离开了他通常的环境，几乎一定会在未来的五年内谋杀至少一个人，并且不存在任何我们知道的可行的药物治疗，那么，仅仅是对他进行监视也不会是有效的。对这个行动者进行拘留是否同样是可以初步认定为合理的，可能需要我们去判断他的情况与那个被下药的

人的情况，在多大程度上是相似的。也许这两个例子是足够相似的。在这里，重要的是要认识到下面这点：剥夺能力的论证将会说明这种拘留的情况不会很严重，它允许行动者感到合理的舒适度，并且说明，他可以优先考虑追求令他满足的项目。但是与此同时，在很多社会中，允许国家对高度危险的非犯罪者进行预防性拘留，这可能带来的滥用危险是一个严肃的担忧，这个危险很可能会超过这种策略所提供的安全上的价值。①

当一个患有霍乱的人被隔离了，她通常会被迫体验她所不应得的剥夺，社会可能通过这种剥夺而获益。事关公平的是，社会在一定的合理限度之内，尽其所能尽快让霍乱的受害者在安全的情况下解除隔离。如果我们隔离霍乱的受害者，却不愿意为他们提供医疗保护，因为这会要求适度的税收增加，那么我们的行动就是不公平的。与之相似，当一个危险的行动者，不管他是否已经犯下罪行，被预防性拘留了，假定自由意志怀疑论者是对的，那么他同样也被迫体验他在根本上不应得的剥夺，社会可能从这种剥削中获益。通过与霍乱的例子相类比，在危险罪犯的例子中，同样事关公平的是，我们在合理的限度之内尽我们所能，从而让他改过自新，并使得他在安全的情况下被释放。对于一个社会或国家来说，因为不愿意筹集资金而反对改过自新的项目，这包含了严重的不公平。

为了使得一个行动者能够被安全释放，政策要针对那些构成犯罪基础和原因的条件。这些条件包括心理上的疾病，但是也包括不会被合理地归类为疾病的问题，例如对其他人的同情心不足，或者无论出了什么差错都会责备其他人的强烈倾向。将这些政策结合在一起的，不是它们都将行动者视为像有精神疾病并因此需要精神科治疗的人那样。而是，它们都试图通过非惩罚性地去针对那些构成实际或潜在犯

① 关于对于隔离类比的反驳的额外讨论，见佩里布姆（2001：174—177）。

171 罪行为基础的条件，以带来道德改变。

通常得到论证的是，康复自新的观点是应当被反驳的，因为它们将罪犯视为得了某种疾病，因此不是作为一个负有道德责任的行动者来对待。赫伯特·莫里斯（1968）主张，用于改变犯罪倾向性的典型治疗方法的问题是，它们规避了，而不是针对了体现在人类身上的种种赋予其尊严的特性，尤其是我们理性调整自己行动的能力。然而，一个犯罪者可能需要治疗，并被正确地视为是在前瞻性意义上负有道德责任的，如我所述（第六章）。这种意义的道德责任恰恰是以在行动中对理由的回应性能力为根基。而且，在很多罪犯的例子当中，这种能力都是受到了损害的，但是出于对他们的人性的考量，我们应当推荐对他们进行治疗，从而帮助他们恢复这种能力。以上这些都是自由意志怀疑论者能够明确支持的。[1]

索尔·斯米兰斯基（Smilansky 2011）反对道，存在好的理由认为一个这类的剥夺能力论述是不可行的。理由在于，这个论述允许有罪犯危险性者可以被预防性拘留，而同时并不在基本应得的意义上为其犯下的任何罪行，或为自己有罪犯危险性负有道德责任。他主张，他们因此可以得到补偿，而这会要求对他们的禁闭是高度舒适的：

> 然而，硬核决定论者不能允许现行的处罚机制中存在的那种监禁。与处罚不同，他们必须选择乐罚（funishment）。它在罪犯被监禁于法制社会之外这一点上与处罚相类似；乐罚机制同样需要和现行的监狱一样安全，从而预防罪犯越狱。但是二者之间的相似点到此为止。因为乐罚机制还需要尽可能是令人愉快的……由于硬核决定论主张没有人应受从普通社会中被隔离出来的痛苦，这种痛苦需要得到补偿。（Smilansky 2011：355）

① 关于对康复自新项目的反驳的进一步讨论，见佩里布姆（2001：178—185）。

斯米兰斯基继而指出，这样的一个政策将会是极度昂贵的："乐罚的成本将会不可比拟地高于处罚的成本"，实际上它会高到是不可忍受的。

但是因为自由意志怀疑论者否定基本应得，没有任何出于基本应得性的要求能够有效地对被预防性拘留的人进行补偿（参较Levy 2012）。怀疑论者对斯米兰斯基的反驳的种种细节依赖于她认为可以被辩护的普遍的道德理论是什么。我自己的偏好是价值论的道德理论，它将更好的后果视为有价值的，其中，道德上基本的权利得到满足并且不受侵犯算作是好的后果之一。尼尔·列维（2012）正确地指出，这种后果论的观点可以对斯米兰斯基的观点有一个好的回应："一个 172
同时是后果论者的道德责任怀疑论者将会自然地主张，没有人应当受到比带来最好的后果所需要的处置更难堪的处置，在这里，我们要将所有行动者的福利考虑进来——包括罪犯的福利。"因此首先，被预防性拘留的人受到的待遇，不会比为防范他们所构成的危险所需要的更差。此外，过令人满足的生活的权利被考虑进来，并且受到重视，并且，我们因此会有严肃的道德兴趣要为那些被预防性拘留的人提供必要的机会和条件。就成本这一话题来说，提供这种机会可能会增加我们处理犯罪行为的体系的花费，但是这里要求的花费不是为被拘留者提供"五星级酒店"待遇那样的花费（Smilansky 2011）。况且，正如列维所主张的："否认某些行动者应受处罚这样的概念使我们能够接受以更低的成本应对犯罪的政策，这些成本包含经济上的成本、社会上的成本，和道德上的成本。"[①] 马克·克莱曼（Kleiman 2009）提出并讨论了很多这

① 列维还主张，有一个好的例子来免除精神病态者的道德责任，不管全局性的怀疑论是否正确（Levy 2007，2010，2012）；"如果我们需要补偿那些被我们禁闭，但不是负有道德责任的人，那么我们也会需要补偿精神病态者。他们因此是所有理论要面临的问题，不仅仅是责任怀疑论需要面临这个问题。由于精神病态者造成了超过一半的暴力犯罪，并且他们通常会比其他非精神病态者罪犯更有可能再次犯罪，非精神病态者罪犯仅体现了不可容忍的罪行的屡犯率的一小部分"（Hare et al. 1988）。

样不那么昂贵的非报应性政策，他提出论证说，支持它们，而不是支持我们（他的焦点是美国）现有的政策，会导致种种非常有益的后果。

总结和结语

如果自由意志怀疑论者是正确的，那么出于报应理由的刑事处罚就要被排除。我们因此需要放弃最著名的对刑事处罚的证明之一，其实，这个立场已经被独立于自由意志怀疑论的种种道德反驳所威胁。对处罚的道德教育理论与怀疑论者的观点是相容的，但是我们必须要解决的疑惑在于，处罚是否能够有效地对罪犯进行道德教育，非惩罚性的措施是否至少是同样有效的。关于处罚的威慑理论通常来说不会与自由意志怀疑论相冲突，但它同样可基于独立的道德理由而被反驳。但是，可以设想一个预防犯罪的理论，不管怀疑论的观点是正确的还是
173 错误的，这个理论都是可接受的，它可以通过与隔离危险疾病携带者的解释相类比而发展出来。这里核心的想法是，自卫和为他人防卫中的伤害权证明，有理由通过对危险罪犯施加恰当防卫所要求的最低限度的伤害，而剥夺犯罪者的能力。这种论述将不会支持合法性最为可疑的那种刑事处罚，例如死刑，或者在我们的社会中最为常见的那种狱中监禁。不仅如此，它还要求对罪犯的幸福抱有某种程度的关怀和关注，而这会大大改变当前的政策。自由意志怀疑论者同样可以支持以改变社会条件为目标的减少犯罪的措施，例如，改善教育，增加满足雇佣的机会，以及增强对精神疾病患者的关怀（Kleiman 2009：117—163；Slobogin 2006；Levy 2012）。这些提议将不会消灭我们使得人们负有道德责任的实践，它们甚至不会消灭这个实践中犯罪学的元素。相反，它们相当于是通过这种实践本身所推荐的规则来对其做出修正。因此，自由意志怀疑论者所提出的不是外在于我们使人们负有道德责任
174 这种实践的挑战，而是彻底地内在于这种实践的挑战。

第八章

人际关系和生命的意义

首次面对自由意志怀疑论时，我们通常的反应是对其表示担忧。对于怀疑论的最初回应经常是，如果它是正确的，那么生命就是没有意义，也是没有目的的。对我们的未来加以影响的控制力就不会是属于我们的，至少不会在那种很强的意义上属于我们，使我们的种种个人工程可以算作是自己的成就；并且我们会缺少那种对自己的生活的控制，从而无法从我们所追求的目标中获得某种成就感。生命的意义将会面临风险，导致一种对命运的沮丧的顺从。另一种反应是，采取怀疑论的观点会威胁到我们的人际关系，以及人际关系所带来种种生活上的满足。P. F. 斯特劳森（1962）发展了一种关于这种反应的哲学上的论述。对于他来说，假设一个怀疑论的信念在心理上于我们来说是可能的，它会瓦解对关涉他人的反应性态度的表达，而这种表达对于好的人际关系来说是至关重要的，并且它还会危及关涉自我的反应性态度，例如内疚和忏悔，而这对人际关系以及个人的道德发展来说，也是至关重要的。

然而，哲学家们还主张过，对决定论的信念将不会危及生命的意义，它甚至可以对生命的意义做出积极的贡献。斯多葛派主张，对决定论的肯定，加上一个更广阔的视角，可以产生一种有益的镇静。如果决定论为真，并且我们相信它为真，那么我们会将所有发生的事归因于上帝或者宇宙，对这种存在的认同于是会使我们对自己的生活轨迹能够接受。自由意志怀疑论者也许会对这种可能性抱有向往。斯宾诺莎提出，通过一种类似的认同，这种怀疑论的信念可以有助于缓和例如愤怒或不满足的态度，因而使得一个人的情感生活少些波动，多些平静。

我相信上述最初的担忧回应是不恰当的。我将会论证，怀疑论的视角不会危及人际关系，并且它能够将我们从诸如道德愤慨和义愤这
175 样的态度中解脱出来，从而为我们提供了形成更好的人际关系的希望。虽然，如果怀疑论的观点是正确的，我们可以拥有真正的成就所取决于的那种意义会被削弱，但是我们的生活计划所提供的对生活的满足将不会处于风险之中。[①]我认为斯宾诺莎主张自由意志怀疑论可以鼓励某种对我们大有益处的心灵的平静，这一点是正确的。但是，与怀疑论的视角相一致地去生活是否在整体上对我们而言是更好的，这是一个哲学方法所缺少资源去解决的经验上的话题。即使是这样，我对于这种生活在所有因素都考虑进来的情况下于我们是更好的，抱有乐观的态度。

我们拥有自由意志这一信念能够从实践上得到证明吗？

依据索尔·斯米兰斯基（2000）的幻象论，即使我们对自由意志的信念在认识论上的证明是失败的，我们对这一信念的坚持可以从实践上得到证明。在他看来，除非相信我们拥有道德责任所要求的那种自由意志，否则我们的生活似乎会在重要的方面缺少道德价值、意义，

---

① 我在这一章中呈现的论述要感谢塔姆勒·萨默斯（Sommers 2009）对我辩护的观点所提出的挑战。

以及目标。这种实践论的一般思路最先是由康德在《纯粹理性批判》(1781/1787)中发展出来的。康德对于自由意志的观点中的几个方面与我自己的观点是相似的(Pereboom 2006)。与他一样,我主张不相容论是正确的,并且,非决定论的行动者因果论很可能是基本应得意义上的道德责任的一个必要条件。此外,我还支持他的这样一个观点,即,尽管非决定论的行动者因果论还没有显示出其逻辑上的不融贯性,我们没有充分的证明相信它是正确的。然而,康德的确主张——斯米兰斯基在这个方面是紧随其后的——我们还是可以合理地相信我们拥有自由意志,并且相信我们是在基本应得的意义上负有道德责任的。他分别以实践的理由和伦理的理由对这个论点进行了证明。首先,道德上的"应当"原则的正确性与可应用性要求我们拥有与决定论所不相容的那种自由意志,如果缺少这种自由意志,那么在形式上应用于我们身上的道德法则将会被瓦解。其次,基本应得意义上的道德责任对于道德来说太过重要,以至于我们人类的道德生活不能没有它(Kant 1781/1787/1987: A533/B560—A558—B586)。

在康德主义的观念中,相信一个我们没有或几乎没有证据相信的观点,有时候是可以接受的。如果这样的信念是过一种道德生活所要求的,以及,如果从理论的角度来说,这样的观点不包含内在的矛盾,并
且它与我们所拥有的其他在认识论上来说理性的信念相一致,那么对 176
这种观点的信念就是合理的。我同意康德的看法,即,去相信一个我们没有或几乎没有证据相信的主张,可以从实践的角度来看是理性的。事实上,我怀疑这种信念的实践理性不受康德一致性要求所限制。但是我确实认为,在这样的例子中,主体仍旧违背了认识论上的理性标准,尤其是违背了我们的信念应当与证据成比例的要求。

与此相类似,丹尼尔·斯比克(Speak 2004)主张,那些基于证据上的理由而反对自由意志论的人可能忽视了理由的实践上与价值上的元素。当一个观点没有恰当地得到证据支持时——也就是,当证据

论者会建议我们不要相信这个观点时，我们出于道德的理由相信这个观点有时是可以得到理由证明的。斯比克主张，如果人类行动者有自由意志论的自由意志，他们会拥有某种尊严，而如果他们不是在这种意义上自由的，那么他们就会缺少这种尊严。放弃相信自由意志论因此有一个严重的道德代价，而在决定是否可以正当地相信我们在这个意义上是自由的时候，我们应当将这种道德成本考虑进来。在对曼努埃尔・瓦尔加斯的观点的一种解读之上，他提出了一个相似的立场。他说："责任体系致力于使像我们这样的生物更好地关注种种道德考虑，并出于这些考虑所产生的道德理由来恰当地掌控我们的行为。"他支持的观点是，我们应当相信责任体系的这些先决条件。如果撇开他的修正主义，他所有意保留的是基本应得意义上的责任，那么可以说，他为相信我们拥有这种意义上的责任所要求的自由意志，宣传了一种实践上的证明理由（Vargas 2007：155）。[①]

但是首先，正如我现在将要继续论证的，自由意志怀疑论可以完整地保留对于我们人类生活来说尤其重要的大部分事物——思虑理性、一种前瞻意义上的道德责任、对犯罪的预防——以及更多其他的事物。如果怀疑论的信念确实没有危及生命中这些重要的事物，那么，这些实践上的理由将会被驳倒。而且，如果它们以这种方式被驳倒，则就决定在所有因素都考虑进来的情况下我们应当相信什么来说，认识论上的要求将会占优势。

此外，即使反对自由意志论和相容论的论证比我所认为的要更弱一些，从实践上去证明自由意志的信念仍旧会基于下述的挑战而是失
177 败的：鉴于这种认识论的情况，使一个人对于他所做的坏事而在基本

① 对于瓦尔加斯的观点的更加彻底的讨论，见佩里布姆（2009c）。米勒同样主张对道德责任所要求的这种自由意志的信念是可以得到实践上的理由证明的（Mele 1995：251—254）。

应得的意义上是可责备的，这在道德上是可接受的吗？或者，通过主张他是可责备的，从而去证明有理由对他表达包含基本应得概念的义愤，这在道德上是可接受的吗？或者，如果他是一个罪犯，仅仅由于他明知故犯，就基于应得而剥夺他的自由或生命，这在道德上是可接受的吗？视一个罪犯是在基本应得意义上可责备的，并以此对他进行处置，对他表达义愤，并且剥夺他的生命或自由，这些都是对他的伤害。正如我在刑事处罚的那部分内容中所论证过的，如果一个人想要伤害另一个人，那么这个人对此的证明理由必须满足一个非常高的认识论标准（Pereboom 2001; Vilhauer 2009b）。如果非常可能的是，一个人对伤害行为的证明理由是不可靠的，那么这个人最好不要做伤害的行为。例如，如果一个人对伤害行为的证明理由依赖于一种我们没有证据可以抱有的期望，即，特定模式的物理事件会出现，而鉴于我们最好的物理理论，我们不会对它们的出现有所期望，那么这个人最好放弃这个伤害行为。或者，如果一个人的理由依赖于相容论对道德责任的充分条件，而这些条件很可能是错误的，那么这个伤害行为最好应当被避免。即使一个人不倾向于接受自由意志怀疑论的观点，反对自由意志论和怀疑论的论证的力度还是提供了一个可靠的道德理由，让我们像怀疑论的立场仿佛是正确的那样去对待犯错者。即使这些论证不够有力，无法对自由意志怀疑论做决定性的确认，它们可能还是可以足够有力地展示出，对于伤害行为的道德的和认识论上的合理证明标准还没有得到满足。这些考虑严重地挑战了任何为相信基本应得意义上的道德责任所要求的那种自由意志，而提出的实践上的理由。

人际关系和反应性态度

要想拥有有意义的和令人满足的人际关系，真的需要预设我们拥有关于自由意志的讨论中那种基本应得意义上的道德责任吗？ P. F. 斯特劳森（1962）的立场对此给出了一个积极的答案。在这种观点中，道德责任的基础是反应性态度，这些态度又是使得我们的生活有意义的人际关系所要求的。我们对可责备性与可称赞性的判断的证明，最终是基于容纳了反应性态度的实践之上的，这些态度诸如愤慨、义愤，以及内疚；由于道德责任有这种根基，关于我们的行动的因果决定论就对于我们是否可以合理地使得行动者负有道德责任来说不相关。正如我们所看到的，斯特劳森主张，鉴于这种证明，来自决定论的对可责备性
178 与可称赞性的判断的挑战，就会是一个外在的挑战，并因此是一个不合理的挑战。我在第四章与第七章中对这个观点做出了回应。在这里，我想要考虑斯特劳森的立场中的另一个方面：如果我们的行动是被因果决定的，并且这一事实的确威胁到了反应性态度，或者，更确切地说，它威胁到了表达这些态度的合理性，那么我们将会面临一个“客观的态度”的前景；在他看来，这种客观的态度使良好的人际关系不再可能。我们对人际关系的承诺使得我们不去严肃对待这种威胁作。

我认为斯特劳森相信客观的态度会危及我们的人际关系这一点是正确的，但是他错误地认为，如果超出我们的控制的因素构成了对我们的行动的因果决定，并且这种因果决定确实危及了对反应性态度的表达，那么这样一种态度就会顺理成章，或者就是合适的（Pereboom 1995，2001）。[1]首先，我们的有些反应性态度并不是良好人际关系所要求的，尽管在自由意志怀疑论者看来，对它们的表达是在信念上不理性的。在怀疑论的观点中，当对愤慨或义愤的表达伴随着这一个信念——在我看来，它总会伴随这一个信念——即这种表达的对象在基本应得的意义上应受这样对待时，这种表达将会包含信念上的不理性。但是我主张，作为交流模式来说，相较于表达其他一些对我们来说可选

① 关于一个明显相反的观点，见萨默斯（Sommers 2007），但是也见沙博（Shabo 2012b）。

的态度,对这些反应性态度的表达,是人际关系中次好的交流模式。其次,那些我们想要留有表达权的态度,它们没有被怀疑论的看法所威胁,因为它们没有与和这种观点相冲突的信念相关联,要么是存在一些与这些信念不相关的类似态度。这些会留存下来的可表达的态度或类似的态度,不是斯特劳森所说的客观的态度,并且它们足以维持良好的人际关系(Pereboom 1995,2001,2007a,2009a)。

在所有与道德责任相关联的态度中,道德愤慨,也就是,由于一个行动者对自己做了不当的事而对其抱有的愤怒,以及义愤,即由于一个行动者对第三方做了不当之事而对其抱有的愤怒,它们与道德责任的关联最紧密。颇具揭示性的是,道德责任的讨论通常关注的不是我们应当如何看待那些道德上的楷模,而是关注应当如何看待做了坏事的行动者。最经常被用来激发对基本应得意义上的道德责任的强烈判断的那种例子,尤其会包含一个人对他人做出的恶意伤害。也许我们对这种意义上的道德责任的依赖,部分是由道德愤慨和义愤在我们的生活中起的作用衍生出来的,如果是这样的话,那么自由意志怀疑论会是 179
尤其具有威胁性的,因为它挑战了我们拥有这些态度的合理性。

对愤慨和义愤的表达在人际关系与社会关系中起到了重要的交流性作用,因此有人可能会反驳说,如果我们要竭力改变或消除这些态度,这些关系可能也会受到损害。然而,正如我在第六章中所论证的,当我们在人际关系中被侵害时,有一些其他的情绪存在或者是我们能有的,这些情绪不会受到怀疑论的观点的挑战,而它们的表达同样也可以传递相关的信息。这些情绪包含对犯错者所做的事感到受伤、震惊、失望,道德上的悲伤与悲哀,以及对犯错者的关切。因此,不明确的是,对愤慨与义愤的表达是人际关系中的交流所需要的。

如果对失望、受伤、悲伤的表达要替代对愤慨和义愤的表达,那么前一类的态度将需要以后者为代价而得到培养和提倡。但是正如我们所看到的,肖恩·尼科尔斯(2007)反对这个提议并主张,例如像悲伤这样的态度，结合道德上的决心，并不能构成对人际关系和社会关系中的愤慨和义愤的恰当替代。[①]他的论证始于这样一个观点，即，经验研究展示出，这些充满愤怒的回应在某些关键的方面是有益于人类的。他继而主张，经验研究还指出，结合道德决心的悲伤并不能那么有效地带来这些益处。我对此的回应的关键内容是，首先，尼科尔斯的论证忽略了将愤慨和义愤以及那些替代态度的代价之比考虑进来；其次，他援引的那些研究没有提供证据表明，受过教育的、有决心的成年人类将不会在人际关系和社会关系中由那些替代态度而受益。

我们可以给出一个例子来说明那些替代的态度确实是更好的。对愤慨和义愤的表达的确构成了普遍认为的人类关系中的重要部分。它促动了对压迫和虐待的抵抗，因此它使得人际关系更好。但是对愤慨和义愤的表达也容易构成伤害。它通常不能有助于那些接收这种表达的人的幸福。通常的情况是，这种表达有意造成接收者身体上和情感上的痛苦，并且相较于带来和解，它反而会带来具有破坏性的抵触。因此，它有着损害或摧毁人际关系的可能性。

愤慨和义愤通常得到这样一个信念的维护，即，这些态度的对象
180 在基本应得的意义上应该受到这种对待。所以，关于我们缺少这种意义上的道德责任所要求的自由意志这个观点，斯宾诺莎会说："就这个学说教会我们不去恨任何人，不去冷淡对待任何人，不去嘲笑任何人，不去对任何人生气……而言，它是有助于社交生活的。"（Spinoza 1677/1985：490）有些类型或某种程度的愤慨和义愤很可能不是我们能够影响的，因此，即使我们假定怀疑论者致力于做正确的和理性的事，她可能还是不能够根除这些态度。因此，即使最好的那种人际关系不要求愤慨和义愤的倾向性，可能大体上而言，没有什么机制能够有助于清除这种倾向性。正如我们在第六章看到的，尼科尔斯（2007）援引了

① 我在佩里布姆（2009a）中更加详细地讨论了尼科尔斯的挑战。

狭隘的情感反应与宽泛的情感反应之间的区别，前者是对情境的局部的或即刻的情感反应，后者不是即刻的反应，并且能够包含理性反思。自由意志怀疑论者可以接受的是，当我们在最亲密的人际关系中被严重伤害时，我们不会不让自己有某种程度的狭隘的、直接的愤慨。但是在某些宽泛的例子中，我们有能力削弱或甚至消除愤慨和义愤，或者至少在以下的意义上否认它，即，拒绝承认它可能被认为具有的、证明应该对犯下的错事给予伤害性回应的效力；鉴于怀疑论的判断，我们可能出于道德和理性的原因而采取这样的措施。这种对愤慨和义愤及其典型作用的修正，受助于这种怀疑论的判断，很可能有益于我们的各种关系。

赛斯·沙博在批判这种立场时为它提供了一个简要精确的说明。他称之为**遏制政策**：

> 如果决定论为真（也许即使它不为真），我们应当尽可能竭力取消对反应性态度的传播。首先，这样将包含试图在通常会激发这些态度的情境中预先防止这些态度。当一个错事或侵犯出现时，我们应当提醒自己，行动者不是真正为做出这个行动而可责备，因此对他或她持有愤慨或义愤的态度是不公平的，更不用说以一种责备的方式表达这些态度了。当这个提醒还不足够时，我们应当继续关注我们的反应在道德上的不恰当性，从而尽快将它放置一边。当这些反应仍旧存在，我们应当有意识地否定它们，认识到它们是在道德上和理性上不合适的。最后，会有一些时刻，我们无法期待人们真诚地否定这些感受。在这些例子中，我们不会为这些失误而责备他们，我们甚至有可能（依情况而定）视他们的反应为“不过是凡人的而已”。即便如此，我们不会对他们的这些反应赋予任何社交上的合理性，而是像看待其他一些不恰当的、但是可以理解的情绪反应一样——通过无视它们，促使行动者对它

们进行进一步的反思，给其以空间克服它们，鼓励其以合适的方式
181 谈论它们，等等。（Shabo 2012a：106—107）

因此，我并不承认那种认为我们通常可以成功地克服道德愤慨或义愤的观点，我承认的是，我们可以抵抗这样的态度，并且有时可以成功地限制对它们的表达，对于那些由伴随着这些态度的基本应得信念证明的行动和政策，我们可以予以反对。

现在，让我对两个针对这种观点的重要反驳进行回应。第一个反驳来自玛蒂娜·尼达-吕美林，她论证道，愤慨和义愤以及对它们的表达表明了对他人能动性的某种尊重，而这使得这种表达是有价值的。[①]能够支持这一点的是，把一个罪犯的罪行当成是某种疾病的症状那样去对待，就是将他同化为一架坏掉的机器：他的罪行就像一辆汽车无法启动。对那些倾向于错误行动的人的能动性报以尊重反而要求我们会对他们抱有愤慨或义愤的态度。也许这样的一个想法同样支持了康德对从报应的角度证明处罚的主张。

对此进行回应：愤慨和义愤的表达可能预设了其对象持有能够使得她值得尊重的能力，但是我们不能从这一点得出，这些反应性态度实际上展现或表达了尊重。复杂的操纵可能会预设其受害者在实践上和理论上是理性的，并且拥有高度发展的对人际关系进行承诺的能力。但是，尽管这些能力可能会使得行动者值得尊重，那个预设了这些能力存在的操纵并没有展现或表达这一点。在愤慨和义愤的例子中，我的看法是，这种预设培养了一种错觉，即，对这些态度的表达本身展示或表达了尊重。一个更加有说服力的康德主义的议题是，我们通过将他人视为在实践上能够回应理由的，从而对他们的能动性予以尊重。我在第六章中支持的关于责备的对话性模式中，参与到责备的过程中的

① 于2012年4月弗里堡大学的一次学术研讨会上。

正是行动者的实践理性（McKenna 2012）。因此，当另一个人错误地行动时，有人可能会要求得到一个解释，意图让这个人承认他有这样的行事倾向性。如果他实际上在没有借口或理由的情况下如此行动了，那么我们就向他展示逐步清除这种倾向性的种种理由。在这里，我们并没有通过将这个人不道德的行动类比为一辆发生故障的车来对待他，也没有将他的行动视为疾病的种种症状，而是视其为一个理性的行动者的行动，而他对这些行动所具有的倾向性可以通过对道德理由的展示和接受而得到改变。这是向另一个人的能动性表示尊重的一种典型方式。我的想法是，如果一个人这样做了，那么就不用额外要求通过对愤慨或义愤的表达来表示尊重。182

第二个反驳是由赛斯·沙博（2012a）所提出的，托马斯·雅可比也提出了这个反驳，他提出，这样的负面的反应性态度是某种脆弱性的产物，而这样的脆弱性是最亲近的或最亲密的那种人际关系所要求的。[①]能够给这一观点以支持的是，有人可能会先指出，当那些与我们有这种关系的人对我们做了错事，并且尤其当他们因此对我们展示出不尊重和漠视时，我们会自然地在道德上处于愤慨的状态。要让我们在这种情况中免于愤慨，所需要的会是什么呢？这似乎要求我们鼓足勇气，从而不那么受制于他人的情绪和行动的攻击，而这会导致某种对自然的情绪反应的抵抗，并使得我们的人际关系不再那么有意义和有价值了。据沙博的论述，对于我们大部分人来说，正是人际关系中本质上私人的方面，要求我们具有某种会产生道德愤慨的脆弱性，而将我们置于对这种反应性态度的抵抗状态中，会使得我们的关系不再是那么私人的，甚至会使得它们变得完全是与个人无关的。

“私人的”这一术语所含有的特定的含义对于沙博那一版本的反驳来说是至关重要的。在他的观念中，“私人的”首先限定在某种关心之上：

---

① 托马斯·雅可比，于2012年4月弗里堡大学的一次学术研讨会上。

> 当我们以本质上是私人的方式关心某个人对我们的态度时，这些态度除了预示着我们的（或其他人的）利益之外，就其自身来说对我们而言是重要的。因此，还没有接到参加一个社交活动的邀请的人可能对自己明显地被冷落这件事感到疑惑，即使他或她几乎没有欲望去参加这个活动，并且也意识到这个情况不会影响到他或她在社交上或专业上的前景。通常来说，在这样的例子中，对我们来说重要的，是去理解为什么这样的冒犯行为会出现，而这正是关于其所展现出的态度的问题。这种关于他人的行为的“含义”的担忧，是此类从根本上来说是私人的关心的特点。（Shabo 2012a：112）

从私人的角度关心某个人的态度就是去关心这些态度本身，或者视这些态度为那个人更深一层的态度的反映。也就是，关心此人对自己的在道德上重要的态度——依据斯特劳森的术语，也就是那些表达了此人的意志品质的态度。当一个与我们处在亲密关系中的人对我们表达出不尊重或者苛刻的态度时，我们自然会感到愤慨。沙博说：“正是在愤慨的情绪中，我们容易将漠视或者不友好做私人化的理解，这种易感性是这种情况中的典型表现。”在一种亲密的互有爱意的私人关系中，当另一个人表达了这样的不尊重或苛刻的态度时，在放弃或否定自然
183 产生的愤慨的同时，不一定总能保持关系中所包含的那种关心的私人性质：

> 我想要促动的建议是，至少在互有爱意的情况中，我们对于别人对我们的感受和行为有一种本质上是私人的关心，保证了我们中的大部分人在我们对于适当尊重的要求受到严重侵犯时，不一定总能放弃或否认愤慨的情绪……这种不确定性的一个原因是，以这种本质上是私人的方式关心爱人对自己的感受和行为的人，

> 当其以特定的方式被对待时，会倾向于体验到受伤的情绪。这样的情况出现时，他或她可能会发现自己不能预先防止或者快速阻止这些情绪。而就愤慨以及对别人的行为“意味着”什么的关心而言，通常正是在这些情绪中，我们表现出了容易将别人如何对待自己做私人化理解。确实，合理的想法是，对于受伤情绪的一种通常易感性，至少是成熟的爱所要求的那种情感投入所特有的。而得出这一点的一个原因是，这种成熟的爱在很大程度上包含着情感上的脆弱性。鉴于这种情感上的脆弱性，对于这种将另一方的伤害行为做私人化解读的易感性会不会通过受伤的情绪展现出来，个体通常仅有着有限的控制力。当这些伤害行为在损害一个人的自尊时，这一点尤其明显。继续这一想法，受伤的情绪通常会引起愤慨；这是因为，它如同愤慨一样，也是由于感到被以无礼的、轻率的、不受尊重的、冷酷的等方式对待而产生的反应。最后，正如我们不一定总能让自己在人际关系中放弃或否认受伤的情绪，我们也不一定总能放弃或否认这些情绪所产生的愤慨。因为在实践当中，我们通常无法在不能够放弃或否认那些产生愤慨的情绪的情况下，放弃或否认愤慨。这样，我们对于受伤的情绪的易感性会加强我们对愤慨的易感性，再加上我们在克服这种易感性时可能会面临的任何挑战。（Shabo 2012a：113—114）

确实，在沙博所设想的情境中，人类在非常大的程度上不能放弃或否认愤慨。但是首先，这本身并不说明人们不能够采取措施让失望和悲伤来替代愤慨，并在这些情境中对这些态度进行表达。如果要说我们现在不能够通过否认愤慨而影响我们视为是正当的表达，或者甚至是影响我们实际所持有的反应，这样说似乎是错误的。但是沙博所问的问题是，我们是否能够在保留我们对别人态度的关心中这种私人性的同时，对这种态度进行替换和否认。

来检验以下这样一种人际关系是有帮助的，虽然它不是沙博和斯
184 特劳森所关注的那种关系，但是在这种关系中，我们通常对漠视或不尊重的态度抱有私人的回应，但不是反应性的。非常普遍的是，青少年会经历一个阶段，其中他们对父母抱有漠视或不尊重的态度，对这些态度的表达可能会导致非常深刻的受伤情绪，但是通常，这样的漠视和不尊重的表达不会引起父母的愤慨，而是引起他们的失望和悲伤。尽管这些情感不是反应性的态度，它们却是父母那一方的脆弱性的展现。关键的是，它们同样也是私人的，因为，除了这些态度对他们的利益的后果之外，青少年对他的父母的态度就其本身对父母来说是重要的。常常，父母在这种情况中也是愤慨的，但是也常有的是，他们并不感到愤慨。因此，存在一些对于我们来说非常重要的关系，其中，我们对他人的态度的关心是私人的，但是我们中的很多人都不会对那些态度感到愤慨。

有人可能会反驳说，愤慨的缺失是亲子关系的一种本性特殊的人为产物，它不会大范围地传递到平等的成年人之间的亲近关系中去。对此我的想法是，某些这样的成年人间的相互关系中是没有愤慨的，而只包含着失望和悲伤的情绪。调整到这种情感模式中去，也许对于我们当中很多有愤慨的反应的人来说是一个选择。在过去的数世纪中，我们见证了对待罪犯、有精神疾病的人、儿童的非常重要的态度上的变化，因此，我们不能合理地论证说，随着时间的推移，重大的情感变化对于我们来说是不可能的。

这并不是说，任何这种普遍性的变化都明显是可能的。但是，即使是这样，对反应性态度进行否认仍旧是一个选项，而这可以通过不危及我们对别人意志品质的关心中这种私人性来达到。通常来说，当被与自己处在亲近关系中的另一方的某些态度表达所伤害时，一个人不会仅仅感到愤慨，还会感到失望和悲伤。假定对于一个行动者来说，作为一种心理上的事实，这三种态度是不可分离的。其中每一种情感都在

沙博所指明的那种意义上是私人的，但是只有愤慨与其对象是在基本应得的意义上可责备的这一信念相联系。因此，一个人由于否定这种意义上的可责备性而否认愤慨，不需要同样包含对这一套态度之私人性的否认，因为以这样的方式将愤慨放置一边的同时，人们不需要也放弃失望和悲伤。沙博主张，我们通常不能够在不放弃产生愤慨的受伤情绪的情况下，去放弃或否认愤慨。但是所有这些态度都是由受伤的情绪产生的，因此否认愤慨，但不否认失望和悲伤，就不需要包含放弃受伤的情绪。人们可以承认受伤的情绪的合理性，以及它所产生的失望和悲伤的合理性，但同时使自己远离愤慨。这样的否认和疏离本身 185
就是重要的，但是同样也因为它蕴含了拒绝以愤慨为基础的政策，例如从报应的角度证明的报复，所以是重要的。

内疚和悔悟

现在，有人可能会指出，内疚和悔悟这样的自我指向的态度也会受到自由意志怀疑论威胁，而接纳这种结果是更加困难的。反驳者可能主张，有很多东西与此利害攸关，因为对于像我们这样的、可以不道德地行动的行动者来说，这些态度对于良好的关系而言是至关重要的。没有内疚和悔悟这些态度，我们将不会在错误行动之后被促动而进行道德改进，并且，我们也将不能够修复由此被破坏的关系，我们还会无法随后进行对道德正直性的重塑。因为，除了内疚和悔悟的态度之外，没有其他的人类心理机制能够产生这些效果。怀疑论者的立场会瓦解内疚，因为这种态度在本质上包含了人们为了自己所做的事在本质上应受责备。如果行动者没有以这样的方式对于一个罪行感到应受责备，那么他同样也不会为其感到内疚。此外，因为感到内疚是与持有怀疑论的观点不相容的，悔悟也同样不再是信念上理性的选项，因为感到内疚是驱动悔悟的态度所要求的。

然而，假定你做了错事，但是由于你相信自由意志怀疑论是正确的，你否定你在基本应得的意义上是可责备的这一主张。相反，你接受你做了错事，你为自己是一个做了坏事的行动者感受到深深地失望，正如沃勒所提倡的，你对自己所做的事感到深深的悲哀和后悔：

> 对于一个否定道德责任的人来说，为一个行动感到深深的悲哀和后悔是合理的。如果我出于愤怒打了一个朋友，我会为我的行为感到惊慌，并为我有能力做出这样的事感到深深的苦恼。如果一个行动是在最低限度的刺激之下发生的，并且在袭击之前我有机会进行短暂的反思，那么我可能会对我的行为感到更加的困扰和失望：我在我自身中发现了做出狠毒的和卑鄙的行动的能力，而这个能力更多是从我的品格中产生的，而更少是从直接的外界刺激中产生的（因此它更加可能在许多不同的环境中发生），并且
> 186 我去控制这样的狠毒行为的能力明显是不够的。当然，我会有好的理由对我的品格感到遗憾——我的品格包含着产生狠毒行动的能力，而又缺少控制愤怒的能力。（Waller 1990：165—166）

此外，因为你对做正确的事情、对个人的道德改进，是有所承诺的，你决定尽你所能去消除你以这样一种方式行动的倾向性，并也许会通过寻求帮助来获得这种改变。所有这些都没有被怀疑论的信念所削弱。

尼科尔斯（2007）反对说，后悔的概念没有得到恰当的定义，在这里，他援引了理查德·拉扎鲁斯（1991），他主张，“后悔”（regret）这一术语太过模棱两可了，以至于对于情感的比较研究是没有用的。[①]但

① 尼科尔斯还指出，有些理论家将后悔同化为内疚（例如，Storm and Storm 1987）。“后悔”的一个含义可能会与“内疚”的一个含义重合，但是这并不排除这样一种主张，即，存在一个不包含基本应得意义的后悔的概念。

是，本・维豪尔（2004）对讨论中的这个态度提供了一个更加详细的描述，我们可能会将其视为不包含对基本应得的预设的悔恨。他主张了一个对于自由意志怀疑论者友好的观点，这个观点将悔恨基于对遭到不公对待之人的同情之中。他论证说，因为基于同情的悔恨是指向他人的，而非指向自我的，因此，较之基于基本应得概念的悔恨来说，它是更可取的，他将基于基本应得概念的悔恨视为是自我指向且报应性的。在他的观点中，报应论的悔恨的核心是一种不包含根本上的前瞻性道德目标的自我处罚，基于同情的悔恨则在本质上包含了采纳一个被伤害的行动者的视角，而这有着有益的启示。非常可信的是，这样的基于同情的悔恨尤其适用于驱动悔悟和道德上的自我改善，与那些被伤害的人的和解，以及相继的对一个人的道德正直性的重塑。在一种预设了基本应得的意义上使自己可受责备也能够达到这样的结果，但是不大可信的是，维豪尔所描述的那种态度的效果会更小。① 187

① 希拉里・博克提倡了一种关于内疚的概念，它同样也不包含自我指向的报应论，自由意志怀疑论同样也可以接受这个概念：

> 认识到一个人做了坏事和这个人由此所承受的内疚之间的关系……就像是一个人认识到自己与自己真正所爱的人之间的关系瓦解了，与心碎的痛苦之间的关系。心碎不是一个人施加在自己身上的痛苦，并不会因此而作为对爱的消逝的处罚；这不是我们由于自己应得痛苦而必须经受的事情……与此相似，认识到自己做了坏事会导致痛苦。但是这种痛苦并不是一种我们为了处罚而施加在自己身上的痛苦，而是一种当我们认识到自己做了什么时的完全恰当的反应。有两个理由可以支持这一点：首先，我们的标准界定了我们认为自己应当过的那种生活，以及我们视为是在世界上，在我们的生活中，以及在别人的生活中有价值的事物。这些标准明确地表达出什么对于我们来说是重要的，因此依照它们去生活根据定义来说就是我们所关切的。如果我们违背了它们，就触犯了我们视为有价值的事物，漠视了我们真诚地认为我们应当依照其生活的原则，并且没有能够成为我们认为自己应当成为的那种人。知道我们做了这样的事，必定于我们来说是痛苦的。（Bok 1998：168—169）

原　谅

在关于原谅的种种概念中，其中一个概念表明，这种态度预设了被原谅的人在基本应得的意义上应受责备，并因此是愤慨（也许还有义愤）的表达的合适对象。例如，华莱士（1994：72）主张，“在原谅别人时，我们表达出，我们承认他们做了一些值得愤慨和责备的事，但是我们放弃了我们认为是合适的回应”（参较Murphy 2004）。鉴于这种概念，怀疑论者的观点也会将原谅置于风险之中。在华莱士的观念中，原谅包含了放弃对愤慨的表达，这种表达最初是合适的，但是因为怀疑论者大体上放弃了对愤慨的表达，原谅也就没有意义了。有人可能会主张，由于他们的哲学判断而一般否认愤慨表达的自由意志怀疑论者，会原谅每一个相关的过错，然而这似乎是不合理的。原谅预设了原谅者一方的某些相关的最初态度表达最先是合理的，而这个核心的特征会被瓦解。

但是也许存在一些原谅的其他形式，它们没有做出这种预设。要注意的是，怀疑论者大体上对愤慨表达的放弃，不会威胁到承认某个人在特定境况中致力于克服一种错误的行动倾向性，而原谅通常包含这种认可。因此，可能存在某种形式的原谅，其核心正是这样的承认，但是不包含对愤慨的放弃。在这里，黛娜·奈尔金可以算是一个同盟，因为她主张原谅不需要预设这样的放弃（Nelkin 2008，2011b：44—50）。例如，她同意伊夫·加拉德和大卫·麦克诺顿（2003）的观点，即，有些人可能不会一开始就感到愤慨，但仍旧会原谅。布兰登·沃姆克（即将发表）有说服力地为相关的一个观点论证，主张原谅不需要包含对处罚的放弃（参较Zaibert 2009）。怀疑论者可以具有一致性地支持奈尔金和沃姆克的观点。

设想一个朋友数次通过轻率的行动以某种方式对你构成了伤害，

然后你决定终结与他的关系。你加入了与他的一场道德对话当中，向他指出他这样行事的倾向性是不道德的，并且你激励他去消除这种倾向性——用帕梅拉·希罗尼米的话来说，以此来对他的倾向性所构成的威胁表示抗议。他努力地如此做，并完全地消除了这种倾向性。你现在可能会撤回你对这种倾向性所构成的威胁的抗议，并同意继续与他维持友好的关系。在希罗尼米的观念中，原谅正是通过承认犯错者 188
的改变而撤回对威胁的抗议：

> 如果我要求得到原谅，我不是在要求你从我的角度去理解为什么我做了我所做的事。（我自己对此可能已经不完全理解了。无论如何，如果我进行了恰当地悔悟的话，我一定不会推荐那种行事的角度。）要求你从我的角度去理解就是对获得一个借口报以希望，而不是要求原谅。当我要求得到原谅时，我也不是要求你对我在悔恨中所经历的痛苦感到怜悯或同情。我也不是在要求你仅仅去承认我悔悟以及改造自我的事实。我所要求的是，当我说我不再视我对你所做的事为可接受的时候，你对此表示相信，并且承认及接受我的改变。（Hieronymi 2001：554）

即使原谅在本质上还额外包含了对愤慨的否认，在上述描述中所明确表达的态度，可以起到原谅在很多情境中所起到的作用，而怀疑论的立场不会对此有所挑战。

另一个与怀疑论者的观点相一致的原谅的特征是，不再愿意将过去的错误行为视为削弱或消解一段关系的理由。这个特征可以被视为斯坎伦所描述的撤回责备（Scanlon 2009：128）。我原谅一个对我做了错事的人，会包含我最初判断他所做的事展示了他对我的态度，而这种态度破坏了我们之间的关系，但是出于对他的悔悟进行的回应，我不再认为我们之间的关系需要以先前的判断证明为恰当的方式修正。对关系被破坏的判断之所以会被撤回，是因为我认为他已经不再持有破坏我们之间关系的那种态度。

在另一种例子中，与犯错者的悔悟无关，我们可能仅仅决定不再视那个冒犯行动为改变我们关系的理由。这种态度同样也不会受到自由意志怀疑论者的挑战。有人或许还会补充说，尽管怀疑论者在大体上放弃愤慨，她可能仍旧在某个具体的例子中感到愤慨，而原谅能包含对那种愤慨的放弃。总体来说，我的想法是，原谅的许多方面不会受到怀疑论者的观点的挑战，这种态度因此可以得到保存，或者，怀疑论者的观点至少可以使得一种没有受挑战的、与此相关的态度得到保存，而这种态度可以起到原谅在人际关系中通常能够起到的作用。

感激和爱

感激可能看上去预设了人们感激的行动者对于一个有益的行动是在基本应得的意义上负有道德责任的，于是怀疑论的信念会危及感激（Hunderich 1988：518—519）。但即使是这样，正如原谅的例子一样，
189 这个态度的某些核心方面会保持不受影响，并且那些方面可以提供好的关系所需要的东西。首先，感激包括对做出好的行动的人感到感谢。对一个人感到感谢通常包含了她因为那个行动是可称赞的这样一个信念，这不是不合理的。但是，人们可以在不相信一个孩子对某个善意的行动负有道德责任的情况下对这个孩子怀有感激。即使不去预设基本应得意义上的可称赞性，感激的这个方面也是可以保留下来的。通常来说，感激还包含了对一个人所做的事而抱有的喜悦。当人们就别人待自己周到或大方而感到喜悦，并表达出这种喜悦时，怀疑论的观点并不具有任何特征会威胁到这种反应的合理性。表达喜悦可以带来通常由表达感激所产生的和谐感与好意，这些都不会因为自由意志怀疑论的信念而改变。

斯特劳森和凯恩主张，怀疑论的观点还会推翻爱，至少是成熟人类之间的爱（Strawson 1962；Kane 1996：86—90；参较Pereboom 2009a）。但是让我们首先考虑，是否爱另一个人需要我们预设她拥有基本应得意义上的道德责任所要求的自由。我们可能会首先注意到，父母爱他们的孩子，几乎很少或者从来不是因为孩子践行了这种自由，也不是因为孩子由此而在基本应得的意义上值得被爱。此外，当成年人彼此爱对方时，他们也几乎或从来不是由于这种理由而爱对方。对爱进行解释是一项复杂的事业。除了道德品格和行动之外，诸如一个人与另一个人的关系，她的外貌、举止、才智，以及她在其个人历史中与其他人或事件的关系，这些都是产生爱，以及维持爱的重要因素。但是假设道德品质和行为对于形成和保持爱十分重要，即使关于爱的有一个重要的方面在本质上是针对道德品格和行动的应得的回应，不太可能的是，如果人们相信这些道德品质不是通过怀疑论者所否定的那种自由的方式得到的，那么爱就会处在危险之中。不管道德品格和行动是否在基本应得的意义上是值得称赞的，它们都是值得被爱的。最根本上来说，对另一个人的爱包含对另一个人的祝福，将他们的目标和计划视为自己的目标和计划，以及想要与另一个人在一起的欲望。自由意志怀疑论不会威胁到上述任何这些方面。

有人可能会反驳说，爱是自由地受到意志驱动而产生这一点，才是真正有价值的，如果它不是自由地受到意志的驱动而产生，它就不会如此有价值。然而，与这一点相反，我们要注意的是，父母对他们的孩子的爱——一种典型的爱——通常是独立于父母的意愿而产生的。凯恩支持最后的这一个论点，以及一个关于浪漫的爱的相似的观点，但他还是主张，如果我们是由超出我们控制的因素所因果决定的，那么我们想要的一种特殊种类的爱会被严重地削弱：

有**一种**我们期望从他人——父母、孩子（当他们足够大的时

> 候)、配偶、爱人和朋友——那里获得的爱,其重要性被严重地削弱了……被他们是由完全超出他们控制的本能或环境所因果决定来爱我们的这样一个想法所削弱,或者被他们爱我们不完全取决于他们这样一个想法所削弱……以这样一个可欲求的方式被他人爱,这要求他们的爱的最终根源是存在于他们自己的意志当中的。(Kane 1996: 88)

但是让我们暂且将**自由的**意志放置一边,在什么样的情况下,直觉上来说,意志对于产生对他人的爱起到了作用呢?当一段亲密关系的强度在衰退,人们通常会做出决定,尝试使其成功延续下去,并试图重新获得他们曾经拥有的那种关系。当一个学生与不是她自己选择的人成为室友时,她可能会选择使得这段关系融洽。在一段由父母包办的婚姻中,伴侣们可能会设法让自己爱对方。在这样的情况中,我们可能会欲求某个人做出决定去爱,但是远远不明确的是,我们有理由去期望这个决定是在基本应得性道德责任所指意义上,**自由地**受到意志的驱动而产生。决定去爱另一个人可能会大大改善一个人的私人生活,但是不明显的是,这个决定在这种意义上是一个自由的决定这点,为此增添了什么价值。此外,尽管在这些情形中,我们可能会期望某个人做出决定去爱,我们通常更倾向于情况是,爱不是通过一个决定产生的,不仅对于浪漫的牵挂来说是这样,对于友情以及亲子关系来说也是这样。

也许意志可以在长时间**维持**爱当中起到关键的作用。索伦·克尔凯郭尔(1843/1971)主张,一段婚姻关系理想上包含了一个持续被更新的承诺。这样的承诺包含了将自己贡献给另一个人的决定,因此在他的观点中,一段婚姻关系理想上是包含了对一个决定的持续重复。包含这种自愿决定的一段关系可能实际上是高度被欲求的。然而,相较于这些决定仅仅是一种对于行动者深深在乎的事物的自愿表达,很难看出强调这些持续被重复的决定是在基本应得性道德责任所指意义上受到自由意志驱动而产生，会为此添加什么价值。因此，虽然有人可能最先有一个直觉认为，在这种意义上由自由意志所驱动产生的爱才是有价值的，但是，我们很难看到这样的自由意志可能会在产生、维持和增加爱中如何起到可欲求的作用。

但是，如果我们去评价这样一个提议，即爱是由超出行动者控制的因素，例如另一个行动者，所因果决定的，那么一种担忧就会出现。一个引人注目的例子是，约翰·弥尔顿在《失乐园》中所说的，如果上帝因果决定了我们对祂的爱，那么我们对上帝的爱还是有价值的吗？弥尔顿的上帝提供了一个消极的答案： 191

> 证明真正的忠诚、坚信和挚爱？/只照不得已行事，/显不出本心的主动，/意志也好，理性也好/(理性也包括选择)，若被夺去自由，/二者都变为空虚、无用的了，/二者成了被动、只服从不得已，/而不服从我，这样的服从/有什么可赞赏，我怎么能高兴呢？①

即使是这样，也许仅是因果决定论中的特殊的性质是令人反感的。假设安通过在你的咖啡中滴了几滴**爱的药水九号**来操纵你的大脑，从而使得你无视她的性格缺陷，并以此因果决定了你去爱她。这是令人反感的。但是设想，与此相对，你有一个专门去爱伤害你之人的自我毁灭性的癖好，而不去爱那些可能会有益于你的人，部分是因为你具有忽略别人有价值的特质的倾向，例如善良和对他人幸福的关切这样的特质。假设安在你的咖啡中下了药，并移除了这样的倾向性，因为这一点，你现在有能力完全欣赏她的有价值的特质，并因此由因果决定而爱上了她。这又会有多糟糕？这似乎说明，令人不可接受的不是被因果决定

① 约翰·弥尔顿(Milton 1665/2005)：100—108。译文参照《失乐园》，朱维之译，译林出版社2013年版，文字略有改动。

去爱别人这件事本身，而是一个人是如何被因果决定如此做的，存在许多不引人反对的因果决定的方式。

我的结论是，我们没有充分的理由相信，与自由意志怀疑论相一致的思考或行动会在总体上阻碍私人的或社会的关系。更广泛地说，我们缺少恰当的理由去相信，自由意志怀疑论在实践上是不可行的。[①] 自由意志怀疑论者会反对或否认愤慨和义愤，但她不会将自己从失望、悲伤，以及对犯错者的关切中免除出去。基于对那些受影响的人的同情，她会对自己的不道德的行动感到悔恨，并且在道德上抱有决心采取有效
192 措施消除如此行事的倾向性，与那些被伤害的人和解，并且重塑她的各种关系。当被另一个人伤害时，她可能会在我所提出的（在第六章中）前瞻的意义上进行责备，但是鉴于他人对消除如此行事的倾向性的承诺，她会承认这种承诺，并且不再视受到的伤害为维系二人关系的障碍。她会感激那些为她做出好事的人，并向他们表达出感激。她的信念不会对爱构成障碍。如果她有独立倾向性要控制或让自己远离某个人，她可能会视那个人为“一项社会政策的对象；在广泛的意义上来说，视此人为治疗的对象、某个一定会被（也许是预防地）考虑的人、要被管理或处理或治愈或需要接受训练的人；或者仅仅是要避免的人……”（Strawson

---

① 塔姆·萨默斯（2012）在为坚定的怀疑论立场论证时给出了一个有力的方法论上的要点，其中，根据这种坚定的怀疑论立场，宇宙的大体的挑战防止了我们拥有道德责任所要求的那种自由意志。他给出的要点有效地反对我这种怀疑论立场的发展。一方面，我持有伊什提亚克·哈吉的论证（1998：42—64），即决定论排除了义务论所主张的“广泛的反思平衡标准”的正确性，但是我并没有足够严肃地考虑这个立场的不符合直觉的特征施加在这些论证上的不具确定性的压力。萨默斯继而提出了广泛的反思平衡方法可能会对下述争论引发的一系列问题，这个争论涉及这样两个信念，一个信念是不在行动者控制范围内的过往条件所产生的“不负有责任”会传递到行动者当前的行动中，另一个信念是人们对自己的行动负有道德责任。哪一个信念在心理上是更加难以放弃的？哪一个信念与其他的信念更具有一致性？哪一个信念可以被最合理地解释掉？哪一个信念更加具有实践上的价值？

1962)。然而,她的怀疑论的信念不会驱动或证明这样一种客观的态度。

生活的计划

如果我们不能将自己想成是因为获得那些使得我们的生活充实、快乐、令人满足或值得的事物——对于实现那些亨德里奇所说的**生活的希望**——而值得或可受称赞的,这对我们来说会是难以应付的吗(Hunderich 1988: 382ff.)? 亨德里奇论证说,决定论瓦解了这些生活的希望的一个方面,但仍旧使得它们大多完整地保留下来。我同意这一点。首先,去反对我们的生活希望包含对基本应得意义上的可称赞性的追求,这不是不合理的,虽然在怀疑论的观点中,行动之普遍的因果决定论会瓦解这种意义上的可称赞性。生活的希望是对成就的追求,我们会很自然地去设想,人们无法不在基本应得意义上可称赞的情况下拥有某种成就,因此放弃这种可称赞性会剥夺我们的这些希望。然而,成就和生活的希望并不像是这个反驳所预设的那样,与基本应得的可称赞性那样紧密相连。如果有人希望在某个计划中获得成功,并且如果她达成自己期望的事情,即使她并不是在这种特殊的意义上为此可受称赞,直觉上来说,这个结果可以算作她的成就,尽管与此同时,这个成就是属于她的这一意义被削弱了。例如,如果有人期望她作为老师努力的结果是培养出受到良好教育的孩子们,而他们确实是如此,那么在一个明确的意义上来说,她获得了自己所期望的,即使,由于她并不普遍而言负有基本应得意义上的道德责任,她并不因为她的努力在这种意义上是可称赞的。

有人可能会认为,自由意志怀疑论会因为这种关于能动性的概念,而灌输给我们一种对于自己的行为倾向与外界环境的顺从态度 193
(Hunderich 1988: 382ff.)。但这是不正确的。即使我们知道,我们的倾向性与环境给我们理由去相信未来会以某种特定的方式呈现,通常我们还是可以合理地希望它们最后是另一个样子。要想是这样的话，那么可能重要的是，我们缺少对自己的倾向性与环境的完全的知识。假定有人合理地相信他有一个倾向性，它可能会阻碍他实现一个生活的希望。但是由于他不知道这个倾向性是否真的会起到这样的效果，那么对于他来说保持开放的是——也就是说，从认识论角度有可能的是——他的另一个倾向性会使得他跨越这个障碍。例如，设想有人追求成为一个成功的政治家，但是他担心他对于公开演讲的恐惧会影响他实现这一追求。他不知道这个恐惧是否真的会挫败他的志向，因为对于他来说保持开放的是他将会克服这个问题，也许他会由于一个坚决的自律倾向而跨越这种障碍。结果是，他可能会合理地希望他能克服自己的恐惧并成功地实现自己的志向。鉴于自由意志怀疑论，如果他确实克服了这个困难并实现了他的政治野心，这将不会像我们自然地会认为的那样，在一个强健的意义上是他的成就，但是这仍会在一个具有实质性的意义上是他的一个成就。

鉴于怀疑论的观点，生活的希望中我们所放弃的那一方面究竟有多么重要？斯米兰斯基主张，尽管决定论承认从成就或美德中衍生出来的自我价值感有一个有限的基础，硬核决定论者的（以及，更广泛地说，自由意志怀疑论者的）视角仍然可以“对于我们对自己的观点、成就感、价值感、自尊具有极度的破坏性”，尤其是对品格塑造中的成就来说。他（1997：94，2000）认为，对此进行回应，我们最好培养一种我们拥有这种意义上的道德责任的幻象。我同意确实有一种自尊是预设了不相容论的基础的，而如果自由意志怀疑论者是正确的，这种自尊概念会被瓦解。然而，就放弃这种自尊概念对我们来说有多么严苛而言，以及就我们是否需要对这种幻象的维持和培养而言，我质疑斯米兰斯基的看法的准确性。

首先要注意的是，我们的自我价值感——也就是觉得自己有价值并且自己的生活值得过的想法——在不狭隘的程度上，不是由我们自己的意志产生的，更不用说自由意志了。人们对自然的美、先天的运动能力、才智赋予了很大的价值，但是这些事物的根源都不在我们的意志之中。我们同样重视自愿的努力——在高效的工作与利他的行为，以及道德品格的形成中。但是这些自愿的努力是不是在基本应得的意义上自由地 194
受到意志驱动而产生的，真的对我们来说那么重要吗？也许斯米兰斯基高估了我们对此的关注程度以及应当有多关注。

现在考虑一下好的道德品格是如何形成的。合理的是，在很大程度上它是在抚养中形成的，并且有一个关于事实如此的普遍信念。如果自己的孩子最后有了不道德的倾向，父母会认为自己在培育孩子的过程中失败了，并且他们通常会付出很大的努力抚育自己的孩子，以防止这一结果。相应地，人们通常相信，如果他们有好的道德品格，很大程度是因为他们是由爱和技巧培养出来的。但是那些如此相信的人很少因为这一点而感到失望。在将好的道德品格理解为不是源于我们自己所为，因而我们为此并不应得很多的称赞或功劳时，我们并不倾向于为此感到沮丧。与此相反，我们通常会感到幸运和感激。然而，假定有些人会为此感到失望，让他们培养一种对于为自己的道德品格，自己在基本应得意义上可称赞和有功劳的错觉，这难道是正当的或可欲求的吗？我猜想大部分人最终能够接受这个事实，而不感到有多大损失。我认为，所有这些也适用于那些相信他们为自己的道德品格的产生不在基本应得的意义上应受称赞和尊重的人，因为大体上他们不在这样的意义上负有道德责任。

特雷弗·皮肖塔（2009）提出了一个恰当的**你也是**（tu quoque）逻辑谬误挑战，这个挑战使得操纵论证反对我的主张，即生命的中的意义和成就可以在假设决定论为真的情况下保存下来。[①]论证对象是一个

① 皮肖塔区分了主观上的生命意义和关于一个人的生命意义的客观事实。有人可能会感到一个人的生命是有意义的且充实的，但是事实上并非如此。他利用操纵论证反对客观事实上的意义-相容论。

叫汤姆的行动者，他是一个投入了很多时间和精力在扶贫上的令人钦佩的人，并且在自己的努力中获得了成功。假定他是被一位脑神经科学家操纵而担负并坚持于这样的一个计划，并且这一点被揭示给他了。他还会继续将自己的努力视为意义和成就的源泉吗？

> 我认为，汤姆会在听到关于他的生活和他坚持扶贫的真相后，感到被击垮。曾经是汤姆自豪与满足的源泉的事物，将不再是自豪与满足的源泉。也许汤姆会从他是由良善的脑神经科学家创造并操纵的这一事实中获得些许慰藉。毕竟，他们本可能将他操纵为一个理性的自利者，那样的话，他很可能会是一个比他现在的样子糟糕得多的人。也许在事实面前，他会为他满足于自己的利他主义倾向而感到高兴。对操纵的发现当然不会夺走他已有的主观上的满足体验。但是正如我们已经看到的，在主观体验之外还有
> 195 更多的意义。我们似乎可以合理地认为，在发现他被操纵的事实后，汤姆不会再视他的生活为有意义的生活。关键的是，我认为汤姆不会再视他自己拥有的生活在重要的意义上仍旧是**他的**生活；而将自己的生活视为**他的**似乎是视其为有意义的生活的先在条件……汤姆被操纵这一事实意味着，汤姆的生活似乎在本质上是空洞的，远远不是有意义的典型。尽管我们可能仍然认为汤姆对扶贫的坚持是道德上好的，并且他在他的计划中所取得的任何成功都是在道德上幸运的，但是对汤姆被操纵这一事实的发现，似乎在根本上瓦解了我们对有意义的判断。我们预设汤姆在对他的行动的解释中和对他的生活计划的坚持中起了重要作用，而显然他实际上并没有。（Pisciota 2009：84—85）

尽管我能够看到皮肖塔的评断的吸引力，我不认同他对这个例子的反应。他的反应与斯米兰斯基表达的某些观点是相连贯的，并且可以受

到相似的批判。即使不涉及对因果决定论的合理性的普遍考虑，我们也可能会对我们的道德承诺在多大程度上是取决于我们自己，而不是抚育和社会环境的产物，而感到疑惑。当我们视这些承诺为在很大程度上来自他人的贡献，我们的回应倾向于是抱有感激的，而不是沮丧的。与我先前所论证的相一致的是，如果汤姆致力于在他的计划中取得成功，并且如果他确实获得了成功，直觉上看这个结果会是他的一项成就，即使他并不为此在基本应得的意义上有功劳或者可称赞。

除此以外，存在一些在历史上重要的观点，以斯多葛派、基督教的一些元素和伊斯兰教为例证，其中因果决定论的正确性并不会瓦解生命的意义（Inwood 1985；Brennan 2005；Pereboom 1994）。依据斯多葛派的观点，上帝因果决定了所有发生的事，并且它们与整个宇宙的善相一致。存在一个包罗万象的神圣的计划，我们对于这个计划的本质或实现它的方式如果不是完全不理解的，至少不是非常理解的，但是我们仍旧可以确定的是，所有出现的事都是上帝带着实现这一计划的目的决定的。勒内·笛卡尔有说服力地表达了这种斯多葛派的观念（如果我们视他所指涉的自由意志是相容论的）。在下面这段选文中，他提出了“人们为了达到对上帝的爱所要追随的路径”：

> 但是如果……我们注意到祂的能力之无限，通过这种能力，祂创作了许多的事物，在其中，我们是最不重要的一部分；祂的远见之广，能于一念之中看清曾经的、当下的、将有的以及可能有的一切；祂的种种旨意之绝对可靠，不会以任何方式改变，尽管它们不会干扰我们的自由意志；以及最后一点，如果在一方面，我们注意到我们的微不足道，另一方面，我们留意被创造的万物依赖于上帝的方式，思考它们与上帝的全能的关联，从而注意到 196
> 它们的高贵……对所有这些进行沉思会大大地充实一个人，他带

> 着如此极度的喜悦聆听它，意识到他如果期求占据上帝的位置，那将会是对上帝粗鲁且忘恩负义的，他会将自己视为依然过着充裕的生活，而这是因为上帝赋予了他获得这样的知识的天恩，并且他会自愿地、完全地让自己加入上帝，他如此完全地爱着上帝，以至于除了欲求上帝的意志能够得以完成之外，他不对世界上的任何其他事物有所欲求。这是为什么他不再恐惧死亡、痛苦、耻辱，因为他知道，除了上帝有所旨意的事情之外，没有什么会发生在他身上；并且，他如此地爱着这样的神圣的旨意，认为它是如此的正义和必要，知道自己应当完全地依赖于它，以至于即使他在等待死亡或其他的恶时，就算他能通过某些不可能的方式改变那个旨意，他也不会希望如此做。但是，如果他不拒绝恶或者痛苦，因为它们是通过神圣的天意而降临到他身上的，他会更加不会拒绝一个人可能会在生活中享受到的所有好的事物或者合理的快乐，因为它们同样也是来自那个神圣的天意的；愉快地接受它们，不惧邪恶，他的爱会使得他是完全地快乐的。（笛卡尔给夏努特的信，1647年2月2日，AT IV 608—609；Blom英译 1978：206—207）

如果我们对上帝的爱是正确的那种，那么，我们对上帝决定所有发生的事的意旨的认同会是非常彻底的，以至于我们会接受所有这些并视其为来自神圣旨意。其结果远远没有瓦解生命的意义，我们会是“完全地快乐的”。

有人可能会反驳说，在这样一种观点中，我们会参与到决定论的方案中，但不是自由地意愿参与——其中，自由地意愿参与不仅仅包含了在没有被决定如此的情况下如此选择，还包含了在选择前对将要参与的事情有恰当的理解——而这会危及意义和成就。但是考虑下面这个例子。众所周知的是，在美国内战的早年间，亚伯拉罕·林肯的主导目的是保存联邦，而不是结束奴隶制。①之后他开始在这个话题上动摇，并且开始认为上帝对这个战争有一个目标，而这个目标是他林肯自己最初没有的。战争进行几年之后他写道：

> 我几乎已经准备好说这很可能是正确的——上帝意愿了这场战争，并且意愿了它尚不能结束。
>
> 通过将祂的无声的威力放入当下斗争双方的心灵中，祂本可以不通过人类战争来拯救或摧毁联邦。然而战争还是开启了。鉴于它已经开启，他本可以在任何一天中给任何一方最终的胜利。然而战争还在继续。（Oates 1977：343） 197

之后在1864年，我们看到林肯说：

> 我不声称我对种种事件有所掌控，而只是单纯地承认，这些事件控制了我。现在，在三年斗争的结尾，联邦的处境不是任何一方或任何一个人所设计或预期的。只有上帝能够对此进行声明。事件将去向何处似乎是明了的。如果上帝现在意愿消除一个重大错误，并且意愿我们北方和你们南方要为我们在这个错误中作为共谋而公平地付出代价，公正的历史会于其中找到新的理由认证并崇敬上帝的正义与善。（Oates 1977：416）

---

① 林肯在给贺拉斯·格里历的信中写道："我在这场斗争中最重要的目标是保存联邦，而既不是为了保留奴隶制，也不是为了摧毁奴隶制。如果我们可以在不解放任何奴隶的情况下保留联邦，那么我会这么做的，如果我可以通过解放奴隶而保留联邦，我也会那么做的；如果我可以通过解放一部分奴隶而置另一些不管来拯救联邦，我也会那么做。不管我会对奴隶制以及那些有色人种做什么，我做它是因为它能够帮助挽救联邦。"（Oates 1977：340）

一个看法是，林肯将内战视为在美国终止奴隶制这样一个神圣的计划的关键部分，使得他与这场战争的种种恶做了和解，并赋予了这场战争以重要性，尽管他最开始并没有出于这个理由开战，他逐步相信上帝注定使其发生，所以，最初他没有自由地参与到这个神圣的计划中来，他后来才意识到这一计划。

因此，重要的哲学和神学的观点对因果决定论与意义之间的关系，提出了一个相容论的评断。可能有人会反驳说，如果没有一个来自天赋神意的因果决定论的概念，意义和因果决定论仍旧是不相容的。一个自由意志怀疑论者可能会坚持下面这样一种意义感，如斯宾诺莎所提倡的，它从个人在一个更加非关个人的决定论宇宙中的地位之中衍生出来，但是很多人认为这个提议是难以接受的（Spinoza 1677/1985：Book V；参较 Pereboom 1994）。但是要注意的是，这个反驳与皮肖塔或斯米兰斯基否定意义相容论的理由是不同的，因为他们对此否定的根源是一个人在自己的计划中所扮演的非决定论的自由角色概念。我的想法是，即使我们最初感到这样一个角色对于我们赋予生活的种种计划的成功实现是至关重要的，但是，通过认识到他人对自己的成就所做出的贡献而产生对他人的感谢，或者甚至与斯宾诺莎的概念相一致，通过理解这些成功是由一个决定论的宇宙所造成的，于其中我们仅持有一种有限的意义上的控制，并因而对此抱有感激，我们可以保留由不包含基本应得概念的成就感所带来的充分的意义。

站在相容论的一方，约翰·菲舍主张我们的生活可以拥有一种价值，由于大卫·威尔曼所说的价值的叙述性维度，它能够超越片刻幸福的累计价值，将这种片刻的幸福结合到一个更大的故事中去（Fischer 2009；Velleman 1991，2003）。这更大的故事中的哪些方面赋予了这种超越性的意义呢？菲舍提出，“就我们自由地行动而言，我们的生活有
198 一个叙事维度的价值”，而这样的依赖于自由行动的叙事价值正是超越片刻累计价值的东西。他继而说明，自由行动的价值就在于使得行动

是负有道德责任的(Fischer 2009：165—167；参较Pereboom 2012c)。

对菲舍、皮肖塔，还有斯米兰斯基做出回应：我们的生活计划通常会在我们讲述自己的生活故事时形成一个主题，但是，正如我已经论证过的，从我们的计划中衍生出来的意义，并因此从这个方面来说，从这些故事中衍生出来的意义，并不需要我们在基本应得性道德责任所要求的那个意义上自由地行动。正如克尔凯郭尔提出的，我们的人际关系同样在这种统一性的故事中产生重要的主题，但是我也主张过，能够说明这些关系的大部分价值的情感依附并不产生于我们自由地意愿了什么(Kierkegaard 1843/1971；参较Guignon and Pereboom 1995/2001)。意志在维系这些关系中起到了作用，但是为了让这些自愿的活动赋予生命以意义和价值，它们不需要在基本应得性道德责任所要求的那个意义上由自由的意志所驱动产生。这里有一个并非不常见的故事：我们陷入爱河，并没有计划要孩子，但是有了她是特别美妙的，而这段浪漫的关系以及我们的家庭是我们生命中最好的事情。这种故事中的关键元素是独立于我们自由意愿的事情的，但它们通常仍是使得我们的生活有意义的最重要的元素。

结 语

在缺少这个信念的情况下生活，即我们的行动是在基本应得性道德责任所要求的意义上被自由的意志所驱动的，对于我们来说并不是自然而然的。我们对于好的或坏的行动的自然反应预设了我们在这个意义上是自由的。但是正如我所论证的，存在一个反对这一预设的有力的例子，虽然我们最初对自由意志怀疑论的反应是担忧的，但采取这样的观点对于我们来说并没有明确的不可接受的后果。它可能不会严重地危及生命的意义，因为它与真实意义上我们在自己的计划中获得成功的成就感是相容的。它似乎也不会使得好的人际关系变为不可能；而且，通过减少通常会破坏好的人际关系的对愤慨和义愤的表达，它提供了一种更好的泰然处之的态度作为前景。如果我们确实放弃了当前讨论中那个意义上的自由意志，令人惊讶的是，我们也许会因此过
199 得更好。

参考文献

Abramson L., Seligman M., and Teasdale J. (1978). "Learned Helplessness in Humans: Critique and Reformulation," *Journal of Abnormal Psychology* 87, pp. 49–74.

Alexander, Larry, Kimberly Kessler Ferzan, and Stephen Morse. (2009). *Crime and Culpability*. Cambridge: Cambridge University Press.

Alicke, Mark D. (2000). "Culpable Control and the Psychology of Blame," *Psychology Bulletin* 126, pp. 556–74.

Alicke, Mark. D., Teresa L. Davis, and Mark V. Pezzo. (1994). "A Posteriori Adjustment of A Priori Decision Criteria," *Social Cognition* 8, pp. 286–305.

Alicke, Mark D., David Rose, and Dori Bloom. (2012). "Causation, Norm Violation and Culpable Control," *Journal of Philosophy* 106, pp. 587–612.

Alvarez, Maria. (2009). "Actions, Thought-Experiments, and the 'Principle of Alternate Possibilities' ," *Australian Journal of Philosophy* 87, pp. 61–81.

Arpaly, Nomy. (2006). *Merit, Meaning, and Human Bondage*. Princeton, NJ, Princeton University Press.

Ayer, Alfred J. (1954). "Freedom and Necessity," in A. J. Ayer, *Philosophical Essays*. London: Macmillan, pp. 271–84.

Baker, Lynne R. (2006). "Moral Responsibility without Libertarianism," *Noûs* 40, pp. 307–30.

Balaguer, Mark. (2009). *Free Will as an Open Scientific Problem*. Cambridge, MA:

MIT Press.

Bentham, Jeremy. (1823/1948). *An Introduction to the Principles of Morals and Legislation*. New York: Macmillan.

Bergson, Henri. (1889/1910). *Essai sur les données immédiates de la conscience*, Paris: F. Alcan, 1889; 英译为 *Time and Free Will*, tr. F. L. Pogson. London: Allen and Unwin, 1910。

Bishop, John. (1989). *Natural Agency*. Cambridge: Cambridge University Press.

Björnsson, Gunnar, and Derk Pereboom. (2014). "Free Will Skepticism and Bypassing," in W. Sinnott-Armstrong, ed., *Moral Psychology* Vol. 4. Cambridge, MA: MIT Press, pp. 27–35.

Blom, John J. (1978). Descartes, *His Moral Philosophy and Pyschology*. New York: New York University Press.

Bobzien, Suzanne. (1998). *Determinism and Freedom in Stoic Philosophy*. Oxford: Oxford University Press.

Bok, Hilary. (1998). Freedom and Responsibility. Princeton: Princeton University Press.

Boonin, Daniel. (2008). *The Problem of Punishment*. Cambridge: Cambridge University Press.

Braithwaite, John, and Philip Pettit. (1990). *Not Just Deserts*. Oxford: Oxford University Press.

Brennan, Tad. (2005). *The Stoic Life: Emotions, Duties, and Fate*. Oxford: Oxford University Press.

Brent, Michael. (手稿). "Against the Standard Theory of Action."

Broad, Charlie Dunbar. (1952). "Determinism, Indeterminism, and Libertarianism," in *his Ethics and the History of Philosophy*. London: Routlege and Kegan Paul, pp. 195–217.

Campbell, Joseph. (2006). "Farewell to Direct Source Incompatibilism," *Acta Analytica* 21, pp. 36–49.

Campbell, Joseph. (2007). "Free Will and the Necessity of the Past," *Analysis* 67, pp. 105–11.

Campbell, Joseph. (2008). "Reply to Brueckner," *Analysis* 68, pp. 264–9.

Campbell, Joseph. (2010). "Incompatibilism and Fatalism: Reply to Loss," *Analysis*

70, pp. 71–6.

Capes, Justin. (2010). "The W-Defense," *Philosophical Studies* 150, pp. 61–77.

Caruso, Gregg D. (2012). *Free Will and Consciousness: A Determinist Account of the Illusion of Free Will*. Lanham, MD: Lexington Books.

Castañeda, Hector-Neri. (1975). *Thinking and Doing*. Dordrecht: D. Reidel.

Chalmers, David. (2002). "Does Conceivability Entail Possibility?" in Tamar Szabo Gendler and John Hawthorne, eds., *Conceivability and Possibility*. Oxford: Oxford University Press.

Chalmers, David. (2011). "Verbal Disputes," *Philosophical Review* 120, pp. 515–66.

Chisholm, Roderick. (1964). "Human Freedom and the Self," 堪萨斯大学哲学系林德利讲座，重印于 Gary Watson, ed., *Free Will*. Oxford: Oxford University Press, 1980, pp. 24–35。

Chisholm, Roderick. (1971). "Reflections on Human Agency," *Idealistic Studies* 1, pp. 33–6.

Chisholm, Roderick. (1976). *Person and Object*. La Salle IL: Open Court.

Clarke, Randolph. (1992). "Deliberation and Beliefs about One's Abilities," *Pacific Philosophical Quarterly* 73, 101–13.

Clarke, Randolph. (1993). "Toward a Credible Agent-Causal Account of Free Will," *Noûs* 27, pp. 191–203.

Clarke, Randolph. (1996). "Agent Causation and Event Causation in the Production of Free Action," *Philosophical Topics* 24, pp. 19–48.

Clarke, Randolph. (2003). *Libertarian Theories of Free Will*. New York: Oxford University Press.

Clarke, Randolph. (2005). "An Argument for the Impossibility of Moral Responsibility," *Midwest Studies in Philosophy* 29, pp. 13–24.

Clarke, Randolph. (2008). "Incompatibilist (Nondeterministic) Theories of Free Will," in Edward N. Zalta, ed., *The Stanford Encyclopedia of Philosophy* (Fall 2008 Edition) <http://plato.stanford.edu/archives/fall2008/entries/incompatibilism-theories/>.

Clarke, Randolph. (2009). "Dispositions, Abilities to Act, and Free Will: The New Dispositionalism," Mind 118, pp. 323–51.

Coates, Justin. (ms). "Responsibility without (Panicky) Metaphysics."

Coffman, E. J., and Warfield, Ted. (2005). "Deliberation and Metaphysical Freedom," *Midwest Studies in Philosophy* 29, pp. 25–44.

Cogley, Zac. (2013). "Basic Desert of Reactive Emotions," *Philosophical Explorations* 16, pp. 165–77.

Copp, David. (2008). "'Ought' Implies 'Can', and the Derivation of the Principle of Alternate Possibilities," *Analysis* 68, pp. 67–75.

D'Angelo, Edward. (1968). *The Problem of Free Will and Determinism*. Columbia MO: University of Missouri Press.

Darwall, Stephen. (2006). *The Second-Person Standpoint: Morality, Respect, and Accountability*. Cambridge, MA: Harvard University Press.

Davidson, Donald. (1963). "Actions, Reasons, and Causes," *Journal of Philosophy* 60, pp. 685–700.

Davidson, Donald. (1970). "Mental Events," in L. Foster and J. W. Swanson, eds., *Experience and Theory*. Amherst, MA: University of Massachusetts Press, pp. 79–101.

DeCaro, Mario. (2011). "Determinism, Moral Responsibility and Punishment in the Age of Cognitive Science," in M. De Caro and R. Egidi, eds., *Epistemology, Agency, and Science*. Rome: Carocci, pp. 173–88.

Deery, Oisin, Matt Bedke, and Shaun Nichols. (2013). "Phenomenal Abilities: Incompatibilism and the Experience of Agency," in David Shoemaker, ed., *Oxford Studies in Agency and Responsibility*, Vol. 1. Oxford: Oxford University Press, pp. m–n.

Della Rocca, Michael. (1998). "Frankfurt, Fischer and Flickers," *Noûs* 32, pp. 99–105.

Demetriou, Kristin. (2010). "The Soft-Line Solution to Pereboom's Four-Case Argument," *Australasian Journal of Philosophy* 88, pp. 595–617.

Dennett, Daniel. (1984). Elbow Room. Cambridge, MA: MIT Press.

Dennett, Daniel. (2003). *Freedom Evolves*. New York: Viking.

Dretske, Fred. (1993). "Mental Events as Structuring Causes of Behavior," in John Heil and Alfred Mele, eds., *Mental Causation*. Oxford: Oxford University Press, pp. 121–36.

Edwards, Paul. (1958). "Hard and Soft Determinism," in Sydney Hook, ed., *Determinism and Freedom*. New York: New York University Press, pp. 104–13.

Ekstrom, Laura W. (2000). *Free Will, A Philosophical Study*. Boulder CO: Westview.

Ekstrom, Laura W. (2003). "Free Will, Chance, and Mystery," *Philosophical Studies* 113, pp. 153–80.

Fara, Michael. (2008). "Masked Abilities and Compatibilism," Mind 117, pp. 843–65.

Farrell, Daniel M. (1985). "The Justification of General Deterrence," *Philosophical Review* 104, pp. 367–94.

Feinberg, Joel. (1970). "Justice and Personal Desert," in his Doing and Deserving. Princeton: Princeton University Press.

Finch, Alicia. (2013). "On Behalf of the Consequence Argument: Time, Modality, and the Nature of Free Action," *Philosophical Studies* 163, pp. 151–70.

Fischer, John Martin. (1982). "Responsibility and Control," *Journal of Philosophy* 79, 24–40.

Fischer, John Martin. (1994). *The Metaphysics of Free Will*. Oxford, Blackwell Publishers.

Fischer, John Martin. (2003). "'Ought-Implies-Can,' Causal Determinism, and Moral Responsibility," *Analysis* 63, pp. 244–50.

Fischer, John Martin. (2004). "Responsibility and Manipulation," *The Journal of Ethics* 8, pp. 145–77.

Fischer, John Martin. (2006). *My Way*. Oxford: Oxford University Press.

Fischer, John Martin. (2007). "Compatibilism," and "Response to Kane, Pereboom, and Vargas," in J. M. Fischer, R. Kane, D. Pereboom, M. Vargas, eds., *Four Views on Free Will*. Oxford: Blackwell Publishers, pp. 44–84; 184–90.

Fischer, John Martin. (2009). *Our Stories*. New York: Oxford University Press.

Fischer, John Martin. (2010). "The Frankfurt Cases: The Moral of the Stories," *Philosophical Review* 119, pp. 315–36.

Fischer, John Martin, Robert Kane, Derk Pereboom, Manuel Vargas (2007). *Four Views on Free Will*. Oxford: Blackwell.

Fischer, John Martin, and Mark Ravizza (1998). *Responsibility and Control: A Theory of Moral Responsibility*. Cambridge: Cambridge University Press.

Frankfurt, Harry. (1969). "Alternate Possibilities and Moral Responsibility," *Journal of Philosophy* 66, pp. 829–39.

Frankfurt, Harry. (1971). "Freedom of the Will and the Concept of a Person," *Journal of Philosophy* 68, pp. 5–20.

Frankfurt, Harry. (2002). "Reply to John Martin Fischer," in S. Buss and L. Overton, eds., Contours of Agency: Essays on Themes from Harry Frankfurt. Cambridge, MA: MIT Press.

Franklin, Christopher. (2011a). "Neo-Frankfurtians and Buffer Cases: The New Challenge to the Principle of Alternative Possibilities," *Philosophical Studies* 152, pp. 189–207.

Franklin, Christopher. (2011b). "Farewell to the Luck (and Mind) Argument," *Philosophical Studies* 156, pp. 199–230.

Frede, Michael. (2011). *A Free Will*. Berkeley CA: University of California Press.

Garrard, Eve, and David McNaughton. (2003). "In Defense of Unconditional Forgiveness," *Proceedings of the Aristotelian Society* 103, pp. 39–60.

Ginet, Carl. (1962). "Can the Will be Caused?" *The Philosophical Review* 71, 49–55.

Ginet, Carl. (1966). "Might we have no Choice?" in Keith Lehrer, ed., *Freedom and Determinism*. New York: Random House.

Ginet, Carl. (1990). On Action. Cambridge: Cambridge University Press.

Ginet, Carl. (1996). "In Defense of the Principle of Alternative Possibilities: Why I Don't Find Frankfurt's Arguments Convincing," *Philosophical Perspectives* 10, pp. 403–17.

Ginet, Carl. (1997). "Freedom, Responsibility, and Agency," *Journal of Ethics* 1, pp. 85–98.

Ginet, Carl. (2000). "The Epistemic Requirements for Moral Responsibility," *Philosophical Perspectives* 14: 267–77.

Ginet, Carl. (2002). "Review of Living without Free Will," *Journal of Ethics* 6, pp. 305–9.

Ginet, Carl. (2007). "An Action Can Be Both Uncaused and Up to the Agent," in

C. Lumer and S. Nannini, ed., *Intentionality, Deliberation, and Autonomy*. Farnhnam, UK: Ashgate, pp. 243–56.

Goetz, Stewart. (2005). "Frankfurt-Style Arguments and Begging the Question," *Midwest Studies in Philosophy* 29, pp. 83–105.

Goetz, Stewart. (2008). *Freedom, Teleology, and Evil*. London: Continuum, 2008.

Graham, Peter. (2010). "Against the Mind Argument," *Philosophical Studies* 148, pp. 273–94.

Graham, Peter. (2011). "'Ought' and Ability," *Philosophical Review* 120, pp. 337–82.

Griffith, Megan. (2005). "Does Free Will Remain a Mystery? A Response to Van Inwagen," *Philosophical Studies* 124, pp. 261–9.

Griffith, Meghan. (2010). "Why Agent-Caused Actions Are Not Lucky," *American Philosophical Quarterly* 47, pp. 43–56.

Guignon, Charles, and Derk Pereboom, eds. (1995/2001). *Existentialism: Basic Writings*. Indianapolis: Hackett Publishing Company, 1995; second (expanded) edition, 2001.

Haas, Daniel. (2012). "In Defense of Hard-line replies to the Multiple-case Manipulation Argument," *Philosophical Studies* 163, 797–811.

Haji, Ishtiyaque. (1998). *Moral Accountability*. New York: Oxford University Press.

Haji, Ishtiyaque. (2002). *Deontic Morality and Control*. Cambridge: Cambridge University Press.

Haji, Ishtiyaque. (2004). "Active Control, Agent Causation, and Free Action," *Philosophical Explorations* 7, pp. 131–48.

Haji, Ishtiyaque. (2009). *Incompatibilism's Allure: Principal Arguments for Incompatibilism*. Peterborough ON: Broadview Press.

Haji, Ishtiyaque. (2012). *Reason's Debt to Freedom*. New York: Oxford University Press.

Haji, Ishtiyaque, and S. Cuypers. (2006). "Hard- and Soft-Line Responses to Pereboom's Four-Case Manipulation Argument," *Acta Analytica* 21, pp. 19–35.

Hampton, Jean. (1984). "The Moral Education Theory of Punishment," *Philosophy and Public Affairs* 13, pp. 208–38.

Hanser, Matthew. (2005). "Permissibility and Practical Inference," *Ethics* 115, pp. 443–70.

Hare, Robert D., Leslie M. McPherson, and Adelle E. Forth. (1988). "Male Psychopaths and Their Criminal Careers," *Journal of Consulting and Clinical Psychology* 56(5), pp. 710–14.

Harman, Gilbert. (1977). *The Nature of Morality*. Princeton: Princeton University Press.

Harris, James A. (2005). Of Liberty and Necessity: *The Free Will Debate in EighteenthCentury British Philosophy*. Oxford: Oxford University Press.

Hieronymi, Pamela. (2001). "Articulating an Uncompromising Forgiveness," *Philosophy and Phenomenological Research* 62, pp. 529–55.

Hobbes, Thomas. (1654). *Of Libertie and Necessity: A treatise, wherein all controversie concerning predestination, election, free-will, grace, merits, reprobation, &c., is fully decided and cleared, in answer to a treatise written by the Bishop of London-Derry, on the same subject*. London, printed by W. B. for F. Eaglesfield, 1654.

Hobbs, James. (2012). *Ought Claims and Blame in a Deterministic World*, 康奈尔大学哲学系学位论文, Ithaca, NY。

d'Holbach, Paul-Henri Thiry, (Baron). (1770). *Système de la Nature, ou Des Loix du Monde Physique et du Monde Moral*, Amsterdam: Marc-Michel Rey.

Honderich, Ted (1988). *A Theory of Determinism*. Oxford: Oxford University Press.

Honderich, Ted (1996). "Compatibilism, Incompatibilism, and the Smart Aleck," *Philosophy and Phenomenological Research* 56, pp. 855–62.

Horgan, Terry. (2011). "The Phenomenology of Agency and Freedom: Lessons from Introspection and Lessons from Its Limits," *Humana Mente* 15 pp. 77–97. <http:// www.humanamente.eu/Issues/Issue15.html>.

Hornsby, Jennifer. (2004a). "Agency and Actions," in H. Steward and J. Hyman, eds., *Agency and Action*. Cambridge: Cambridge University Press, pp. 1–23.

Hornsby, Jennifer. (2004b). "Agency and Alienation," in de M. Caro and D. MacArthur, eds., *Naturalism in Question*. Cambridge, MA: Harvard University Press, pp. 173–87.

Hospers, John. (1950). "Meaning and Free Will," *Philosophy and Phenomenological*

Research 10, pp. 307–30.

Hospers, John. (1958). "What Means this Freedom?" in Sydney Hook, ed., *Determinism and Freedom*. New York: New York University Press, pp. 113–30.

Humberstone, Lloyd. (1971). "Two Sorts of 'Oughts' ," *Analysis* 32, pp. 8–11.

Hume, David. (1739/1978). *A Treatise of Human Nature*. Oxford: Oxford University Press.

Hume, David. (1748/2000). *An Enquiry Concerning Human Understanding*. Oxford: Oxford University Press.

Hunt, David. (2000). "Moral Responsibility and Unavoidable Action," *Philosophical Studies* 97, pp. 195–227.

Hunt, David. (2005). "Moral Responsibility and Buffered Alternatives," *Midwest Studies in Philosophy* 29, pp. 126–45.

Husak, Douglas (2000). "Retribution in Criminal Theory," *San Diego Law Review* 37, pp. 959–86.

Inwood, Brad. (1985). *Ethics and Human Action in Early Stoicism*. Oxford: Oxford University Press.

Jackson, Frank (1998). *From Metaphysics to Ethics*. Oxford: Oxford University Press.

James, William (1884). "The Dilemma of Determinism," *The Unitarian Review*; 重印于 William James, *The Will to Believe and Other Essays in Popular Philosophy*. New York: Longmans Green and Co., 1907, pp. 145–83。

Jones, David H. (1968). "Deliberation and Determinism," *Southern Journal of Philosophy* 6, 255–64.

Judisch, Neal. (2010). "Bringing Things About," in Allan Hazlett, ed., *New Waves in Metaphysics*. New York: Palgrave Macmillan.

Kane, Robert. (1985). *Free Will and Values*. Albany: SUNY Press.

Kane, Robert. (1996). *The Significance of Free Will*. New York: Oxford University Press.

Kane, Robert. (2000). "The Dual Regress of Free Will and the Role of Alternative Possibilities," *Philosophical Perspectives* 14, pp. 57–80.

Kane, Robert. (2007). "Libertarianism" and "Response to Fischer, Pereboom, and

Vargas," in J. Fischer, R. Kane, D. Pereboom, M. Vargas, *Four Views on Free Will*, Oxford: Blackwell Publishers.

Kane, Robert. (2011). "Rethinking Free Will: New Perspectives on an Ancient Problem," in Robert Kane, ed., *The Oxford Handbook of Free Will*, 2nd edn. New York: Oxford University Press, pp. 381–404.

Kant, Immanuel. (1781/1787/1987). *Critique of Pure Reason*, tr. Paul Guyer and Allen Wood. Cambridge: Cambridge University Press.

Kant, Immanuel. (1785/1981). *Grounding for the Metaphysics of Morals*, tr. J. Ellington. Indianapolis: Hackett.

Kant, Immanuel. (1788/1996). *Critique of Practical Reason*, tr. Mary Gregor. Cambridge: Cambridge University Press.

Kant, Immanuel. (1797/1963). *The Metaphysical Elements of Justice*, tr. John Ladd. New York: Bobbs-Merrill, pp. 99–107.

Kapitan, Tomis. (1986). "Deliberation and the Presumption of Open Alternatives," *Philosophical Quarterly* 36, pp. 230–51.

Kapitan, Tomis. (1996). "Modal Principles in the Metaphysics of Free Will," *Philosophical Perspectives* 10, pp. 419–46.

Kearns, Stephen. (2012). "Aborting the Zygote Argument," *Philosophical Studies* 160, pp. 379–89.

Kelly, Erin (2009). "Criminal Justice without Retribution," *Journal of Philosophy* 106, pp. 440–62.

Kierkegaard, Sren. (1843/1971). *Either/Or*, Vol. 2, tr. Walter Lowrie. Princeton: Princeton University Press.

Kleiman, Mark (2009). *When Brute Force Fails: How to Have Less Crime and Less Punishment*. Princeton: Princeton University Press.

Knobe, Joshua. (2003). "Intentional Action in Folk Psychology: An Experimental Investigation," *Philosophical Psychology* 16 (2), pp. 309–24.

Kornblith, Hilary (2002). *Knowledge and its Place in Nature*. Oxford: Oxford University Press.

Kornblith, Hilary. (2006). "Reply to Bermudez and Bonjour," *Philosophical Studies* 127, pp. 337–49.

Lamb, James. (1977). "On a Proof of Incompatibilism," *Philosophical Review* 86, pp. 20–35.

Lazarus, Richard. (1991). *Emotion and Adaptation*. Oxford: Oxford University Press.

Lehrer, Keith. (1968). "Cans without Ifs," *Analysis* 29, pp. 29–32.

Lenman, James. (2006). "Compatibilism and Contractualism: The Possibility of Moral Responsibility," *Ethics* 117, pp. 7–31.

Levy, Neil. (2006). "Determinist Deliberations," *Dialectica* 60, pp. 453–9.

Levy, Neil. (2007). "The Responsibility of the Psychopath Revisited," *Philosophy, Psychiatry & Psychology* 14, pp. 129–38.

Levy, Neil. (2010). "Psychopathy, Responsibility and the Moral/Conventional Distinction," in L. Malatesti and J. McMillan, eds., *Responsibility and Psychopathy*, Oxford: Oxford University Press, pp. 213–26.

Levy, Neil. (2011). *Hard Luck: How Luck Undermines Free Will and Moral Responsibility*, Oxford: Oxford University Press.

Levy, Neil. (2012). "Skepticism and Sanction: The Benefits of Rejecting Moral Responsibility," *Law and Philosophy* 31, 477–93.

Lewis, David. (1986). "Events," in his *Philosophical Papers*, Volume II. New York: Oxford University Press, pp. 241–69.

Lewis, Michael, and Douglas Ramsey. (2005). "Infant Emotional and Cortisol Responses to Goal Blockage," *Child Development* 76, pp. 518–30.

Locke, John. (1690/1975). *An Essay Concerning Human Understanding*, ed. Peter H. Nidditch. Oxford: Oxford University Press.

Lowe, E. Jonathan. (2008). *Personal Agency: The Metaphysics of Mind and Action*. Oxford: Oxford University Press.

Lycan, William. G. (1997). *Consciousness*. Cambridge, MA: MIT Press.

Manne, Kate. (2011). *Not by Reasons Alone*, 剑桥大学博士论文, MA: MIT Press。

Marcus Ruth Barcan. (1966). "Iterated Deontic Modalities," *Mind* 75, pp. 580–2.

Markosian, Ned. (1999). "A Compatibilist View of the Theory of Agent Causation," *Pacific Philosophical Quarterly* 80, pp. 257–77.

Mayer, Patrick. (2011). *Responsibility, Identity, and Luck*. 康奈尔大学哲学系学位论文, Ithaca, NY。

McCann, Hugh. (1998). *The Works of Agency*. Ithaca: Cornell University Press.

McCloskey, Herbert J. (1965). "A Non-Utilitarian Approach to Punishment," *Inquiry* 8, pp. 239–55.

McKenna, Michael. (1997). "Alternative Possibilities and the Failure of the Counterexample Strategy," *Journal of Social Philosophy* 28, pp. 71–85.

McKenna, Michael (2003). "Robustness, Control, and the Demand for Morally Significant Alternatives," in Michael McKenna and David Widerker, eds., *Freedom, Responsibility, and Agency: Essays on the Importance of Alternative Possibilities*. Aldershot, UK: Ashgate, pp. 201–16.

McKenna, Michael. (2005). "Where Frankfurt and Strawson Meet," *Midwest Studies in Philosophy* 29, pp. 163–80.

McKenna, Michael. (2008a). "A Hard-Line Reply to Pereboom's Four-Case Argument," *Philosophy and Phenomenological Research* 77, pp. 142–59.

McKenna, Michael. (2008b). "Saying Good-Bye to the Direct Argument in the Right Way," *Philosophical Review* 117, pp. 349–83.

McKenna, Michael. (2008c). "Frankfurt's Argument against the Principle of Alternative Possibilities: Looking Beyond the Examples," *Noûs* 42, pp. 770–93.

McKenna, Michael. (2012). *Conversation and Responsibility*. New York: Oxford University Press.

McKenna, Michael and Vadakin, Adam. (2008). "Review of George Sher, In Praise of Blame," *Ethics* 118, pp. 751–6.

Mele, Alfred. (1995). *Autonomous Agents*. New York: Oxford University Press.

Mele, Alfred. (1999). "Ultimate Responsibility and Dumb Luck," *Social Philosophy & Policy* 16, pp. 274–93.

Mele, Alfred. (2002). "Review of John Searle's Rationality in Action," *Mind* 111, pp. 905–9.

Mele, Alfred (2005a). "Libertarianism, Luck, and Control," *Pacific Philosophical Quarterly* 86, pp. 381–407.

Mele, Alfred. (2005b). "A Critique of Pereboom's 'Four-Case' Argument for Incompatibilism," *Analysis* 65, pp. 75–80.

Mele, Alfred. (2006). *Free Will and Luck*. New York: Oxford University Press.

Mele, Alfred. (2007). "Free Will and Luck: Replies to My Critics," *Philosophical*

Explorations 10, pp. 195–210.

Mele, Alfred. (2009). *Effective Intentions*. New York: Oxford University Press.

Mele, Alfred, and David Robb. (1998). "Rescuing Frankfurt-Style Cases," *Philosophical Review* 107, pp. 97–112.

Menninger, Karl. (1968). *The Crime of Punishment*. New York: Penguin.

Milton, John. (1665/2005). Paradise Lost. New York: W. W. Norton and Company.

Montague, Philip. (1995). *Punishment as Societal Defense*. Lanham MD: Rowman and Littlefield.

Moore, G. E. (1912). *Ethics*. London: Williams and Norgate.

Moore, Michael. (1987). "The Moral Worth of Retribution," in. Ferdinand Schoeman, ed., *Responsibility, Character, and the Emotions*. Cambridge: Cambridge University Press, pp. 179–219, reprinted in *Punishment and Rehabilitation*, 3rd edn, ed. Jeffrie G. Murphy, Belmont, CA: Wadsworth Publishing Company (1995), pp. 94–130.

Moore, Michael. (1998). *Placing Blame*. Oxford: Oxford University Press.

Morris, Herbert. (1968). "Persons and Punishment," *The Monist* 52, pp. 475–501.

Morris, Herbert. (1981). "A Paternalistic Theory of Punishment," *American Philosophical Quarterly* 18, pp. 263–71; 重印于*Punishment and Rehabilitation*, 3rd edn, ed。

Jeffrie G. Murphy, Belmont, CA: Wadsworth Publishing Company (1995), 页码按上一版。

Morris, Stephen. (2009). "The Impact of Neuroscience on the Free Will Debate," *Florida Philosophical Review* 9, pp. 56–78.

Morris, Stephen. (2012). "Vargas-Style Revisionism and the Problem of Desert," 手稿。

Morse, Stephen. (1999). "Neither Desert nor Disease," Legal Theory 5, pp. 265–309.

Morse, Stephen. (2004). "Reasons, Results, and Criminal Responsibility," University of Illinois Law Review, pp. 363–444.

Morse, Stephen. (2007). "The Non-Problem of Free Will in Forensic Psychiatry and Psychology," Scholarship at Penn Law, paper 157, <http://lsr.nellco.org/ upenn_wps/ 157>.

Moya, Carlos. (2006). *Moral Responsibility: The Ways of Skepticism*. Oxford, Oxford University Press, pp. 195–210.

Moya, Carlos. (2011). "On the Very Idea of a Robust Alternative," *Critica* 43, pp. 3–26.

Murphy, Jeffrie E. (2004). *Getting Even: Forgiveness and its Limits*. New York: Oxford University Press.

Nadelhoffer, Thomas. (2004a). "The Butler Problem Revisited," *Analysis* 64, pp. 277–88.

Nadelhoffer, Thomas. (2004b). "Praise, Side Effects, and Intentional Action," *Journal of Theoretical and Philosophical Psychology* 24, pp. 196–213.

Nadelhoffer, Thomas. (2006). "Bad Acts, Blameworthy Agents, and Intentional Actions: Some Problems for Jury Impartiality," *Philosophical Explorations* 9, pp. 203–20.

Nadelhoffer, Thomas. (2011). "The Threat of Shrinking Agency and Free Will Disillusionism," in L. Nadel and W. Sinnott-Armstrong, eds., *Conscious Will and Responsibility*. Oxford: Oxford University Press, pp. 173–88.

Nadelhoffer, Thomas, Stephanos Bibas, Scott Grafton, Kent A. Kiehl, Andrew Mansfield, Walter Sinnott-Armstrong, and Michael Gazzaniga. (2012). "Neuroprediction, Violence, and the Law: Setting the Stage," *Neuroethics* 5, pp. 67–99.

Nelkin, Dana. (2004a). "The Sense of Freedom," in J. Campbell, M. O'Rourke, and D. Shier, eds., *Freedom and Determinism*. Cambridge, MA: MIT Press, pp. 105–34.

Nelkin, Dana. (2004b). "Deliberative Alternatives," *Philosophical Topics* 32, pp. 215–40.

Nelkin, Dana. (2008). "Responsibility and Rational Abilities: Defending an Asymmetrical View," in *Pacific Philosophical Quarterly* 89, pp. 497–515.

Nelkin, Dana. (2011a). "Review of Thomas Scanlon, Moral Dimensions," *Philosophical Review* 120, pp. 603–7.

Nelkin, Dana. (2011b). *Making Sense of Freedom and Responsibility*. Oxford: Oxford University Press.

Nelkin, Dana. (2012). 在关于理解自由与责任的讨论会上的答复，美国哲学协会太平洋分会，华盛顿州西雅图，4月。

Nichols, Shaun. (2007). "After Compatibilism: a Naturalistic Defense of the Reactive Attitudes," *Philosophical Perspectives* 21, pp. 405–28.

Nichols, Shaun, and Joshua Knobe. (2007). "Moral Responsibility and Determinism: The Cognitive Science of Folk Intuitions," *Nous* 41, pp. 663–85.

Nida-Rümelin, Martine (2007). "Doings and Subject Causation," *Erkenntnis* 67, pp. 255–72.

Norcross, Alastair (2006). "Reasons without Demands: Rethinking Rightness," in J. Dreier, ed., *Blackwell Contemporary Debates in Moral Theory*. Oxford: Blackwell.

O'Connor, Timothy. (1995). "Agent Causation," in Timothy O'Connor, ed., *Agents, Causes, and Events*. New York: Oxford University Press, pp. 170–200.

O'Connor, Timothy. (2000). *Persons and Causes*. New York: Oxford University Press.

O'Connor, Timothy. (2003). *Review of Living without Free Will*, Philosophical Quarterly 53, pp. 308–10.

O'Connor, Timothy. (2009). "Agent-Causal Power," in Toby Handfield, ed., *Dispositions and Causes*. Oxford: Oxford University Press.

Oates, Stephen B. (1977). *With Malice toward None: The Life of Abraham Lincoln*. New York: New American Library.

Otsuka, Michael. (1998). "Incompatibilism and the Avoidability of Blame," *Ethics* 108, pp. 685–701.

Palmer, David. (2011). "Pereboom on the Frankfurt Cases," *Philosophical Studies* 153, pp. 261–72.

Pereboom, Derk. (1994). "Stoic Psychotherapy in Descartes and Spinoza," *Faith and Philosophy* 11: pp. 592–625.

Pereboom, Derk. (1995). "Determinism Al Dente," *Noûs* 29, pp. 21–45.

Pereboom, Derk. (2000). "Alternative Possibilities and Causal Histories," *Philosophical Perspectives* 14, pp. 119–37.

Pereboom, Derk. (2001). *Living without Free Will*. Cambridge: Cambridge University Press.

Pereboom, Derk. (2003). "Source Incompatibilism and Alternative Possibilities," in M. McKenna and D. Widerker, eds., *Freedom, Responsibility, and Agency: Essays on the Importance of Alternative Possibilities*. Aldershot, UK: Ashgate Press, pp. 185–99.

Pereboom, Derk. (2004). "Is Our Conception of Agent Causation Incoherent?" *Philosophical Topics* 32, pp. 275–86.

Pereboom, Derk. (2005). "Defending Hard Incompatibilism," *Midwest Studies in Philosophy* 29, pp. 228–47.

Pereboom, Derk. (2006). "Kant on Transcendental Freedom," *Philosophy and Phenomenological Research* 73, pp. 537–67.

Pereboom, Derk. (2007a). "Hard Incompatibilism" and "Response to Kane, Fischer, and Vargas," in Robert Kane, John Martin Fischer, Derk Pereboom, and Manuel Vargas, *Four Views on Free Will*. Oxford, UK, Blackwell, pp. 85–125, 191–203.

Pereboom, Derk. (2007b). "On Mele's Free Will and Luck," *Philosophical Explorations* 10, pp. 163–72.

Pereboom, Derk. (2008a). "A Hard-line reply to the Multiple-Case Manipulation Argument," *Philosophy and Phenomenological Research* 77: pp. 160–70.

Pereboom, Derk. (2008b). "A Compatibilist Account of the Epistemic Conditions on Rational Deliberation," *Journal of Ethics* 12, pp. 287–307.

Pereboom, Derk. (2009a). "Free Will, Love, and Anger," *Ideas y Valores: evista de Colombiana de Filosofía* 141, pp. 5–25.

Pereboom, Derk. (2009b). "Further Thoughts about a Frankfurt-Style Argument," *Philosophical Explorations* 12, pp. 109–18.

Pereboom, Derk. (2009c). "Hard Incompatibilism and its Rivals," *Philosophical Studies* 144, pp. 21–33.

Pereboom, Derk. (2012a). "Frankfurt Examples, Derivative Responsibility, and the Timing Objection," *Philosophical Issues* 22, pp. 298–315.

Pereboom, Derk. (2012b). "On John Fischer's Our Stories," *Philosophical Studies* 158, pp. 523–8.

Pereboom, Derk (2013a). "Free Will Skepticism, Blame, and Obligation," in Neal Tognazzini and D. Justin Coates, eds., *Blame: Its Nature and Norms*. New

York: Oxford University Press, 2013, pp. 189–206.

Pereboom, Derk. (2013b). "Optimistic Skepticism about Free Will," in Paul Russell and Oisin Deery, eds., *The Philosophy of Free Will: Selected Contemporary Readings*. New York: Oxford University Press, pp. 421–49.

Pereboom, Derk. (2013c). "Free Will Skepticism and Criminal Punishment," in Thomas Nadelhoffer, ed., *The Future of Punishment*. New York: Oxford University Press, pp. 49–78.

Pettit, Philip. (1989). "Determinism with Deliberation," *Analysis* 49, pp. 42–4. *Philosophical Quarterly* 36, pp. 230–51.

Pisciotta, Trevor. (2009). "Meaningfulness, Hard Determinism, and Objectivity," in Nick Trakakis and Daniel Cohen, eds., *Essays on Free Will and Moral Responsibility*. Newcastle: Cambridge Scholars Press, pp. 73–89.

Priestley, Joseph. (1788/1965). *A Free Discussion of the Doctrines of Materialism and Philosophical Necessity, In a Correspondence between Dr. Price and Dr. Priestley*, Part III, pp. 147–52; 重印于 Joseph Priestley, *Priestley's Writings on Philosophy*, Science, and Politics, ed. John Passmore. New York: Collier。

Quinn, Warren. (1985). "The Right to Threaten and the Right to Punish," *Philosophy and Public Affairs* 14, pp. 327–73.

Rawls, John. (1955). "Two Concepts of Rules," *Philosophical Review* 64, pp. 3–32.

Rawls, John. (1971). *A Theory of Justice*. Cambridge, MA: Harvard University Press.

Reid, Thomas. (1788/1983). "Essays on the Active Powers of Man," in Sir William Hamilton, ed., *The Works of Thomas Reid, D.D.*, ed. Hildesheim: G. Olms Verlagsbuchhandlung.

Reis-Dennis, Samuel. (2010). Blame. Undergraduate Honors Thesis, Department of Philosophy, Cornell University.

Rosch. Eleanor. (1972). "Universals in Color Naming and Memory," *Journal of Experimental Psychology* 93, pp. 10–20.

Rosch, Eleanor. (1973). "Natural Categories," *Cognitive Psychology* 4, pp. 328–50.

Rose, David, and Shaun Nichols. (2013). "The Lesson of Bypassing," *Review of Philosophy and Psychology* 4, forthcoming.

Russell, Paul. (1992). "Strawson's Way of Naturalizing Responsibility," *Ethics* 102, pp. 287–302.

Russell, Paul. (2010). "Selective Hard Compatibilism," in Joseph Campbell, Michael O'Rourke, and Harry S. Silverstein, eds., *Action, Ethics, and Responsibility*. Cambridge, MA: MIT Press, pp. 149–74.

Sartorio, Carolina (2011). "Actuality and Responsibility," *Mind* 120, pp. 1071–97.

Sartorio, Carolina (2013). "Making a Difference in a Deterministic World," *Philosophical Review* 122, pp. 189–214.

Sartorio, Carolina (2014). "The Problem of Determinism and Free Will is Not the Problem of Determinism and Free Will," in Alfred Mele, ed., *Surrounding Free Will*. New York: Oxford University Press, 即出。

Sartorio, Carolina. (forthcoming). *Causation and Free Will*.

Scanlon, Thomas. (1998). *What We Owe to Each Other*. Cambridge: Harvard University Press.

Scanlon, Thomas. (2009). *Moral Dimensions*. Cambridge: Harvard University Press.

Scanlon, Thomas. (2013). "Giving Desert its Due," *Philosophical Explorations* 16, pp. 101–16.

Schlick, Moritz. (1939). "When is a Man Responsible?" in *Problems of Ethics*, tr. D. Rynin. New York: Prentice-Hall, pp. 143–56.

Schoeman, Ferdinand D. (1979). "On Incapacitating the Dangerous," *American Philosophical Quarterly* 16, pp. 27–35.

Schroeder. Mark. (2011). "Ought, Agents, and Actions." *Philosophical Review* 120, pp. 1–41.

Searle, John. (2001). *Rationality in Action*. Cambridge, MA: MIT Press.

Shabo, Seth. (2010a). "Uncompromising Source Incompatibilism," *Philosophy and Phenomenological Research* 80, pp. 349–83.

Shabo, Seth. (2010b). "The Fate of the Direct Argument and the Case for Incompatibilism," *Philosophical Studies* 150, pp. 405–24.

Shabo, Seth. (2011). "Agency without Avoidability: Defusing a New Threat to Frankfurt's Counterexample Strategy," *Canadian Journal of Philosophy*, 41, pp. 505–22.

Shabo, Seth. (2012a). "Where Love and Resentment Meet," *Philosophical Review*

121: pp. 95–124.
Shabo, Seth. (2012b). "Incompatibilism and Personal Relationships: Another Look at Strawson's Objective Attitude," *Australasian Journal of Philosophy* 90, pp. 131–47.
Shabo, Seth. (2012c). "Compatibilism and Moral Claimancy: An Intermediate Path to Appropriate Blame," *Philosophy and Phenomenological Research* 84, pp. 158–86.
Sher, George. (2006). *In Praise of Blame*. Oxford: Oxford University Press.
Shoemaker, David. (2007). "Moral Address, Moral Responsibility, and the Boundaries of the Moral Community," *Ethics* 118, pp. 70–108.
Shoemaker, David. (2011). "Attributability, Answerability, and Accountability: Toward a Wider Theory of Moral Responsbility," *Ethics* 121, pp. 602–32.
Slobogin, Christopher. (2006). *Minding Justice*. Cambridge, MA: Harvard University Press.
Slote, Michael. (1990). "Ethics without Free Will," *Social Theory and Practice* 16, pp. 369–83.
Smart, John Jamieson Carswell. (1961). "Free Will, Praise, and Blame," *Mind* 70, pp. 291–306.
Smilansky, Saul. (1997). "Can a Determinist Help Herself?" C.H. Manekin and M. Kellner, eds., *Freedom and Moral Responsibility: General and Jewish Perspectives*. College Park: University of Maryland Press, pp. 85–98.
Smilansky, Saul. (2000). *Free Will and Illusion*. New York: Oxford University Press.
Smilansky, Saul (2011). "Hard Determinism and Punishment: A Practical Reductio," *Law and Philosophy* 30, pp. 353–67.
Smith, Michael. (2003). "Rational Capacities, or: How to Distinguish Recklessness, Weakness, and Compulsion," in Sarah Stroud and Christine Tippolet, eds., *Weakness of Will and Practical Irrationality*. Oxford: Oxford University Press.
Sommers, Tamler. (2007). "The Objective Attitude," *Philosophical Quarterly* 57, pp. 321–41.
Sommers, Tamler. (2009). "More Work for Hard Incompatibilism," *Philosophy and Phenomenological Research* 79, pp. 511–21.

Sommers, Tamler. (2012). *Relative Justice: Cultural Diversity, Free Will, and Moral Responsibility*, Princeton: Princeton University Press.

Speak, Daniel (2004). "Toward an Axiological Defense of Libertarianism," *Philosophical Topics* 3, pp. 353–69.

Spinoza, Baruch (1677/1985). *Ethics*, in Edwin Curley, ed. and tr., *The Collected Works of Spinoza*, Vol. 1. Princeton NJ: Princeton University Press.

Sripada, Chandra. (2012). "What Makes a Manipulated Agent Unfree?" *Philosophy and Phenomenological Research* 85, pp. 563–93.

Steward, Helen. (2009). "Fairness, Agency, and the Flicker of Freedom," *Noûs* 43, pp. 64–93.

Stapleton, Sean. (2010). *Hard Incompatibilist Challenges to Morality and Autonomy*, 康奈尔大学哲学系学位论文, Ithaca NY.

Storm, Christine, Storm, Tom. (1987). "A Taxonomic Study of the Vocabulary of Emotions," *Journal of Personality and Social Psychology* 53, pp. 805–16.

Strawson, Galen (1986). *Freedom and Belief*. Oxford: Oxford University Press.

Strawson, Galen (1994). "The Impossibility of Moral Responsibility," *Philosophical Studies* 75, pp. 5–24.

Strawson, Peter F. (1962). "Freedom and Resentment," *Proceedings of the British Academy* 48, pp. 1–25.

Stump, Eleonore. (1990). "Intellect, Will, and the Principle of Alternate Possibilities," in Michael Beaty, ed., *Christian Theism and the Problems of Philosophy*. Notre Dame IN: University of Notre Dame Press, pp. 254–85.

Stump, Eleonore. (1996). "Libertarian Freedom and the Principle of Alternative Possibilities," in Jeff Jordan and Daniel Howard Snyder, ed., *Faith, Freedom, and Rationality*. Lanham, MD: Rowman and Littlefield, pp. 73–88.

Taylor, Richard. (1966). *Action and Purpose*, Englewood Cliffs: Prentice-Hall.

Taylor, Richard. (1974). *Metaphysics*, 4th edn. Englewood Cliffs: Prentice-Hall.

Ten, Chin Liew. (1987). *Crime, Guilt, and Punishment*. Oxford: Oxford University Press.

Tiffany, Evan. (2013). "Choosing Freedom: Basic Desert and the Standpoint of Blame," *Philosophical Explorations* 16, pp. 195–211.

Timpe, Kevin. (2012). *Free Will*, London: Continuum.

Timpe, Kevin. (forthcoming). "How Troublesome is Tracing," *The Modern Schoolman*.

Todd, Patrick. (2011). "A New Approach to Manipulation Arguments," *Philosophical Studies* 152, pp. 127–33.

Todd, Patrick. (2012). "Manipulation and Moral Standing: An Argument for Incompatibilism," *Philosophical Imprint* 12, pp. 1–18.

Todd, Patrick. (2013). "Defending (a Modified Version of the) Zygote Argument," *Philosophical Studies* 164, pp. 189–203.

van Inwagen, Peter. (1975). "The Incompatibility of Free Will and Determinism," *Philosophical Studies* 27, pp. 185–99.

van Inwagen, Peter. (1983). *An Essay on Free Will*. Oxford: Oxford University Press.

van Inwagen, Peter. (2002). "Free Will Remains a Mystery," in Robert Kane, ed., *The Oxford Handbook of Free Will*. New York: Oxford University Press, pp. 158–79.

van Inwagen, Peter. (2004). "Freedom to Break the Laws," *Midwest Studies in Philosophy* 28, pp. 334–50.

Vargas, Manuel. (2007). "Revisionism" and "Response to Fischer, Kane, and Pereboom," in J. Fischer, R. Kane, D. Pereboom, M. Vargas, *Four Views on Free Will*, Oxford: Blackwell Publishers, pp. 126–65; 204–19.

Velleman, J. David. (1991). "Well-Being and Time," *Pacific Philosophical Quarterly* 72 (1991), pp. 48–77.

Velleman, J. David. (1992). "What Happens When Someone Acts?" *Mind* 101: pp. 461–81.

Velleman, J. David. (2003). "Narrative Explanation," *Philosophical Review* 112, pp. 1–26.

Vihvelin, Kadri. (2004). "Free Will Demystified: A Dispositional Account," *Philosophical Topics* 32, pp. 427–50.

Vilhauer, Benjamin. (2004). "Hard Determinism, Remorse, and Virtue Ethics," *Southern Journal of Philosophy* 42, pp. 547–64.

Vilhauer, Benjamin. (2008). "Hard Determinism, Humeanism, and Virtue Ethics," *Southern Journal of Philosophy* 46, pp. 121–44.

Vilhauer, Benjamin. (2009a). "Free Will Skepticism and Personhood as a Desert Base," *Canadian Journal of Philosophy* 39, pp. 489–511.

Vilhauer, Benjamin. (2009b). "Free Will and Reasonable Doubt," *American Philosophical Quarterly* 46, pp. 131–40.

Vilhauer, Benjamin. (2012). "Taking Free Will Skepticism Seriously," *Philosophical Quarterly* 62, pp. 833–52.

Vilhauer, Benjamin. (2013). "Persons, Punishment, and Free Will Skepticism," *Philosophical Studies* 162, pp. 143–63.

Wallace, R. Jay. (1994). *Responsibility and the Moral Sentiments*. Cambridge: Harvard University Press.

Wallace, R. Jay. (2011). "Dispassionate Opprobrium: On Blame and the Reactive Sentiments," in R. J. Wallace, R. Kumar, and S. Freeman, eds., *Reasons and Recognition. Essays on the Philosophy of T. M. Scanlon*. New York: Oxford University Press, pp. 348–72.

Waller, Bruce. (1985). "Deliberating about the Inevitable," *Analysis* 45, pp. 48–52.

Waller, Bruce. (1990). *Freedom without Responsibility*. Philadelphia: Temple University Press.

Waller, Bruce. (2011). *Against Moral Responsibility*. Cambridge, MA: MIT Press.

Warfield, Ted (2000). "Causal Determinism and Human Freedom are Incompatible," *Philosophical Perspectives* 14, pp. 167–80.

Warkme, Brandon. (即出). "Two Arguments against the Punishment-Forbearance Account of Forgiveness," *Philosophical Studies*.

Watson, Gary. (1975). "Free Agency," Journal of Philosophy 72, pp. 205–20.

Watson, Gary. (1987). "Responsibility and the Limits of Evil," in Ferdinand Schoeman, ed., *Responsibility, Character, and the Emotions*. Cambridge: Cambridge University Press, pp. 256–86.

Watson, Gary. (1996). "Two Faces of Responsibility," *Philosophical Topics* 24, pp. 227–48.

Wegner, Daniel. (2002). *The Illusion of Conscious Will*. Cambridge, MA: MIT Press.

Widerker, David. (1995). "Libertarianism and Frankfurt's Attack on the Principle of Alternative Possibilities," *The Philosophical Review* 104, pp. 247–61.

Widerker, David. (2000). "Frankfurt's Attack on Alternative Possibilities: A Further Look," *Philosophical Perspectives* 14, 181–201.

Widerker, David. (2006). "Libertarianism and the Philosophical Significance of Frankfurt Scenarios," *Journal of Philosophy* 103, pp. 163–87.

Wolf, Susan. (1980). "Asymmetrical Freedom," *Journal of Philosophy* 77, pp. 151–66.

Wolf, Susan. (1990). *Freedom within Reason*. Oxford: Oxford University Press.

Wolf, Susan. (2011). "Blame, Italian Style," in R. J. Wallace, R. Kumar, and S. Freeman, eds., *Reasons and Recognition. Essays on the Philosophy of T. M. Scanlon*. New York: Oxford University Press, pp. 332–48.

Wood, Allen. (1984). "Kant's Compatibilism," in his *Self and Nature in Kant's Philosophy*, Ithaca NY: Cornell University Press, pp. 73–101.

Zagzebski, Linda. (1991). *The Dilemma of Freedom and Foreknowledge*. New York: Oxford University Press.

Zagzebski, Linda. (2000). "Does Libertarian Freedom Require Alternate Possibilities?" *Philosophical Perspectives* 14, pp. 231–48.

Zaibert, Leo. (2009). "The Paradox of Forgiveness," *Journal of Moral Philosophy* 6, pp. 365–93.

Zimmerman, David. (2001). "Thinking with your Hypothalamus: Reflections on a Cognitive Role for the Reactive Emotions", *Philosophy and Phenomenological Research* 63, pp. 521–41.

Zimmerman, Michael J. (1988). *An Essay on Moral Responsibility*. Totowa, NJ: Rowman and Littlefield.

话题索引

（条目中的数字为原书页码，见本书边码。
粗体指示定义和核心描述。"n"指在注释中）

姓名索引

（条目中的数字为原书页码，见本书边码。“n”指在注释中）

人文与社会译丛

第一批书目

1.《政治自由主义》(增订版),[美]J. 罗尔斯著,万俊人译 118.00 元
2.《文化的解释》,[美]C. 格尔茨著,韩莉译 89.00 元
3.《技术与时间:1. 爱比米修斯的过失》,[法]B. 斯蒂格勒著,裴程译 62.00 元
4.《依附性积累与不发达》,[德]A. G. 弗兰克著,高铦等译 13.60 元
5.《身处欧美的波兰农民》,[美]F. 兹纳涅茨基、W. I. 托马斯著,张友云译 9.20 元
6.《现代性的后果》,[英]A. 吉登斯著,田禾译 45.00 元
7.《消费文化与后现代主义》,[英]M. 费瑟斯通著,刘精明译 14.20 元
8.《英国工人阶级的形成》(上、下册),[英]E. P. 汤普森著,钱乘旦等译 168.00 元
9.《知识人的社会角色》,[美]F. 兹纳涅茨基著,郏斌祥译 49.00 元

第二批书目

10.《文化生产:媒体与都市艺术》,[美]D. 克兰著,赵国新译 49.00 元
11.《现代社会中的法律》,[美]R. M. 昂格尔著,吴玉章等译 39.00 元
12.《后形而上学思想》,[德]J. 哈贝马斯著,曹卫东等译 58.00 元
13.《自由主义与正义的局限》,[美]M. 桑德尔著,万俊人等译 30.00 元

14.《临床医学的诞生》,[法]M. 福柯著,刘北成译　55.00 元
15.《农民的道义经济学》,[美]J. C. 斯科特著,程立显等译　42.00 元
16.《俄国思想家》,[英]I. 伯林著,彭淮栋译　35.00 元
17.《自我的根源:现代认同的形成》,[加]C. 泰勒著,韩震等译　128.00 元
18.《霍布斯的政治哲学》,[美]L. 施特劳斯著,申彤译　49.00 元
19.《现代性与大屠杀》,[英]Z. 鲍曼著,杨渝东等译　59.00 元

第三批书目

20.《新功能主义及其后》,[美]J. C. 亚历山大著,彭牧等译　15.80 元
21.《自由史论》,[英]J. 阿克顿著,胡传胜等译　89.00 元
22.《伯林谈话录》,[伊朗]R. 贾汉贝格鲁等著,杨祯钦译　48.00 元
23.《阶级斗争》,[法]R. 阿隆著,周以光译　13.50 元
24.《正义诸领域:为多元主义与平等一辩》,[美]M. 沃尔泽著,褚松燕等译　24.80 元
25.《大萧条的孩子们》,[美]G. H. 埃尔德著,田禾等译　27.30 元
26.《黑格尔》,[加]C. 泰勒著,张国清等译　135.00 元
27.《反潮流》,[英]I. 伯林著,冯克利译　48.00 元
28.《统治阶级》,[意]G. 莫斯卡著,贾鹤鹏译　98.00 元
29.《现代性的哲学话语》,[德]J. 哈贝马斯著,曹卫东等译　78.00 元

第四批书目

30.《自由论》(修订版),[英]I. 伯林著,胡传胜译　69.00 元
31.《保守主义》,[德]K. 曼海姆著,李朝晖、牟建君译　58.00 元
32.《科学的反革命》(修订版),[英]F. 哈耶克著,冯克利译　68.00 元

33.《实践感》,[法]P. 布迪厄著,蒋梓骅译　75.00 元
34.《风险社会:新的现代性之路》,[德]U. 贝克著,张文杰等译　58.00 元
35.《社会行动的结构》,[美]T. 帕森斯著,彭刚等译　80.00 元
36.《个体的社会》,[德]N. 埃利亚斯著,翟三江、陆兴华译　15.30 元
37.《传统的发明》,[英]E. 霍布斯鲍姆等著,顾杭、庞冠群译　68.00 元
38.《关于马基雅维里的思考》,[美]L. 施特劳斯著,申彤译　78.00 元
39.《追寻美德》,[美]A. 麦金太尔著,宋继杰译　68.00 元

第五批书目

40.《现实感》,[英]I. 伯林著,潘荣荣、林茂、魏钊凌译　78.00 元
41.《启蒙的时代》,[英]I. 伯林著,孙尚扬、杨深译　35.00 元
42.《元史学》,[美]H. 怀特著,陈新译　89.00 元
43.《意识形态与现代文化》,[英]J. B. 汤普森著,高铦等译　79.00 元
44.《美国大城市的死与生》,[加]J. 雅各布斯著,金衡山译　78.00 元
45.《社会理论和社会结构》,[美]R. K. 默顿著,唐少杰等译　128.00 元
46.《黑皮肤,白面具》,[法]F. 法农著,万冰译　58.00 元
47.《德国的历史观》,[美]G. 伊格尔斯著,彭刚、顾杭译　58.00 元
48.《全世界受苦的人》,[法]F. 法农著,万冰译　17.80 元
49.《知识分子的鸦片》,[法]R. 阿隆著,吕一民、顾杭译　59.00 元

第六批书目

50.《驯化君主》,[美]H. C. 曼斯菲尔德著,冯克利译　88.00 元
51.《黑格尔导读》,[法]A. 科耶夫著,姜志辉译　98.00 元
52.《象征交换与死亡》,[法]J. 波德里亚著,车槿山译　68.00 元
53.《自由及其背叛》,[英]I. 伯林著,赵国新译　48.00 元

54.《启蒙的三个批评者》,[英]I. 伯林著,马寅卯、郑想译 48.00 元
55.《运动中的力量》,[美]S. 塔罗著,吴庆宏译 23.50 元
56.《斗争的动力》,[美]D. 麦克亚当、S. 塔罗、C. 蒂利著,李义中等译 31.50 元
57.《善的脆弱性》,[美]M. 纳斯鲍姆著,徐向东、陆萌译 55.00 元
58.《弱者的武器》,[美]J. C. 斯科特著,郑广怀等译 82.00 元
59.《图绘》,[美]S. 弗里德曼著,陈丽译 49.00 元

第七批书目

60.《现代悲剧》,[英]R. 威廉斯著,丁尔苏译 45.00 元
61.《论革命》,[美]H. 阿伦特著,陈周旺译 59.00 元
62.《美国精神的封闭》,[美]A. 布卢姆著,战旭英译,冯克利校 89.00 元
63.《浪漫主义的根源》,[英]I. 伯林著,吕梁等译 49.00 元
64.《扭曲的人性之材》,[英]I. 伯林著,岳秀坤译 69.00 元
65.《民族主义思想与殖民地世界》,[美]P. 查特吉著,范慕尤、杨曦译 18.00 元
66.《现代性社会学》,[法]D. 马尔图切利著,姜志辉译 32.00 元
67.《社会政治理论的重构》,[美]R. J. 伯恩斯坦著,黄瑞祺译 72.00 元
68.《以色列与启示》,[美]E. 沃格林著,霍伟岸、叶颖译 128.00 元
69.《城邦的世界》,[美]E. 沃格林著,陈周旺译 85.00 元
70.《历史主义的兴起》,[德]F. 梅尼克著,陆月宏译 48.00 元

第八批书目

71.《环境与历史》,[英]W. 贝纳特、P. 科茨著,包茂红译 25.00 元
72.《人类与自然世界》,[英]K. 托马斯著,宋丽丽译 35.00 元

73.《卢梭问题》,[德]E. 卡西勒著,王春华译 39.00 元
74.《男性气概》,[美]H. C. 曼斯菲尔德著,刘玮译 28.00 元
75.《战争与和平的权利》,[美]R. 塔克著,罗炯等译 25.00 元
76.《谁统治美国》,[美]W. 多姆霍夫著,吕鹏、闻翔译 35.00 元
77.《健康与社会》,[法]M. 德吕勒著,王鲲译 35.00 元
78.《读柏拉图》,[德]T. A. 斯勒扎克著,程炜译 68.00 元
79.《苏联的心灵》,[英]I. 伯林著,潘永强、刘北成译 59.00 元
80.《个人印象》,[英]I. 伯林著,覃学岚译 88.00 元

第九批书目

81.《技术与时间:2. 迷失方向》,[法]B. 斯蒂格勒著,赵和平、印螺译 59.00 元
82.《抗争政治》,[美]C. 蒂利、S. 塔罗著,李义中译 28.00 元
83.《亚当·斯密的政治学》,[英]D. 温奇著,褚平译 21.00 元
84.《怀旧的未来》,[美]S. 博伊姆著,杨德友译 85.00 元
85.《妇女在经济发展中的角色》,[丹]E. 博斯拉普著,陈慧平译 30.00 元
86.《风景与认同》,[美]W. J. 达比著,张箭飞、赵红英译 79.00 元
87.《过去与未来之间》,[美]H. 阿伦特著,王寅丽、张立立译 58.00 元
88.《大西洋的跨越》,[美]D. T. 罗杰斯著,吴万伟译 108.00 元
89.《资本主义的新精神》,[法]L. 博尔坦斯基、E. 希亚佩洛著,高铦译 58.00 元
90.《比较的幽灵》,[美]B. 安德森著,甘会斌译 79.00 元

第十批书目

91.《灾异手记》,[美]E. 科尔伯特著,何恬译 25.00 元

92.《技术与时间:3. 电影的时间与存在之痛的问题》,
[法]B. 斯蒂格勒著,方尔平译 65.00 元
93.《马克思主义与历史学》,[英]S. H. 里格比著,吴英译 78.00 元
94.《学做工》,[英]P. 威利斯著,秘舒、凌旻华译 68.00 元
95.《哲学与治术:1572—1651》,[美]R. 塔克著,韩潮译 45.00 元
96.《认同伦理学》,[美]K. A. 阿皮亚著,张容南译 45.00 元
97.《风景与记忆》,[英]S. 沙玛著,胡淑陈、冯樨译 78.00 元
98.《马基雅维里时刻》,[英]J. G. A. 波考克著,冯克利、傅乾译 108.00 元
99.《未完的对话》,[英]I. 伯林、[波]B. P. -塞古尔斯卡著,
杨德友译 65.00 元
100.《后殖民理性批判》,[印]G. C. 斯皮瓦克著,严蓓雯译 79.00 元

第十一批书目

101.《现代社会想象》,[加]C. 泰勒著,林曼红译 45.00 元
102.《柏拉图与亚里士多德》,[美]E. 沃格林著,刘曙辉译 78.00 元
103.《论个体主义》,[法]L. 迪蒙著,桂裕芳译 30.00 元
104.《根本恶》,[美]R. J. 伯恩斯坦著,王钦、朱康译 78.00 元
105.《这受难的国度》,[美]D. G. 福斯特著,孙宏哲、张聚国译 39.00 元
106.《公民的激情》,[美]S. 克劳斯著,谭安奎译 49.00 元
107.《美国生活中的同化》,[美]M. M. 戈登著,马戎译 58.00 元
108.《风景与权力》,[美]W. J. T. 米切尔著,杨丽、万信琼译 78.00 元
109.《第二人称观点》,[美]S. 达沃尔著,章晟译 69.00 元
110.《性的起源》,[英] F. 达伯霍瓦拉著,杨朗译 85.00 元

第十二批书目

111.《希腊民主的问题》,[法]J. 罗米伊著,高煜译 48.00 元
112.《论人权》,[英]J. 格里芬著,徐向东、刘明译 75.00 元
113.《柏拉图的伦理学》,[英]T. 埃尔文著,陈玮、刘玮译 118.00 元
114.《自由主义与荣誉》,[美]S. 克劳斯著,林垚译 62.00 元
115.《法国大革命的文化起源》,[法]R. 夏蒂埃著,洪庆明译 38.00 元
116.《对知识的恐惧》,[美]P. 博格西昂著,刘鹏博译 38.00 元
117.《修辞术的诞生》,[英]R. 沃迪著,何博超译 59.00 元
118.《历史表现中的真理、意义和指称》,[荷]F. 安克斯密特著,周建漳译 58.00 元
119.《天下时代》,[美]E. 沃格林著,叶颖译 78.00 元
120.《求索秩序》,[美]E. 沃格林著,徐志跃译 48.00 元

第十三批书目

121.《美德伦理学》,[新西兰]R. 赫斯特豪斯著,李义天译 68.00 元
122.《同情的启蒙》,[美]M. 弗雷泽著,胡靖译 48.00 元
123.《图绘暹罗》,[美]T. 威尼差恭著,袁剑译 76.00 元
124.《道德的演化》,[新西兰]R. 乔伊斯著,刘鹏博、黄素珍译 65.00 元
125.《大屠杀与集体记忆》,[美]P. 诺维克著,王志华译 78.00 元
126.《帝国之眼》,[美]M. L. 普拉特著,方杰、方宸译 68.00 元
127.《帝国之河》,[美]D. 沃斯特著,侯深译 76.00 元
128.《从道德到美德》,[美]M. 斯洛特著,周亮译 58.00 元
129.《源自动机的道德》,[美]M. 斯洛特著,韩辰锴译 58.00 元
130.《理解海德格尔:范式的转变》,[美]T. 希恩著,邓定译 89.00 元

第十四批书目

131.《城邦与灵魂:费拉里〈理想国〉论集》,[美]G. R. F. 费拉里著,刘玮编译 69.00元
132.《人民主权与德国宪法危机》,[美]P. C. 考威尔著,曹晗蓉、虞维华译 58.00元
133.《16和17世纪英格兰大众信仰研究》,[英]K. 托马斯著,芮传明、梅剑华译 168.00元
134.《民族认同》,[英]A. D. 史密斯著,王娟译 55.00元
135.《世俗主义之乐:我们当下如何生活》,[英]G. 莱文编,赵元译 58.00元
136.《休谟的人生智慧》,[英]J. 巴吉尼著,杨春丽译 68.00元
137.《自由意志、能动性与生命的意义》,[美]D. 佩里布姆著,张可译 69.00元
138.《自由与多元论:以赛亚·伯林思想研究》,[英]G. 克劳德著,应奇等译 58.00元
139.《暴力:思无所限》,[美]R. J. 伯恩斯坦著,李元来译 59.00元
140.《中心与边缘:宏观社会学论集》,[美]E. 希尔斯著,甘会斌、余昕译 88.00元

第十五批书目

141.《自足的世俗社会》,[美]P. 朱克曼著,杨靖译 58.00元
142.《历史与记忆》,[英]G. 丘比特著,王晨凤译 59.00元
143.《媒体、国家与民族》,[英]P. 施莱辛格著,林玮译 68.00元
144.《道德错误论:历史、批判、辩护》,

[瑞典]J. 奥尔松著,周奕李译　　58.00 元

145.《废墟上的未来:联合国教科文组织、世界遗产与和平之梦》,[澳]L. 梅斯克尔著,王丹阳、胡牧译　　88.00 元

146.《为历史而战》,[法]L. 费弗尔著,高煜译　　98.00 元

147.《康德与现代政治哲学》,[英]K. 弗利克舒著,徐向东译　　58.00 元

148.《我们中的我:承认理论研究》,[德]A. 霍耐特著,张曦、孙逸凡译　　69.00 元

149.《人文学科与公共生活》,[美]P. 布鲁克斯、H. 杰维特编,余婉卉译　　52.00 元

150.《美国生活中的反智主义》,[美]R. 霍夫施塔特著,何博超译　　68.00 元

第十六批书目

151.《关怀伦理与移情》,[美]M. 斯洛特著,韩玉胜译　　48.00 元

152.《形象与象征》,[罗]M. 伊利亚德著,沈珂译　　48.00 元

153.《艾希曼审判》,[美]D. 利普斯塔特著,刘颖洁译　　49.00 元

154.《现代主义观念论:黑格尔式变奏》,[美]R. B. 皮平著,郭东辉译(即出)

155.《文化绝望的政治:日耳曼意识形态崛起研究》,[美]F. R. 斯特恩著,杨靖译　　98.00 元

156.《作为文化现实的未来:全球现状论集》,[印]A. 阿帕杜莱著,周云水、马建福译(即出)

157.《一种思想及其时代:以赛亚·伯林政治思想的发展》,[美]J. L. 彻尼斯著,寿天艺、宋文佳译　　88.00 元

158.《人类的领土性:理论与历史》,[美]R. B. 萨克著,袁剑译(即出)

159.《理想的暴政:多元社会中的正义》,[美]G. 高斯著,范震亚译（即出）
160.《荒原:一部历史》,[美]V. D. 帕尔玛著,梅雪芹等译 88.00 元

第十七批书目

161.《浪漫派为什么重要》,[美]P. 盖伊著,王燕秋译 49.00 元
162.《欧美思想中的自治》,[美]J. T. 克洛彭伯格著,褚平译（即出）
163.《冲突中的族群》,[美]D. 霍洛维茨著,魏英杰、段海燕译（即出）
164.《八个欧洲中心主义历史学家》,[美]J. M. 布劳特著,杨卫东译（即出）
165.《记忆之地,悼念之地》,[美]J. 温特著,王红利译（即出）
166.《20 世纪的战争与纪念》,[美]J. 温特著,吴霞译（即出）
167.《病态社会》,[美]R. B. 埃杰顿著,杨靖、杨依依译（即出）
168.《种族与文化的少数群体》,[美]G. E. 辛普森、J. M. 英格尔著,马戎、王凡妹等译（即出）
169.《美国城市新主张》,R. H. 普拉特著,周允程译（即出）
170.《五种官能》,[法]M. 塞尔著,徐明译（即出）